河南大学经济史论坛

科技创新、经济增长与金融整合

(第1辑)

Economic History Forum of
Henan University No.1

孙建国　主编

社会科学文献出版社
SOCIAL SCIENCES ACADEMIC PRESS (CHINA)

　　河南大学经济学科自 1927 年诞生以来，至今已有近 90 年的历史了。一代一代的经济学人在此耕耘、收获。中共早期领导人之一的罗章龙、著名经济学家关梦觉等都在此留下了足迹。

　　新中国成立前夕，曾留学日本的著名老一辈《资本论》研究专家周守正教授从香港辗转来到河南大学，成为新中国河南大学经济学科发展的奠基人。1978 年我国恢复研究生培养制度以后，周先生率先在政治经济学专业招收、培养硕士研究生，并于 1981 年获得首批该专业的硕士学位授予权。1979 年，河南大学成立了全国第一个专门的《资本论》研究室。1985年以后，又组建了河南大学历史上的第一个经济研究所，相继恢复和组建了财经系、经济系、贸易系和改革与发展研究院，并在此基础上成立了经济学院。目前，学院已发展成拥有 6 个本科专业、3 个一级学科及 18 个二级学科硕士学位授权点、1 个一级学科及 12 个二级学科博士学位授权点、2 个博士后流动站、2 个一级省重点学科点、3000 多名师生规模的教学研究机构。30 多年中，河南大学经济学院培养了大批本科生和硕士、博士研究生，并且为政府、企业和社会培训了大批专门人才。他们分布在全国各地，服务于大学、企业、政府等各种各样的机构，为国家的经济发展、社会进步、学术繁荣做出了或正在做出自己的贡献，其中也不乏造诣颇深的经济学家。

　　在培养和输出大量人才的同时，河南大学经济学科自身也造就了一支日益成熟、规模超过 120 人的学术队伍。近年来，60 岁左右的老一代学术带头人以其功力、洞察力、影响力，正发挥着越来越大的引领和示范作用；一批 50 岁左右的学者凭借其扎实的学术功底和丰厚的知识积累，已进入著述的高峰期；一批 40 岁左右的学者以其良好的现代经济学素养，开始脱颖而出，显现领导学术潮流的志向和实力；更有一大批 30 岁左右受过系统经济学教育的年轻人正蓄势待发，不少已崭露头角，初步展现了河南大学经济学科的巨大潜力和光辉未来。

我们有理由相信河南大学经济学科的明天会更好，经过数年的积累和凝练，它已拥有了支撑自己持续前进的内生动力。这种内生动力的源泉有二：一是确立了崇尚学术、尊重学人、多元发展、合作共赢的理念，营造了良好的学术氛围；二是形成了问题导向、服务社会的学术研究新方法，并据此与政府部门共建了中原发展研究院这一智库型研究平台，获批了新型城镇化与中原经济区建设河南省协同创新中心。学术研究越来越得到社会的认同和支持，也对社会进步产生了越来越大的影响力和推动力。

河南大学经济学科组织出版相关学术著作始自世纪交替的 2000 年前后，时任经济学院院长许兴亚教授主持编辑出版了数十本学术专著，在国内学术界产生了一定的影响，也对河南大学经济学科的发展起到了促进作用。

为了进一步展示河南大学经济学院经济学科各层次、各领域学者的研究成果，更为了能够使这些成果与更多的读者见面，以便有机会得到读者尤其是同行专家的批评，促进河南大学经济学学术研究水平的不断提升，为繁荣和发展中国的经济学理论、推动中国经济发展和社会进步做出更多的贡献，我们从 2004 年开始组织出版"河南大学经济学学术文库"。每年选择若干种河南大学经济学院在编教师的精品著述资助出版，也选入少量国内外访问学者、客座教授及在站博士后研究人员的相关著述。该文库分批分年度连续出版，至今已持续 10 年之久，出版著作总数多达几十种。

感谢曾任社会科学文献出版社总编辑的邹东涛教授，是他对经济学学术事业满腔热情的支持和高效率工作，使本套丛书的出版计划得以尽快达成并付诸实施，也感谢社会科学文献出版社具体组织编辑这套丛书的相关负责人及各位编辑为本丛书的出版付出的辛劳。还要感谢曾经具体负责组织和仍在组织本丛书著作遴选和出版联络工作的时任河南大学经济学院副院长刘东勋教授和现任副院长高保中教授，他们以严谨的科学精神和不辞劳苦的工作，回报了同志们对他们的信任。最后，要感谢现任河南大学经济学院院长宋丙涛教授，他崇尚学术的精神和对河南大学经济学术事业的执着，以及对我本人的信任，使得"河南大学经济学学术文库"得以继续编撰出版。

　　分年度出版"河南大学经济学学术文库"，虽然在十几年的实践中积累了一些经验，但由于学科不断横向拓展、学术前沿不断延伸，加之队伍不断扩大、情况日益复杂，如何公平和科学地选择著述品种，从而保证著述的质量，需要在实践中不断探索。此外，由于选编机制的不完善和作者水平的限制，选入丛书的著述难免会存在种种问题，恳请广大读者及同行专家批评指正。

耿明斋

　　2004 年 10 月 5 日第一稿，2007 年 12 月 10 日修订稿，2014 年 6 月 21 日第三次修订

目　录

经济史理论

中国经济史

国外经济史启示

经济史研究若干基本问题探讨

陈争平[*]

一 "一通" "二合" "三侧重"

清华大学经济史专业的研究生曾问南开大学经济学院、中国社会科学院经济研究所这两个中国经济史研究重镇各自的研究特点及笔者的研究取向，笔者在回答自己的研究取向时将其概括为"一通""二合""三侧重"。

"一通"，即"通古今之变"，注重历史的连续性。当笔者在大学读到司马迁"究天人之际，通古今之变，成一家之言"的名句时，心里曾激起强烈的"共鸣"；在硕士生阶段选修吴承明等先生开设的"前资本主义政治经济学"课程，吴老所讲"时间上广义"和"空间上广义"，结合严中平老师讲的破"四就"（不要就中国论中国，不要就近代论近代，不要就经济论经济，不要就事论

---

* 陈争平，清华大学人文学院教授。

事），大大开拓了我们的视野，使我们开始注重历史的连续性。2001 年，吴老发表《经济史：历史观与方法论》一文，① 提出"今天我们的问题正是要反对割断历史"，主张恢复"重视连续性"的史学传统。吴老的这一主张对笔者启发很大。笔者认为，人类社会的历史发展是在连续性与不连续性的对立统一中前进的，历史发展的连续性常占主要方面。而改革开放前我国经济史研究偏重于生产关系研究，重视阶级斗争及一些事件对经济的影响，强调这些事件所引起的"断裂或转变"，即强调历史的不连续性。随着改革开放以后经济史研究领域的拓展，这种状况逐渐改变，但是这种改变有一个"时滞"。近 30 年来，我国断代史研究成果斐然，但是也出现了为了突出自己所研究朝代（或某一时段）发展成就而有意贬低前一朝代（或前一时段）发展水平的学风。于是笔者在 2003 年发表《在多样化发展中注重历史连续性——新世纪经济史学刍议》一文，② 认为 20 世纪断代史研究是中国经济史学研究的重点，但是过于强调断代史研究，容易割裂事物的前后联系，容易束缚研究者的视野；21 世纪经济史学研究重点将转移到跨代专题研究上。与之相适应，研究者们也日益注重有关历史连续性的研究。其后，至 2008 年，我国对 30 年改革开放的经验进行了多方面的认真总结，这些总结大多做得很好，但是也存在为了更突出这 30 年的成就而有意压低改革开放前我国所取得的成就。这种偏差妨碍了 2009 年对新中国成立 60 年来的历史进行客观认真地总结。所以笔者认为，目前学界重"断裂"轻"连续"倾向仍

---

① 载于《中国经济史研究》2001 年第 3 期。
② 载于《中国经济史研究》2003 年第 3 期。

很强，还是要再提注重历史连续性研究。

"二合"，主要指熔社会经济史、经济思想史研究于一炉。这也是受吴老的启发，在笔者读博士生专业基础课时，吴老曾推荐笔者读熊彼特的《经济分析史》。笔者向吴老汇报读书心得时，吴老提出经济史研究要与经济思想史研究相结合。当时他批评了新古典经济学，认为德国历史学派的"国民经济学"理论对研究中国经济史有用。他的这些思想后来写成《经济学理论与经济史研究》一文，在《经济研究》1995 年第 4 期发表。后来笔者也认识到，近代中国社会经济开始大转型，政治制度开始大变革，人们的思想观念也在不断更新，经济转型是与思想变化相伴而行的。近代经济思想的变化影响经济政策的变化，继而制约经济的转型与发展；经济转型的成败又反过来检验经济思想的正误。研究越深入，笔者越感到吴老提出的经济史研究要与经济思想史研究相结合有意义。在研究近代中国外债史时，笔者发现李鸿章、张之洞等晚清重臣有利用外资的思想，而实践中却被外资所利用。但是，研究近代中国外债思想史者一直在赞赏李鸿章、张之洞等人利用外资的思想。因此，笔者打算把近代中国外债史与外债思想史研究结合起来，正在写一本《利用与被利用——近代中国外债思想与实践史》的专著。近年来，有的经济史专业博导对笔者说，博士生论文选题好像没什么题目可选了，笔者认为，经济史研究与经济思想史研究相结合大有文章可做。诸如中国工业化思想与实践、近代中国货币理论演进与货币制度变迁、近代中国国共两党解决"三农"问题思想与实践比较等，都是很好的选题。

"三侧重"，既是笔者本人的研究取向，又是对经济史与经济学其他分支分界标志的一种考虑。在国家社科基金评委会理论经济专家组一次讨论中，就有几位专家要笔者提供某一具体年份，以作为经济史与经济学其他分支的项目分界标志，即研究这一年之前经济活动的项目为经济史项目，研究这一年之后经济活动的项目为经济学其他分支项目。笔者答曰：这一分界标志，以往曾用"二战后"（外国经济史）或"解放后"（中国经济史），但是现在都过时了，现在改用其他年份也很快会过时；不如换一种思路，可借鉴法国年鉴学派布罗代尔等人的观点。布罗代尔等人认为，人类社会历史发展是在多元时间体系中进行的，多元时间体系的量度大致可分为长时段（百年以上）、中时段、短时段（不到十年）；而经济史研究可以说有三个侧重，即规范分析与实证分析相结合，侧重于实证分析；短期考察与中长期考察相结合，侧重于中长期考察；突变因素与渐变因素考察相结合，侧重于渐变因素的考察。从这个意义上看，经济史好比地质学，现实经济研究各分支好比地理学各分支。经济史研究侧重于中长期考察，那么十年以上经济活动的研究项目都可列入经济史类。

二　经济史学如何预测未来？

在 2012 年清华大学研究生学术新秀评选会上，有一名候选人（经济史专业博士生）讲到经济史好比地质学，现实经济研究各分支好比地理学各分支时，被一位来自经管学院的答辩委员追问："经济史学如何预测未来？"那位博士生当时没答好。会后几位博士生和笔者交谈，另一位经济史专业博士生质疑这位经济学教授的提问，认为不应该这么问，经济史研究属于基础理论研究，不应该要求经济史学用于预测未来。

笔者发表了自己的意见：有关预测未来的问题确实不容易回答好，但是以经济史研究属于基础理论研究为由反对经济史学用于预测未来也不对，属于基础理论研究的学科并非没有预测未来的社会功能。就像气象科学工作者进行长期、超长期预报及气候展望时离不开对历史资料的分析一样，预测未来经济形势也离不开经济史研究。

那位经济学教授的提问并没有否认经济史学预测未来的功能，只是要考察研究生学术新秀候选人的这方面认识及反应。这位教授的问题涉及对经济史学科性质认识、经济史与经济学其他分支学科的关系等，其不容易回答的主要原因在于"未来"是多层次、多方面的，而经济史学也是包含多方面内容的。

实际上，笔者也被国家社科基金评委会理论经济专家组的一位教授问过同一问题。笔者答曰：对"经济史学如何预测未来"的全面回答，可写一本书。若是概括地讲，人类社会历史发展是在多元时间体系中进行的，分别受慢变量、中变量、快变量的作用，只有将三者结合起来研究，才能显示历史发展的本质和趋势。过去、现在和未来，慢、中、快这三类变量都在共同发挥作用。预测未来经济形势实际上要结合慢变量、中变量、快变量的分析。经济史研究侧重于长时段和中时段考察，侧重于渐变因素（慢变量、中变量）分析，再结合经济学其他分支学科的研究来预测未来经济形势。这样的回答既肯定了经济史学预测未来的功能，也不否认经济学其他分支学科这方面的作用，得到了那位经济学教授的赞同。

从目前国内经济学人才培养、科研项目评估及成果评奖等话语权状况看，经济史学科的弱势地位非常明显。从事经济史研究的师生一是对本学科地位与作用要有清醒认识，二是难免要回答上述提问或相似的问题，自卑和自大都不好。吴老曾以"源－流"来比喻经济史与经济学的关系，即经济史是经济学的"源"，而不是经济学的"流"。他指出经济学理论是从历史的和当时的社会经济实践中抽象出来的，但是不能从这种抽象的理论中还原出历史的和当时的实践。他还曾介绍诺贝尔奖得主索洛（Robert M. Solow）的观点，曾任经济计量学会会长和美国经济协会会长的索洛谴责当代"经济学没有从经济史那里学习到什么"，而是脱离历史和实际，埋头制造模型；索洛批评美国的经济史也像经济学"同样讲整合，同样讲回归，同样用时间变量代替思考"，而不是从社会制度、文化习俗和心态上给经济学提供更广阔的视野。他说，经济史学家"可以利用经济学家提供的工具"（工具即方法），但不要回敬经济学家"同样一碗粥"。[①] 另一位曾任经济计量学会会长和美国经济协会会长的著名经济学家熊彼特（J. A. Schumpeter）把经济史作为研究经济学的四个基本学科中最重要的一个，认为经济史不仅"是经济学家材料的一个重要来源"，而且"如果一个人不掌握历史事实，不具备适当的历史感或所得历史经验，他就不可能指望理解任何时代（包括当前）的经济现象"。[②] 吴老、索洛和熊彼特关于经济史与经济学关系的意见也值得我们重视。

---

① Robert M. Solow, *Economics：Is Something Missing in Economic History and the Modern Economist*, 1986. 转引自吴承明：《经济史：历史观与方法论》，上海财经大学出版社，2006，第219页。
② 〔美〕J. A. 熊彼特：《经济分析史》（第1卷），商务印书馆，1991，第29页。

三 "史无定法" 与 "方法规范化"

在经济史研究方法上，吴承明先生一再主张"史无定法"。[①]
而北京大学一些著名教授则提出要"问题本土化、方法规范化、
视野国际化"。清华大学一研究生对此感到困惑，曾问笔者方法
"无定"与"规范"哪个更好？

笔者答曰：吴老认为所谓方法，就是一种帮助我们认识客观
对象的视角，或者说是一种思路（approach）。在历史研究中，不
仅各种具体研究手段，而且一切理论，都应视为方法。从此观点
出发，经济史研究的方法包括了具有不同含义和不同层次的三方
面内容：①世界观意义上的方法；②认识论意义上的方法，包括
解释、求证和推理方法；③专业和技术研究方法，包括社会科学
各学科的方法。方法"无定"抑或"规范"这一问题也分三个层
次来谈较好。关于世界观意义上的方法，我们一般强调要遵循历
史唯物主义，吴老认为不要受此"限制"，[②] 但是笔者认为年轻学
者还是要从历史唯物主义出发，先"掌握"再"突破"，先"规
范"再"无定"。关于认识论意义上的方法，笔者也强调年轻学者
还是要先掌握逻辑学方法，至于吴老所说的形象思维、直观思维
等"非逻辑思维"，[③] 只能学问达到一定层次以后再说，也是要先

---

① 吴承明：《经济史：历史观与方法论》，上海财经大学出版社，2006，第 179、
181、183 页。

② 同上，第 181 页。

③ 吴承明：《经济史：历史观与方法论》，第 189~191 页。

"规范"再"无定"。至于第三层次的方法，经济学、社会学等研究领域都有学者提出研究方法要"规范"，但是如何规范？这些学者，包括北京大学那些教授在内，也没有讲清楚，后来不了了之。也有人提出研究方法要"入主流"，有人提出要"与国际接轨"，但是何为"主流"，如何"接轨"？都语焉不详。目前看来，第三层次所谓的"方法规范化"，只是在技术层面摸索，如计量分析的具体步骤等。在大的方面，目前基本上还是"无定"状态，都在不断创新。过去讲阶级斗争一抓就灵，有人主张以阶级斗争为红线来研究历史。20 世纪 80 年代刘佛丁老师曾对笔者说要以现代经济学（新古典经济学）为模式来研究经济史，而笔者认为还是吴老的"史无定法"更好，刘老师说笔者受吴老思想束缚太重。20世纪 90 年代又有人鼓吹用新制度经济学来研究经济史，吴老则认为新古典经济学和新制度经济学都有局限，他认为至今仍"没有一个古今中外都通用的经济学"。[①] 吴老鼓励方法创新，却又反对把使用老方法说成"保守"，认为方法有新老之别，但无高下优劣之分。因此，笔者在清华大学给研究生讲课时，要求研究生在方法上要记住清儒梅文鼎的名言："法有可采，何论东西；理所当明，何分新旧……务集众长以观其会通，毋拘名相而取其精粹。"[②]

实际上，吴老的方法"无定"论中也含有"规范"。例如，他认为"经济史首先是史，是历史学的一个分支"。将过去的经济实践清楚地描绘出来并展示给世人，乃是经济史研究的主要目标之

---

① 吴承明：《经济史：历史观与方法论》，第 214、215、219、221~224、282 页。
② （清）梅文鼎：《堑堵测量》（第 2 卷），转引自龚书铎主编《中国近代文化概论》，中华书局，2002，第 90 页。笔者还要求研究生在选题原则上要记住清儒顾炎武的名言"古人之所未及就，后世之所不可无"。

一，在此方面，没有其他方法可取代传统的史学方法。研究经济史，唯一的根据是经过考证的认为可信的史料，"绝对尊重史料，言必有证，论从史出，这是我国史学的优良传统"。①"尊重史料""论从史出"，这就是吴老的"规范"；还有，从吴老讲课中，及其有关文章中，可以看出他对各种方法的价值判断仍有个排序："孤证"优于"无证"，"罗列"优于"孤证"，计量分析优于"罗列"。吴老多次强调了经济史研究中计量方法的重要性，他希望在有关经济史的研究中"凡是能够计量的，尽可能作些定量分析"。②定量分析可以检验已有的定性分析以尽量避免随意地定性判断，还可以揭示多种变量相互之间的内在关系，揭示经济事物发展变化趋势，可以使人们对许多历史问题的认识不断深化。吴老曾以清代江西景德镇制瓷业研究为例，告诉我们从当时史料数量看景德镇官窑留下的史料多，民窑的很少，不做计量研究则会给人以清代景德镇制瓷业是以官窑为主的印象，做了计量研究才发现当时官窑的产量和占用的技术力量都不到民窑的1%。吴老同时也告诫我们，计量研究是一项要小心谨慎、下苦功的工作，统计是经济史计量研究的基础。他还身体力行，带领一批经济史专家对近代中国工、农、交、商等各部门的收入，各类资本在不同时期的增长，国内市场的变化等进行了一系列的计量分析，这些分析使人们对近代中国经济史上主要数量关系有了较为清晰而深入的了解。例如，在论及清代国内市场发展时，同为中国社会科学院经济研究所中国经济史研究室的学者2000年出版的两本书，一本论述了

---

① 吴承明：《经济史：历史观与方法论》，第192、281页。
② 吴承明：《市场·近代化·经济史论》，云南大学出版社，1996。

清末市场上度量衡混乱等流通"梗阻"（实际上有些"梗阻"是从清代前期延续下来的），并指出中国货物由内地运至通商口岸的百里路程运费往往高出出口后万里海运的运费，[①] 较为强调了当时市场不发展的一面；另一本则较为强调了清代前期国内市场发展的一面，[②] 不同的作者观察问题的视角不一样。读者如果要想了解从清代前期到近代国内市场发展总的过程，仍然要看吴老等学者在这方面所做的跨阶段定量分析。吴老等人在广泛考证了各种资料后指出，粮食、茶叶、蚕茧、棉花等主要农产品的商品值按不变价格计，1840～1894年年均增长率不足1.3%，但比起鸦片战争前已大大加速，1895～1920年年均增长率为1.6%，1920～1936年约为1.8%。他们又用海关的土产埠际贸易统计和历年厘金收入、常关税等还原法估算1870年、1890年、1908年、1920年、1936年五个基期市场商品（包括进口货）总值，分别约为10.4亿两、11.7亿两、23.0亿两、66.1亿两、120.2亿两。[③] 这些数据使人对中国国内市场不断扩大的状况有了大致清楚的了解。可以说，计量方法已是经济史研究，特别是有关历史连续性的经济史研究不可缺少的重要工具。

　　吴老也告诫我们，定量分析要与定性分析相结合，"已有的定

---

① 汪敬虞主编《中国近代经济史：1895～1927》，人民出版社，2000，第102页。

② 方行、经君健、魏金玉主编《中国经济通史·清代经济卷》（中），经济日报出版社，2000。

③ 吴承明：《中国资本主义与国内市场》，中国社会科学出版社，1985；王水：《评帕金斯关于中国国内贸易量的估计——兼论20世纪初国内市场商品量》，《中国社会科学》1988年第3期；许涤新、吴承明主编《中国资本主义发展史》（第1卷），人民出版社，1985；吴承明：《近代国内市场商品量的估计》，《中国经济史研究》1994年第4期。

性分析常有不确切、不肯定或以偏概全的毛病，用计量学方法加以检验，可给予肯定、修正或否定"；而计量经济学方法可以用于"检验已有的定性分析，而不宜用它创立新的论点"。[1]

四　关于经济史中 "人" 的研究

笔者在清华大学讲授"中国近代经济史专题"研究生课后，有一研究生问：您刚才讲经济史研究要有"人"，并介绍了关于近代儒商的一些研究，是不是中国经济史研究中的"人"主要指儒商？

笔者答曰：经济史研究要有"人"，可以说是吴老、汪老等前辈学者的一个重要治学理念。吴老曾说，人类最早用于交换的商品就是"人"。吴老不主张用数量模型研究经济史，主要是因为数量模型里无"人"，看不见"人"的主观能动性；汪老则深入"人"的精神层面，曾专题研究近代中国人的产业革命精神。课上介绍的有关近代儒商的研究、近代工商社团的研究，只是举例，因时间紧没有展开。经济史研究要有"人"，不仅是研究儒商和工商社团。笔者认为，经济史要研究"人"，大致可包括研究"人物""人心和人文"（思想、文化等），"人群"（包括企业、工商社团等），"人口"，以及"人力"（包括劳动、人力资本）等方面。"人物"，意为某方面有代表性或具有突出特点的人。许老和吴老曾批评："从司马迁起，写人物就是中国史学的优良传统。但

---

[1]　吴承明：《经济史：历史观与方法论》，第248页。

11

近代史学，尤其是经济史，似乎丢掉了这个优良传统。"① 刚才提到的张謇、卢作孚等近代儒商研究可以归入经济史"人物"研究之列。经济史"人物"研究还应当包括其他企业家、工程技术专家、经济部门官员等。关于经济史中"人"的研究，实际上内容相当丰富，且符合中央"以人为本"理念，年轻学者在这方面大有可为。

五　关于 GDP 与 GDC 的研究

杜恂诚、李晋合作的《中国经济史"GDP"研究之误区》② 发表后，清华大学有一位研究生问我：吴老和您都主张用 GDP 研究近代中国经济史，③ 而杜恂诚、李晋不主张用 GDP 作为主要的普世标准来进行纵向的时代比较和横向的国与国之间发展水平的比较，但是也没有提出他们认为较好的经济史纵向、横向比较标准，基本上是"破而不立"。您如何评论他们的文章？笔者答曰：我确实讲过学术进步需要"破""立"结合，这是从整体上看，不一定每篇文章都要如此。杜恂诚、李晋这篇文章写得很好，指出了中国经济史 GDP 研究中存在的主要问题，值得我们重视。他们认为模

---

① 许涤新、吴承明主编《中国资本主义发展史》（第1卷），人民出版社，1985，第 12 页。

② 杜恂诚、李晋：《中国经济史"GDP"研究之误区》，《学术月刊》2011 年第 10 期。

③ 吴承明：《经济史：历史观与方法论》，第 244 页；陈争平：《近代中国货币、物价与 GDP 估算》，《中国经济史研究》2011 年第 3 期。

型设计的合理性和基础性数据的积累至关重要，对此我非常赞成，我们要做的"中国近代经济统计研究"丛书的整理和编写工作就是在进行基础性数据积累。

关于中国经济史中 GDP 估算的资料来源与理论方法，我在研讨会上也曾提到，旧中国自然经济仍占很大比重，新中国经济中也有较大比重不进入市场，中国经济史 GDP 研究的一个大问题就是这一部分不进入市场的生产如何估值。笔者认为，现有的评价标准都是相对的、利弊共存的、需要不断改进的。20 世纪 80 年代初我们读研究生时，学校里已开始给研究生介绍西方经济学的一些重要概念和相关理论，其中包括 GDP、GNP 核算及广义货币理论等。但是当时我国政府相关经济部门都仍然沿用传统经济理论和方法，理论界及学校老师们对 GDP 核算等是一面介绍一面批判。几年后，我国政府相关经济部门改用 GDP 核算，这只能说 GDP 核算相对合理，并不是认为它没有弊病，GDP 核算还是需要不断改进的。现在已有绿色 GDP 等新探索。

至于用 GDP 研究中国经济史，笔者认为是可以的，但仅此还不够。杜恂诚和李晋实际上给了两个 GDP 定义：一是"一国在一年内所生产的所有最终物品和劳务的市场价值之和"；二是"所有进入市场的最终物品和劳务的市场价值之和"。其中，"所生产的所有最终物品和劳务"与"所有进入市场的最终物品和劳务"之差就在于自然经济的生产。杜恂诚、李晋没有仔细分辨这两个定义的差别，于是就认为巫宝三、刘大中、叶孔嘉以及罗斯基偏离了 GDP 的规范定义。笔者认为虽然杜恂诚、李晋没有分辨这两个定义的差别，但是他们的第二个定义给了我们启发：我们可将第二个定义改为 GDC（gross domestic commodity economy，国内商品经济总值）；经济史研究中可再做一套 GDC 数据库，GDP 与 GDC 结合，可以帮助我们"更加真实地认识中国古代、近代社会和进行跨国家、跨社会的比较"，可以更好地衡量中国经济的发展水平，分析中国近代二元经济结构的演变。当然，这只是笔者的一家之言。

（整理人：孙静冬　郭益蓓）

回归传统：历史学视野中的资本主义

刘光临 *

　　明清资本主义萌芽和宋代近世说是中国史学的两大经典假说，主张后者的京都学派认为中国社会自唐宋变革以后进入近世，随着市场经济的高涨，宋代中国已出现财政国家和资本主义。这恰与明清资本主义萌芽假说在中国历史的时间分期和发展内容上形成明显冲突。如果说中国社会在 16、17 世纪才开始出现资本主义萌芽，那么京都学派学者断言此前四五百年中国就曾有资本主义的存在，并已进入近代社会，岂非天方夜谭？抛开具体论证来看，两个假说之间的冲突在很大程度上来自对资本主义这一概念的理论假设有巨大差异。追根溯源，资本主义是西方学者在对近代欧洲社会进行研究时提出的概念，不管是明清资本主义萌芽假说还是宋代近世说，都是在借鉴了西方学术概念和理论的基础上，试图解释中国历史的发展变化。为此，我们就不能不回到西方学术思想本来的发展脉络中探求什么才是西方史学主流主张或认同的资本主义概念，以求更准确地在中国历史研究中使用这一概念，

---

* 刘光临，香港科技大学教授。

避免不应有的混乱。

一

最近十多年来，中国历史学界开始深入系统地回顾一个世纪以来中国历史研究的成就和问题，反思以往研究的主题和范式，而讨论比较集中的是明清资本主义萌芽和唐宋变革（亦曰宋代近世）两大假说。曾经"对现代中国历史学的发展起过非常重要的推动作用"的资本主义萌芽理论首当其冲，受到众多学者的质疑，更有研究者提出必须反思"资本主义萌芽情结"，资本主义萌芽研究是"死结"。[①] 困扰学者们的主要问题是研究观点莫衷一是：20 世纪 30 年代，社会史大论战中早期马克思主义者提出资本主义萌芽这一概念，五六十年代，因新版《毛泽东选集》的出版，新中国史学界掀起了资本主义萌芽研究的高潮，抛开其间掺杂的干扰，研究结果竟五花八门，从战国秦汉到唐宋元明清，"资本主义萌芽随处随时可见"，泛滥成灾。[②] 很明显，这个困扰首先起因于概念上的模糊混乱，而这种模糊混乱又在很大程度上

[①] 李伯重：《"资本主义萌芽"情结》，《读书》1996 年第 8 期；李伯重：《资本主义萌芽研究与现代中国史学》，《历史研究》2000 年第 2 期；王家范：《中国历史通论》，华东师范大学出版社，2000；科大卫：《中国的资本主义萌芽》，《中国经济史研究》2002 年第 1 期；钞晓鸿、郑振满：《二十世纪的清史研究》，《历史研究》2003 年第 3 期；张广达：《内藤湖南的唐宋变革说及其影响》，《唐研究》第 11 卷，北京大学出版社，2005。

[②] 仲伟民：《资本主义萌芽问题研究的学术史回顾与反思》，《学术界》2003 年第 4 期。

和资本主义萌芽这一概念是由中国学者自创有关，因为我们在西方历史研究里找不到对应的概念。[①] 要解决这个困扰，恰如一位研究者所建议的，必须对资本主义这一概念在学术史上做一个通盘的回顾和论证。

国内学者常常忽略中国资本主义萌芽研究和西方欧洲资本主义研究究竟有无相同的理论背景，还是各说各话。资本主义萌芽理论包含了线性发展阶段论的假设，暗示了一个有因果关系的时间序列，即资本主义会围绕着某一生产关系中的主要矛盾从无到有、从低级到高级地发展；而之所以称其为"萌芽"，是因为它只是资本主义刚刚开始发展的原始阶段。虽然中国学者对资本主义在中国是否能够"萌芽"或者"萌芽"之后能否顺利发展存在不同见解，但往往会假定资本主义在欧洲就是如此发展，只是西方的理论到了中国就会有些"水土不服"，因此，中国学者必须结合本国的历史实际来发展自己的本土理论叙述，以免削足适履。但是令人遗憾的是，上述理论假定（包括对资本主义的定义和对其发展道路的设想）其实完全是中国学者一厢情愿的解释，不符合西方历史。仅以资本主义的开端为例，20 世纪 90 年代以前，国内学者经常认为英国资产阶级革命的完成（1688 年"光荣革命"）开启了世界历史上的资本主义时代，但是现代西方历史著述里提到的"资本主义"的例子比比皆是，远远不限于一个

---

① 最明显的例子是许涤新和吴承明主编的《中国资本主义发展史》第 1 卷《中国资本主义萌芽》，在由 C. A. Curwen 主持译为英文时，就径直将其译为《中国资本主义，1522 ~ 1840》，以避免英文读者的困惑（*Chinese Capitalism, 1522 – 1840*，Chris Bramall 和 Pete Nolan 作序，Macmillan 出版社出版，2000）。

标准和日期，放眼望去，这些资本主义形态各异，在欧洲历史上到处开花，但未必都能够生存下来，苗壮成长的更是例外。① 当然，资本主义开始于十三四世纪农奴制度解体之后的西欧，才是西方学者比较常见的说法。罗尔（Eric Roll）在《经济思想史》一书中把 15 世纪末期到 17 世纪后期的西欧重商主义历史称为"商业资本主义"。不管是把 14 世纪文艺复兴的意大利城邦国家如威尼斯、日内瓦和佛罗伦萨的发展形态称为早期资本主义，还是把重商主义时期欧洲各君主国实行的贸易政策指称为资本主义，都为数不少。布罗代尔 1400～1800 年欧洲历史的三大卷著作的名称为《文明和资本主义》，就是众所周知的一例。在布罗代尔看来，"资本主义是一种历史已久的冒险行径。当工业革命开始时，资本主义已经有很长的生活阅历，而且并不只是从事经商"。② 布罗代尔如此论述，并非空穴来风，而是对欧洲近代历史编纂传统的一种创造性继承，这在后面还要论及。这里可以再举一个类似的例子。米歇尔·博德郑重主张资本主义开始于 1500

---

① 资本主义出现的时间可以是公元前后的罗马帝国时期，见 John R. Love, Antiquity and Capitalism, *Max Weber and the Socio-logical Foundations of Roman Civilization* (London: Rout ledge, 1991)；也有人强调中世纪的资本主义，如 James M. Mur-ray, *Bruges, Cradle of Capitalism, 1280 - 1390* (Cambridge University Press, 2005)。这其实是发挥中世纪研究大家、比利时学者亨利·皮朗（Henri Pirenne）的关于中世纪欧洲贸易兴衰的见解，把资本主义等同于长途贸易。Violet Barbour 在 *Capitalism in Amsterdam in the Seventeenth Century* (Ann Arbor: University of Michigan Press, 1963) 开篇即大谈中世纪资本主义和近代资本主义，也为此增添了一个佐证。当然，近代资本主义本来是以尼德兰为代表的，参见 Maurice Aymard, *Dutch Capitalism and World Capitalism* (Cambridge University Press, 1982)。

② 〔法〕布罗代尔：《资本主义论丛》，顾良、张慧君译，中央编译出版社，1997，第 13～14 页。

年，而我们"关于资本主义的看法却多从其在 19 世纪和 20 世纪的变化发展而来，因而并不妥当"。① 曾任英国国家人文与社会科学院主席的克拉克爵士，因主编《新编剑桥世界史》而对 20 世纪西方历史研究颇有影响。克拉克同样主张"（早期）资本主义"在中世纪晚期就已经存在了，直到 19 世纪才被通过工业革命全面发展起来的现代资本主义取代。②

　　强调生产技术在塑造现代社会中起革命性作用的学者也未必否定资本主义在前工业化时期就已在。剑桥大学社会人口史研究的开创者拉斯莱特所著的《失去的世界》在英国家喻户晓，他在这部书中告诫读者，虽然远在工业革命发生之前资本主义就是"传统的市场经济的一个重要特征"，但就生产形式而言，工业生产和农业生产没能完全分离，农业生活仍然是社会的基调。③ 就此而言，如果没有工业革命的发生，即使有资本主义的长期存在，也不会迎来一个我们至今赖以生存的现代工业社会。由于其技术－人口决定论的倾向，拉斯莱特实际上夸大了工业革命的重要性，但是在他的表述里我们再一次确认资本主义实际上长期存在于前工业化社会。另一位工业革命技术史研究的权威大卫·蓝迪斯比拉斯莱特更强调 16 世纪以来欧洲社会变革为工业革命和现代社会所确立的基础，强调"重商主义之于科学技术的前提性"，因为只有在重商主义的框架里，"科学才会被视为国家的资产，因为其不仅为战争提供了新的工具和技术，

---

① Michel Beaud, *A History of Capitalism*（New York：Monthly Review Press, 2001），p. 5.

② Sir George Clark, *The Seventeenth Century*（Oxford：Oxford University Press, 1961），pp. 10 – 11.

③ Peter Laslett, *The World We Have Lost*（London：Methuen, 1971），pp. 14 – 17, 20.

而且会促进经济的繁荣，最终增强一国的霸权"。①

力求精确定义资本主义而且认为它在历史上很晚才确立的社会科学家也不乏其人，如卡尔·马克思和马克斯·韦伯，就明确表示资本主义是和现代工业生产融合在一起的，因此资本主义只是局限在西欧一地，很晚才得以确立，但是他们又都在别的地方给出资本主义发展较早的时间上限，这种表述的不统一在韦伯那里表现得更加明显，往往给追随其思想的学者带来困扰。

值得注意的是，与资本主义萌芽理论经常假设的线性发展观不同，很少有西方史家会假定资本主义一旦兴起就会不可阻遏地走向胜利。如果把近代欧洲资本主义的发展比成一幕大剧，我们会发现作为主角的资本主义实际上盛衰无常、命运难卜。资本主义当然会超越普通政治事件和个别家族或企业，但是资本主义在西方史学叙述里是和君主或者政府捆绑在一起的，和战争、王朝继承、官商勾结、城市消费等息息相关，并没有一个超越经验的抽象概念（如剩余价值、理性计算或者自由主义的兴起等）可以保证资本主义从胜利走向胜利。在这出戏剧中，意大利城邦国家如威尼斯、热那亚和佛罗伦萨一马当先，踵后又有葡萄牙和西班牙，荷兰后来居上。透视其中，没有一个国家不曾危机重重、生死未卜，直到英国挟 1814 年对拿破仑战争胜利之威而建立全球霸权，才真正为这一幕大剧画上句号，而此时距鸦片战争爆发仅有 26 年。如果时光退至 1644 年，清军入关，满族贵族建立了一个幅员空前

---

① 大卫·蓝迪斯（David Landes）信奉韦伯的资本主义以理性为基础的假说，而在他看来，早在工业革命以前，西欧社会就已经初步形成了这种价值观念，关键的因素就是宗教改革和欧洲独立的民族国家体系。参见 Landes, *The Unbound Prometheus*（Cambridge：Cambridge University Press, 2003），pp. 30 - 31。

广大、在亚洲大陆上驰骋无敌的陆上帝国，而几乎与此同时，克伦威尔在英国内战中获胜，开始走向军事独裁。但此时的中西对比从实力上讲必然大大偏向于中国。所谓（欧洲）资本主义一定能够战胜（中国）封建主义的概念推理，岂不是无稽之谈？

资本主义萌芽理论和西方近代欧洲资本主义历史研究的冲突不仅体现在这幕大剧上演的时间和地点，而且体现在谁才是真正的主角。资本主义萌芽论者都显露出或强或弱的技术决定论倾向，喜欢用是否出现机器生产和工厂组织来衡量经济乃至文明的进步，把资本主义等同于现代工业文明，这其实与马克思对资本主义生产方式的理解有直接关系。在马克思的著作中很难找到关于资本主义萌芽的定义，而关于什么是资本主义生产方式这一问题却有清楚的答案：资本主义是以雇佣劳动为基础的商品生产，资本主义社会是由商品生产者（资本家）掌握大量资本和劳动的私有制社会。马克思同时也解释，这种方式仅仅是在西欧得以确立，未必能用于理解或者预期世界其他地区的发展。① 既然与大机器生产相配合的雇佣劳动才是资本主义确立过程中唯一可以贯穿始终的一根红线，也就不难理解为什么从事中国资本主义萌芽研究的学者会孜孜以求，在历史文献中寻求雇佣劳动的材料。其实，就在中国的历史学者开始尝试用资本主义萌芽这一概念来研究中国历史时，在西方也刚刚开始有进步学者试图运用马克思主义来进行严肃的历史研究。由于前面的马克思论述存在模糊，所以第二次世界大战（以下简称"二战"）以后西方马克思主义史学研究分化为内因派和外因派。内因派比较忠实于马克思本人的说法，相信

---

① 《马克思恩格斯全集》（第 19 卷），人民出版社，1963，第 129~130 页。

资本主义是欧洲农业社会内部自我演化的结果，即以雇佣劳动为基础的商品生产应该源于中世纪后期农民的分化，因此他们的任务就是在英国这一马克思本人也首肯的样本里找到一条以雇佣关系为核心的主线，来具体地说明英国社会是如何从封建主义过渡到资本主义的。① 尽管英国的马克思主义历史学家在推动用马克思主义的分析方法来研究英国中古封建社会和近代资本主义社会两个领域都取得了公认的成就，但是作为经典问题的资本主义起源（或曰过渡）的研究困难重重，始终无法在生产关系或生产技术方面找到一条一以贯之的红线来描述和解释所谓的"过渡"。在这一方面，内因派的窘境和中国资本主义萌芽研究者的困扰有很多相似之处，因为双方都相信一个正确的抽象概念可以和复杂的经验事实相吻合，即所谓的社会科学逻辑性和历史性的统一。外因派有鉴于此，开始强调马克思在《资本论》一书中涉及过渡的历史背景，如美洲贵金属流入和殖民主义带来的市场扩大及资本集中，国内近年开始讨论的沃勒斯坦的世界经济体系理论（world - economy theory）就是马克思主义外因派的一个重要代表。沃勒斯坦一再强调要从历史角度而不是用抽象价值来解释欧洲资本主义的发展，他把西方崛起的关键时期定义为15、16世纪之交——这实际上已经修正了马克思本人的19世纪技术革命观念，原因是此时欧洲资

---

① 20世纪五六十年代，以道布为代表的内因派首先将资本主义起源问题带入西方学者的视野，从而掀起两次有名的论战：第一次即道布－斯威齐论战（the Dobb - Sweezy Debate），参与讨论的学者发表的文章后来由 Hilton 编辑出版（*The Transition from Feudalism to Capitalism*, London：Verso，1978）；第二次是由布伦纳1976年发起的，后结集出版为 *The Brenner Debate, Agrari-an Class Structure and Economic Development in Pre-Industrial Europe*, Cambridge University Press，1985。

本主义通过暴力、劳动分工及奴隶制度在欧洲以外的"外缘"地区掠夺剩余价值；而一个相对强大的国家机器是这种掠夺得以持续的关键。沃勒斯坦大量借鉴了布罗代尔的许多研究成果来丰富其马克思主义式的解释框架，包括近代欧洲市场的复杂性、商业资本的流动及战争的作用，因而其最终的着眼点已不是狭隘的经济－技术决定论，而更像是政治、经济和空间在资本主义成长中的不可分割性。[①]

马克思有一句脍炙人口的名言："手推磨产生的是封建主为首的社会，蒸汽机产生的是工业资本家为首的社会。"[②] 但人类历史上的第一场工业革命既不"现代"又不"革命"——没有其他例子可以比这更能说明技术决定论的迂阔与荒谬。被称为"资产阶级经济学家鼻祖"的亚当·斯密和马尔萨斯都亲身经历了这个时代，他们丝毫没有对大机器工业的美好憧憬，反而对英国农业生产效率低下是否能够养活全部人口和支持政府军队开支而忧心忡忡。把以机器大生产为基础的雇佣劳动作为资本主义发展主线的研究者必须面对的挑战是，那个时期的欧洲社会实际上根本不存在这条发展道路。熊彼特曾主张资本主义从 13 世纪就崭露头角，到 15 世纪末期开始形成一套和今天的金融财政体系相差不多的制度（如大商人、股票和商品投机以及公共财政等），但是他对 17、18 世纪欧洲社会的经济水准有过深刻的概括：所有当时的欧洲国家用 20 世纪的标准衡量都是"穷"国；所有的国家都是农业国，即主要的经济问题还是农业问题，人口结构还是以农民为主；工

---

① Immanuel Wallerstein, *Historical Capitalism* (London: Verso, 1995).

② 《马克思恩格斯全集》（第 4 卷），人民出版社，1958，第 144 页。

业和国际贸易对整个经济的影响不大；直到 18 世纪下半叶，工商
业仍有极深的垄断烙印。[①] 1980 年以来，对近代西欧社会经济史，
特别是工业革命史的实证研究不仅支持了熊彼特的上述看似矛盾
的论断，而且严重地动摇了资本主义萌芽理论所蕴含的生产－技
术决定论的前提。

以被马克思确认为现代资本主义典范的英国工业革命为例，目
前关于英国工业革命的数量经济史研究指出，1760～1800 年英国工
业革命的近半个世纪，英国人均 GDP 年增长率仅达到 0.3%，工业
年增长率也只有 0.62%。不仅如此，英国这一时期的主要经济成分
是传统经济，绝大部分的经济产值是由手工式、以家庭经营为基础
或相关的传统经济组织创造的。像马克思关注的主要现代工业部门
仅限于棉纺织业和钢铁业，其在 1770 年的产值不到工业总产值的
10%，经过半个世纪的快速发展，达到 24.4%，是整个经济部门中
增长最快的。但是，即使到 1801 年，全部工业产值也才占英国国民
经济总产值的 30%，现代工业对英国国民经济的贡献在 19 世纪初不
会超过 7.5%。[②] 因此，现代技术以在当时生产中所占的微不足道比
例，硬要充当资本主义社会的生产力基础，岂不难乎？

就历史分期而言，是先有近代或者近世（earlymodern），后有现
代的。而近代涵括的时间是 1500～1800 年，我们也可以学习日本学
者，将唐宋变革以来的中国历史称为"东洋的近世"（1000～1840 年）。

[①] Joseph A. Schumpeter, *History of Economic Analysis* (Oxford: Oxford University Press, 1986), pp. 149－150.

[②] Joel Mokyr, *British Industrial Revolution* (Boulder, Colorado: Westview Press, 1993) pp. 9－12; N. F. R. Crafts, *British Economic Growth During the Industrial Revolution* (Oxford: Oxford University Press, 1985), pp. 15, 22.

资本主义这个概念究竟是应该严格限定于工业主义时期的现代社会，还是可以广泛地应用于14、15世纪以来的欧洲，不仅和学者对历史上发生过的具体事件及其重要性的认知存在差异，而且和这些学者的研究领域、视野和方法论之间的冲突有密切关系。尽管大部分西方史家主张在中世纪封建主义和现代工业文明之间有一个近代，并非没有学者主张大封建主义这类看法，在分期上提出比较接近国内资本主义萌芽理论的观点。[1] 前面提到的马克思和韦伯尽管对历史发展的理解有许多实质不同，但由于对现代大工业企业推崇，也倾向于这种分期。但是，这样的分期模式并不为多数欧洲历史学家赞同，最具有说服力的证据是《剑桥近代史》的编撰者们采取了以文艺复兴为欧洲近代历史开端的分期方法。阿克顿勋爵策划设计的《剑桥近代史》是20世纪上半期影响最大的一部多卷本世界通史，1902年才开始陆续出版，而第一卷就是文艺复兴。其后又有学者不满于阿克顿勋爵的编纂理念，而在二战后策划出版了《新编剑桥近代史》，但是其近代史的开端仍然是文艺复兴。20世纪80年代以后，通过对苏联教科书体系的反思，国内从事世界历史研究的学者也开始主张世界近代史开始于1500年，而对工业主义的划分标准不予认同。[2] 我要在这里

---

[1] Le Goff 的观点就有些接近资本主义萌芽说的看法，他倾向于有一个长封建主义阶段，而对于威尼斯等早期资本主义发展就看成前资本主义，并正在为资本主义的到来做准备；国内史学者如马克垚先生也主张采用 Le Goff 的看法，把法国大革命以前的中西社会都视为封建主义。参见马克垚《中西封建社会比较研究》，学林出版社，1997，第9~10页。

[2] 值得一提的是，在老一代世界历史学者吴于廑先生的提倡下，国内世界历史学教科书的编撰者已经完全抛弃了苏联体系的分期方法，把1500年作为世界近代历史的开端。见吴于廑、齐世荣和王觉非主编《世界史·近代史编》，高等教育出版社，1992。

强调，采用一个宽泛定义的资本主义概念当然会更符合史学的要求，因为历史研究本身以描述为特长，强调长时间变化而排斥简单因果关系推论。更重要的是，资本主义作为一个成熟的学科概念，本来就是由19世纪末20世纪初的历史学家和强调历史研究面向的政治经济学家一起创造出来的，而今天在中国历史研究里，用资本主义这一概念来代替资本主义萌芽，正是向这一现代学术传统的复归，因为正是这个学术传统把资本主义长期存在于前工业社会当成不言自明的事实。

二

提起西方文献中资本主义的定义，大家也许首先会想到建立在私有财产基础之上的自由市场经济，其实这只是新古典主义经济学家在其演说中倡导的一种理想模式。像保守主义经济学大师弗里德曼就把资本主义定义为"通过自愿交换所成的社会"，"一个自由的私有企业交换经济"；自由经济本是自足的，只是为了保护我们的自由，政府才是必要的，然而民众"同时还限制给予政府的权力，并且防止政府以各种方式使用这个权力来削弱而不是巩固自由社会"。① 但是弗里德曼自己就承认，非私有性质的经济活动如福利国家、政府干涉已经成了二战后西方世界普遍推行的经济政策，为人们广为接受。他之所以宣扬保守自由主义，就是要唤醒民众，尤其是知识

---

① 〔美〕弗里德曼：《资本主义与自由》，张瑞玉译，商务印书馆，1986，第4、14、40页。

分子，与美国当前流行的做法斗争，从而维护他心目中的资本主义的纯正。像弗里德曼这样用意识形态来宰割历史的做法，很接近宋儒所宣扬的"理在事先"。但是资本主义作为一种基本的制度在现实生活里是如何运作的，又是如何从历史中演进过来的，在宣扬自由主义思想的经济学家那里是找不到答案的，因为他们绝大部分的经济分析是以自由市场经济（特别是完全竞争）为理论假设，研究资源的配置如何才能效率最大化。在其他学者，特别是历史学家看来，经济学分析里的制度背景都是人类社会历经磨难、"千锤百炼"的不同发展道路，岂可假设得之？但是这种以假设为前提的演绎性分析，正是经济学得以成为一门重大学科的根本，而且可以追溯到经济学的创始人亚当·斯密所提出的"看不见的手"的著名假定。

亚当·斯密所生活的 18 世纪是启蒙的世纪。启蒙主义时代的思想巨擘对人类社会曾经和当时存在的各种特权、压迫和限制予以无情的抨击，而他们据以批判历史和现实的理论武器就是主张"天赋人权"的自然法，而其崇尚的理想社会也是超越了种族、文化和国家之别的普遍正义。亚当·斯密是启蒙主义洪流中的一支——"苏格兰学派"的重要代表人物，而"看不见的手"之后隐藏的更是他对人类自由合作的坚定信念，即人类社会得以成立的天演自由。在亚当·斯密看来，贸易可以"鼓励大家各自委身于一种特定业务，使他们在各自的业务上磨炼和发挥各自的天赋资质或才能"。而君主如果对此不加以干涉，而是予以充分的保护，像废除一切特许和限制的制度，"最明白、最单纯的自然自由制度就会树立起来"。[①]

---

① 〔英〕亚当·斯密：《国民财富的性质和原因的研究》（上卷），郭大力、王亚南译，商务印书馆，1979，第 13~15、253 页。

　　"看不见的手"这一假定无论在学理上还是实际经验中，都有
重大缺失。[①] 像凯恩斯就指摘"传统经济学的捍卫者大大低估了货
币经济状态下的结论和简单得多的实物交换经济状态下的结论之
间存在的重大甚至有可能是本质的差异"，但是这一假定的独具匠
心加上亚当·斯密清晰的理论表述，使其成为启蒙运动以来最有
影响的概念之一。而"看不见的手"得以流行于现代社会，却与
保守主义意识形态大力为西方政治经济体系的辩护有关。亚当·
斯密本人虽然以自然法为宗旨，但是他在《国富论》中还是不吝
笔墨地讨论了国防、殖民地、消费税等众多历史和现实问题，从
亚当·斯密到大卫·李嘉图，经济学研究越来越趋于抽象演绎，
也因而不断招致反对者的批评。[②] 亚当·斯密之后经济学的长足发
展，又与成功引入边际分析的方法分不开。从杰文思（Jevons）、
门格尔（Carl Menger）到瓦尔拉斯（Leon Walras），"边际革命"
和一般均衡理论相继涌现，经济学最终为新古典经济理论所主导，
而制度和历史的因素则完全淡化出其分析框架。[③] 二战以后，以计
量经济学为特色的新经济史学兴起，提倡重建经济增长的过程，
但是其使用的工具往往是新古典主义经济学的内生性模型，这种

---

① 崔之元：《"看不见的手"范式的悖论》，经济科学出版社，1999。

② 熊彼特就批评以李嘉图为代表的英国经济学者经常想当然地假定"the institu-
tions of capitalist society"是已经给定的。英国经济史权威、第一个提出"工业
革命"这一概念的 Toynbee 也认为是李嘉图导致了经济学研究的问题与历史无
关，而李嘉图的思维是不甚于史实的（unhistorical）。稍后的康宁汉（Cunning-
gham）更尖锐地批评，"如果政治经济学仅被视为社会哲学的一个分支，它将
变得与外界无关，而只是现代心灵想象的某种教条；这种主观世界的活动不会
关心真实世界，也无意去验证其假说的真伪"。

③ Geoffrey M. Hodgson, *How Economics Forgot History: The Problem of Historical Spe-
cificity in Social Science* (New York: Rout ledge, 2004).

本质上反历史的方法，容易割裂生产技术和生产技术得以发生的背景，而假定市场是在理想状态下运行的，因而当用于研究前工业社会的市场经济及其向现代化的转型时，每每有格格不入之感。

不仅资本主义的定义无人关注，就连封建主义的严格定义和学术论证也是到19世纪才得到学者重视而试图梳理研究的。兰克史学的兴起代表了欧洲学术思想谱系的历史主义"新传统"，[①] 而经济史得以成为独立的学科在大学里讲授、社会科学和历史研究日益融合，其中德国历史学派发挥了关键性的作用。19世纪的德国学者对大卫·李嘉图之后的英国古典经济学强烈不满，这种不满驱使他们使用完全不同于抽象演绎的历史主义方法，重视对材料和经验的分析，经常从活生生的、范围广泛的社会生活里寻求经济和社会发展的原因。德国历史学派的先驱李斯特在分析一国经济发展时，坚决拒绝古典主义经济学仅考虑价值和交换的逻辑思维（他辛辣地嘲讽对方"必然要陷入不可思议的前后矛盾"），指出"基督教，一夫一妻制，奴隶制与封建领地的取消，王位的继承，印刷、报纸、邮政、货币、计量、历法、钟表、警察等事务和制度的发明，自由保有不动产原则的实行，交通工具的采用——这些都是生产力增长的丰富源泉"。[②] 由于不拘泥于抽象的原则、强调组织和制度的演化、相信历史过程中变化的复杂性和原因的多样性，德国历史学派善于从纷繁复杂的历史文献中精心寻求证据，观察政治、经济和社会之间的相互联系，描绘各种重要制度的功能和兴衰，进而提供一个相对"真实可信"的资本主

---

① 兰克在马克思出版《资本论》（第1卷）之前就已经出版了他的代表作《教皇史》，并在柏林大学长期任教，直到退休。

② 〔德〕李斯特：《政治经济学的国民经济体系》，商务印书馆，1961，第123页。

义画面。

施穆勒是德国历史学派第二代的核心，他对国家建构（state-making）的强调为描绘资本主义这幅巨画确定了基础的色调。[①] 他不同意启蒙主义"自然法"的观念，而把人类的发展分为三个历史阶段：自然经济（以物易物）阶段、货币经济阶段、信用经济阶段。与每一阶段的经济发展相对应的指导力量就是建立在当时最重要的政治结构基础之上的某种具体经济制度。其分析方法简而言之，就是政治经济一体，而且前者常常决定后者。施穆勒关于重商主义有一句名言："重商主义的核心就是国家建构。"[②] 这道出了他对西欧自文艺复兴以来社会发展的一个原则性看法，即国家建构虽然源于政治社会，但其目的是创造一个经济社会，并赋予其至高的意义。这个过程见证了全社会及其组织的变革，包括国家机构的改造，进而建构实施统一经济政策的民族国家。这样一个中央集权路径的国家建构，从意大利的城邦国家、尼德兰联合诸省到英、法等国，在欧洲各国都不例外，而不同时期各国霸权的兴衰也与国家建构成功的程度完全一致。通过强调人类经济活动的进步体现社会组织的演化，施穆勒非常成功地将历史主义引入了政治经济学研究，以对抗建立在抽象演绎基础之上的英国古典经济学分析传统。亚当·斯密用"看不见的手"描绘了市场经济运行的逻辑基础，而施穆勒则通过经济组织这一角度奠定了"看得见的手"（如国家、行会、企业

---

① 施穆勒（Gustav von Schmoller）提供了一整套面向历史的政治经济学分析概念，强调统计、企业组织、政府、法律乃至文化精神等诸多方法和角度，提倡阶段论的经济演化模式，将德国经济学派的研究推向高潮。

② G. Schmoller, *The Mercantilism and Its Historical Significance*, translated by Ashley W. J. (New York: P. Smith, 1931).

和经济社会政策等）在市场经济发展过程中的基础作用。施穆勒因此还坚决反对把经济视同自由主义下的个人或家族活动，再三强调没有外在于经济世界的政治权力，也没有可以离开政治权力的经济世界。虽然施穆勒还没有明确地使用资本主义这一概念，但是资本主义是什么在这里已经呼之欲出。

韦伯和桑巴特都是继施穆勒之后第三代历史学派的重要代表，也是他们赋予了资本主义这一概念在学理上的重要地位（以前多用"国民经济"这一术语）。自此，资本主义开始作为重要的课题进入政治经济学和历史学的研究。① 桑巴特把资本主义看成为了追逐利润而不择手段的"冒险活动"，参与这一"冒险活动"的人包括了海盗、经营地主、公务员（因为现代国家就是追逐利润的资本主义企业）、投机家、商人和进入市场领域的工匠。② 虽然冒险求利的精神是资本主义的源头和基础，但是此种精神要在适当的环境里（譬如国家、贵金属货币、技术发明、移民等）才能发展。桑巴特还把国家看成经济组织的一种，并认为国家是所谓"近代的产物"（最早出现在 12、13 世纪的意大利），对资本主义的发展极其重要。国家首先为私人资本主义公司提供了典范——国家把社会分化成管理者和被管理者，这种模式在军队中表现最为明显，军队的正规化对资

---

① 桑巴特（Werner Sombart）1902 年出版了《现代资本主义》，初步奠定了他在施穆勒之后德国历史学派中的核心地位。1917 年，桑巴特继承了施穆勒在柏林大学的教职。不管就当时的声望，还是就德国历史学派本身的学术传统而言，桑巴特都比韦伯重要。桑巴特早期是一个马克思主义者，后期转向为纳粹德国辩护。他的著作很少被翻译为英文，这也严重制约了他在二战之后西方学术界的影响。

② Frederick L. Nussbaum, *A History of the Economic Institutions of Modern Europe*; *An Introduction to Der Moderne Capitalisms of Werner Sombart* (New York: F. S. Crofts, 1933), pp. 76, 84.

本主义也有直接的影响，即军需供应为商人扩张提供了重要的需求。国家还在政策上帮助资本主义，即重商主义。而在货币方面，国家为私人商业提供服务，包括发行纸币。桑巴特上述对国家及其作用的分析，可谓包罗万象，开创了历史社会学的许多命题，但是从整体来讲仍然不外乎组织和制度的分析。他强调国家和私人企业都是经济组织，都是资本主义；两者在发展过程中互相学习，密不可分。这种解释和亚当·斯密不受国家干涉的自由贸易为天赋人权的理论假设相对照，差距之大甚于千里之遥。

德国历史学派在经济学和社会科学上的突出贡献之一是对公共财政的研究，这当然也是与其重视国家和制度的传统相关联的。埃伦伯格对近代早期西欧的大商人和公债、信用研究很多，被视为企业史和商业史的创始人。他认为资本主义只要满足两个条件就可以生长："经济活动已经足以满足生存之必需而可以积累利润；同时，资本能够以信用的方式加以扩张。"因此，资本主义的历史是从文艺复兴时期的意大利就开始的。这虽然不异于同一学派其他学者的看法，但是他通过对14～16世纪大商人和公债档案的细致研究，充分揭示了西欧资本主义金融市场的兴起是如何与君主为筹措战争经费而发行公债表里为一的。他提出，在当时重商主义的原则里，有一条非常重要，即"金钱是战争之母"（pecunia nervus bell）。他认为这条原则不是什么理论，只是对观察到的事实做的一个简单归纳，而这却是对文艺复兴时代精神的最本质揭露。①

德国历史学派是对从抽象的，往往也是道德的原则出发来诠释

① R. Ehrenberg, *Capital and Finance in the Age of the Renaissance：A Study of the Fuggers and Their Connections*, translated by H. M. Lucas（Fairfield, N. J.：A. M. Kelley, 1985）.

社会变化的启蒙学风的成功"反动"，将学术视野转移到具体的、经验的，也是历史的问题上，可谓欲求资本主义的历史真面目，还要到历史里寻求。经过以施穆勒为核心的第二代学者的大力拓展，德国历史学派的影响在二战以前的西方学术思想界达到鼎盛，特别是在经济史、社会学和国民经济学研究领域中的势力之大，其他任何学派都无出其右。① 阿克顿勋爵策划设计的《剑桥近代史》1902 年开始出版，就以文艺复兴为第一卷。阿克顿的例子正说明英国作为古典政治经济学的发源地和正统的自由主义思想的阵地，也难逃其影响。曾在牛津大学教授英国经济史并最早提出"工业革命"这一概念的汤因比也讥讽信奉抽象演绎的经济学者，生动地指出为什么英国一半的土地由 2512 人占有，只有从历史里才能找到答案。

毋庸讳言，资本主义的研究牵扯到不同的学科和方法，其结论也是不尽一致，甚至互相冲突的。德国历史学派在二战以后西方社会科学界的影响日渐式微，而在经济学这一学科中更是近于销声匿迹。② 但是资本主义究竟能否用一套抽象的理论加以演绎，毕竟是一个重大的学术问题，不可视若无睹而一笔带过。用自由主义经济学

---

① 19 世纪英国也因受此潮流影响而涌现了一批名为英国历史学派的著名学者，如罗杰斯（J. Thorold Rogers）、汤因比（Arnold Toynbee）、坎宁翰（William Cunningham）、阿什莱（William J. Ashley）等，他们都对李嘉图之后过于抽象的经济分析方法进行了批判，并尝试从历史和归纳的角度对其缺陷加以弥补。19 世纪、20 世纪之交的美国学术界张开双臂拥抱德国的学术思想和方法，哈佛大学讲授经济史的教授，如阿什莱、盖伊（Ed-win F. Gay）、格拉斯（N. S. B. Gras），都深受德国历史学派的影响。而当时以凡勃伦为首的制度学派，"采用历史归纳法或历史比较研究法来研究问题，因而被称为德国历史学派在美国的变种"。参见吴承明《经济史：历史观与方法论》，上海财经大学出版社，2006，第 219 页。
② 关于经济史这一学科的演变，吴承明有一段精彩概括，参见《经济史学小史》《经济史：历史观与方法论》。

来解释资本主义的兴起，首先面对的事实就是，当亚当·斯密提倡不受国家干涉的自由市场时，重商主义在英国实际上仍甚嚣尘上，亚当·斯密所笃信的"看不见的手"和所谓的"自然的次序"毕竟是其理想中的追求，焉可等同于史实？套用自由主义来解释世界历史，把历史的发展看成自由意志的展开，在西方学界也早就迭经尝试，最典型者即辉格史学，而今早已为大部分人遗忘，只是在学术史上悄无声息地留下了一笔。这里还要特别指出的是，和国内读者预想的不同，现代经济学并不能包揽关于资本主义产生和发展的研究，甚至不能够研究其中某些根本性的、全局性的问题。经过20世纪前半叶新古典主义经济学和德国历史学派的论战，现代经济学普遍排斥历史主义的分析，把复杂的社会问题简化为经济活动的最佳选择，即使多么高明的经济学者也常常无力把握经济活动的历史背景和制度变化。如果一名经济学者在诠释历史变化时不能主动意识到上述局限，往往会陷入简约化的泥沼而自我矛盾。①

---

① 这不是说经济学家不能从事高水平的历史研究，而是希望其能杜绝反历史的简约化方法（unhistorical reductionism）。希克斯（John Hicks）是20世纪中叶最有影响的宏观经济学家之一，对储蓄、投资和工资都提出了独到的量化模型，可是其西方经济发展的解释框架的核心却是制度和组织在历史上的变化，包括为什么对外贸易必须有国家的保护才有可能得到稳定和长远的发展。希克斯认为欧洲的这种合作关系首先发生在意大利城邦国家，然后是重商主义下的君主政权，所以意大利城邦国家不仅是政治组织，而且是经济组织，可以名之为"商业经济发展的第一阶段"；而"商业经济发展的第二阶段"就是经济部分商业化的君主国家；而信贷和债务关系在国家范围内的扩展是市场经济最重要的发展，通过中央银行和（纸钞）货币供应，商业经济就进入了第三阶段，也是现代阶段，国家可以完全调控市场为其目的服务，不管是从事战争还是为社会福利着想，经济手段都越来越容易运用并发挥巨大作用。希克斯认为重商主义是从国家的角度来看待市场经济的发展，即君主或政府越来越认识到商人可以成为政治的工具。虽然欧洲国家试图驾驭和利用商业经济的企图在重商主义阶段都没有成功，（转下页注）

和自由主义及新古典经济学相比，马克思对社会结构及其变迁的理解要复杂得多，因而在学术史上的作用更为重要，桑巴特和布罗代尔等都深受影响。而因为应用马克思主义而在概念和方法论上导致的争论也延续至今，经济决定论就是其中最大的一个话题，也直接影响到关于资本主义的讨论。对于经济是社会的基础这一假定，绝大部分从事实证社会经济史研究的学者承认马克思的贡献而予以接受，比如目前日本新经济史最有影响的、由速水融主编的多卷本《日本经济史》，开篇就论述德川时期的日本社会是一个经济社会，可见其实际上也确认了以经济为基础的社会整体性联系，这和唯物史观颇有相通的一面。但是如果把这一前提用于对历史过程的具体观察而不加反思地变成一种因果关系意义上的严格推论，即所谓的狭隘经济决定论，我们就会在方法上面临一个很大的困难：经济究竟意味着什么？在哪怕生产力相对低下的传统经济里，我们还是可以发现多种多样的经济成分和程度不同的地区差异与变化，如何才能够知道其中的关系及其与非经济因素的关系是如何变化的，又是如何决定和被决定的？

三

不管是马克思关于资本主义生产方式的内在对抗性矛盾，还是

(接上页注①)随之而来的自由贸易政策在 19 世纪大行其道，但是随着政府管理能力的飞跃式发展（希克斯称为"管理革命"），到第一次世界大战前后，欧洲国家已经意识到其可以控制的力量是多么巨大。参见 Hicks, *Theory of Economic History* (Oxford: Oxford University Press, 1969), pp. 36 – 40, 161 – 162。

韦伯关于官僚国家无限制权力扩张的前景，都极大地丰富了我们对现代社会内在危机性根源的认识，也印证了启蒙思想在进入 20 世纪后已经后继无力的困窘。二战以后，越来越多的社会科学家乃至媒体、政治家都加入了关于资本主义的讨论，这势必冲淡其本来的历史研究的特色；同时，历史学本身也对历史主义进行了深刻的反思，不再把资本主义看成当时近代欧洲社会发展的唯一可能。[①] 反思和对话是学术研究发展之动力，但是由于前述以马克思或韦伯为源头的北美社会科学家大多旨在批判现代资本主义社会的弊病，并为化解由此带来的社会冲突提供药方，所以当然不可能回答历史中的资本主义如何兴衰，反而淡化了历史分析这一基础，这不能不让历史学家倍感其学术传统所赋予的责任之重大。正如格拉斯比所言，资本主义这一概念，不是"看不见的手"式的公理性假设，也不是可以证伪的理论假设，而是从历史经验出发而构造的工具性概念。格拉斯比虽然在 1999 年出版了《什么是前工业化时代的资本主义》一书，告诫读者早在 1918 年就有人总结资本主义的定义达 111 种之多，其中不乏矛盾和混淆，但是他本人两年后出版的研究专著仍名之为《亲属与资本主义》（*Kinship and Capitalism*）。[②] 格拉斯比真正反对的

---

① 对历史主义的反思在西方史学史中已成为一个重要的课题，但尚未引起中国学者的重视，目前可以看到的中文参考文献有伊格尔斯《德国的历史观》，彭刚、顾杭译，译林出版社，2006。

② Grassby, *The Idea of Capitalism Before the Industrial Revolution* (Lanham: Rowman and Littlefield Publishers, 1999), p.1; Grassby, *Kinship and Capitalism: Marriage, Family and Business in the English-speaking World, 1580 – 1740* (Cambridge University Press, 2001). 格拉斯比的有关 17～18 世纪伦敦商人社会的研究甚为深入，可参见刘景华、沈琦《商人研究新视角：亲属关系和家族企业》，《史学理论研究》2004 年第 1 期。

是将资本主义研究概念化、抽象化而到处寻找一个终极原因来解释近代欧洲的历史。像格拉斯比这种从历史中寻得的答案，当然不会，也不必是抽象的假设和原则，而只能是一种具有高度启发性的、关于复杂历史过程的精湛叙述。如果历史学也一定要规定其方法论的话，那么只能是对唯我独尊的抽象理念的抗拒。

格拉斯比的研究毋宁说是对韦伯的理性化理论的驱魔。韦伯特别钟情于将现代资本主义等同于采用复式簿记的机器化大企业和企业家，因为现代社会的理性化正得力于这些大企业的生产能力满足了社会大众的日常需求。另外，他又谴责大家庭、裙带关系等"传统"关系限制了理性的个人主义，扼杀了资本主义的发展。他在这里一样把想象当成了真实。格拉斯比《家族和资本主义》一书利用尘封已久的大量地方档案（包括公司文书、徽章、教区档案和私人账簿等）调查了 1580~1740 年总计 28000 个伦敦商人家庭的婚姻状况、社会交往和做生意的方式。他通过大量的数据分析和具体的个案研究，得出结论：在伊丽莎白一世（1558~1603年在位）到乔治一世（1701~1727 年在位）统治时期内，伦敦商业社会运作方式从个人经营到家族式经营应有尽有，所谓一个从农业社会向以个人主义为基础的资本主义社会的过渡完全是辉格史学编纂者的夸大，而当时真正担负起商业经营和贸易网络主力的恰恰是很多方面通过婚姻、亲属、馈赠和继承等方式联系起来的家庭式的资本主义（familial capitalism）。在绝大多数经济领域中，真正的大规模经营组织既不是必要的，也不是可行的。商人和地主也经常是合二为一的：这近30000个伦敦商人家庭，一半以上将资本投资于土地，而且越是大商人就越积极，参与地产投资的比例高达90%。①

包括资本主义萌芽假说在内的现代社会科学理论对近代欧洲资本主义历史的误读，明显体现在排斥暴力、制度和文化等其他社会因素在资本主义体系中的重要作用，这种狭隘经济决定论的倾向源于对国家在市场经济中作用的忽略，最明显的不过体现在对垄断、专卖等官商勾结合作等做法异口同声地予以道德谴责。很多资本主义萌芽研究者尽管在认定萌芽出现的时间上有种种不同见解，但在解释中国资本主义发展缓慢乃至夭折时，经常诉诸和传统儒家思想接近的道德观念，一致谴责统治阶级对工商业的粗暴干涉、横征暴敛，或是归咎于国家专卖垄断、与民争利和官员的贪污腐败。但是他们没有想到的是，资本主义在近代西欧社会的生命力一开始就体现在官商勾结（或官商合作）方面。② 在19世纪以前的世界历史里，哪里可能会有中国资本主义萌芽研究者所期待的资本主义——自由放任的市场经济、廉洁有效的政府管理和公正清明的法制社会呢？这些学者其实在用一种道德主义来取消历史，把资本主义看成"人间正道"（human path）的代名词。③

资本主义当然不是游走于乡村和城镇的小商小贩，也不是江南集镇上抱布易米的农民。在德国历史学派看来，资本主义一方面表

① Grassby, *Kinship and Capitalism: Marriage, Family and Business in the English-speaking World, 1580 - 1740*, pp. 347, 413 - 417.

② 前述罗尔的《经济思想史》把15世纪末期到17世纪后期的西欧重商主义历史称为"商业资本主义"，并且以为"民族国家的成长"是重商主义发展的重要原因，而垄断与商业不可分离——"垄断是国家寻求贸易机会从而增加国库收入的明显途径，而商人也把垄断看成进入某个特定行业的最好手段"。见 Eric Rolla, *History of Economic Thought* (London: Faber and Faber, 1992), pp. 42 - 44。

③ Breaud, *A History of Capitalism*, pp. 7 - 8.

现为资本的积累；另一方面它恰恰需要战争、暴力和官商勾结等诸多手段来为自己搭建一个超越市场经济的上层结构。以国内近年来比较熟悉的布罗代尔对资本主义的研究为例，他独具慧眼地把 1400 ~ 1800 年的欧洲社会分成三个层次：底层的物质生活（包括了千千万万普通老百姓的日常生活消费）、中层的从事交换的市场经济，以及高层的资本主义。用布罗代尔的话讲，资本主义"是上层建筑的现象、少数人的现象，是高海拔的现象"，"客观地讲，从事资本主义活动的人实在少得可怜"。[①] 西方历史学家之所以认为 1400 年之后的西欧社会已经存在资本主义，一个非常重要的原因就是商人的活跃，特别是大商人、大银行家积累了大量的财富，富可敌国，和各国君主形成了互相利用的紧密关系，像佛罗伦萨的美第奇家族、德国的福格尔家族都是如此。[②] 这种分析仍然沿用并发展了德国历史学派的传统。[③] 这些研究实际上道出了国内学者鲜知的西欧资本主义的另

---

① 〔法〕布罗代尔：《资本主义论丛》，第 7 页。

② 关于福格尔家族的研究，参见 R. Ehrenberg, *Capital and Finance in the Age of the Renaissance* (Nabu Press, 2011)。

③ 威尼斯、热那亚和佛罗伦萨都是文艺复兴时期地中海地区的工商业和文化高度发达的城邦国家，被马克思誉为资本主义的摇篮。韦伯特别举例说，热那亚为了从事战争而成立的股份公司就是一种资本主义形式，见 Webber, *General Economic History*, with a new introduction by Ira J. Cohen (New Brunswick, N. J.: Transaction Books, 1981), p. 275，姚曾廙先生的中译本漏译此句。桑巴特也认为，"首先也是至关重要的就是国家的企业活动在规模上达到以前闻所未闻的地步"〔Sombart, *The Quintessence of Capitalism: A Study of the History and Psychology of the Modern Business Man*, Translated and edited by M. Epstein (New York: H. Fertig, 1967), p. 85〕。韦伯关于资本主义的论述互相抵牾之处很多，很大程度上是和他研究方法的内在冲突有关：韦伯一方面要为资本主义确立一种"理想类型"；另一方面又企图兼顾资本主义在历史中的发展变化。这种前后矛盾、左右为难的困境真实地反映了社会科学和历史学方法论之间的根本性冲突。

一面，即它们（特别是威尼斯和热那亚）都是建立在垄断贸易和军事力量结合之上的重商主义政权。威尼斯重商主义政策的色彩最为鲜明，其商业舰队为国家所有，是用来在海上争霸的有力工具，也垄断了威尼斯控制下的地区和城市之间的贸易。威尼斯的立法机构更通过法律给予威尼斯的商人以专门的特权和保护。以盐的垄断经营为例，1400年威尼斯的税收中有30%来自盐的专卖，多达150000杜卡特；到1600年盐的专卖收入更增长到300000杜卡特，但是由于其他税收项目大幅增长，其所占份额降低至15%。[①] 这一比例仍然远远高出北宋初期和中期盐的专卖在国家税收中所占的比例，但接近北宋熙宁、元丰年间所达到的水准。不过宋代以后的明、清两代政府却在专卖垄断的货币化和金融化方面一落千丈，退化为主要依靠土地税来维持政府运作的传统财政体系。金融市场更是西方资本主义官商勾结（或官商合作）的最重要场所，而国债是其主要形式。资本主义之得名，当然是因为资本的作用，可以无孔不入，超越了原来有限空间和时间范围内的商品交易制约。在金融资本的形成与发展中，最具有指标意义的是所谓的中长期借贷关系，而这种突破性的进展恰恰是由近代西方的君主因为穷兵黩武不得不费尽心机多方求索而无意中开创的。西欧历史上最早的长期信用工具就是威尼斯为支付军费而发行的强迫性公债，而英格兰银行——第一家现代中央银行——也是英国政府为筹措反拿破仑战争费用而创立的。在克拉克爵士看来，17世纪的西欧文明，首先是一个战争性的文明，整个世纪中

---

① S. A. M. Adshead, *Salt and Civilization* (Basingstoke, Hamsphire：Macmillan, 1992）, p. 198.

只有 7 年的时间免于战争，各国君主们都急于扩军备战，而战争动员和军事革命又是影响乃至促进资本主义发展至关重要的因素。①

资本主义萌芽可以说是对近代欧洲历史的严重误读，而这种误读又是时势所然。从 20 世纪 30 年代这一名词萌生之时，早期马克思主义者就有目的地寻求一种革命性的理论来适应大革命时代的需要，把唐宋以来的中国传统社会描述成一个落后的、与近代西欧社会有根本不同的"封建社会"，以此来宣示中国革命的正当性。中国的生产技术以前工业时代的水准衡量，长期处于领先地位，直到公元 15 世纪还有举足轻重的地位，而科学的发展也未受到政府的任何严重限制。② 傅筑夫早就指出，宋代的商品生产不仅远比唐代发达，而且大大超过了 14、15 世纪地中海沿岸城市的发展水平。③ 为了回避这个论证中可能产生的冲突，中国资本主义萌芽论的主张者更采用了一种唯（现代）生产力论的假设，把资本主义看成所谓的以大机器生产为形式、以雇佣劳动为基础的发达的现代经济形式，以此反衬中国社会的贫穷落后、亟待变革乃至革命，也因此完全不顾西方历史学者研究中已取得的通识，不惜把欧洲资本主义混同于 19 世纪后期才真正出现的现代工业主义。固然，我们所熟悉的西方资本

① Clark, *The Seventeenth Century*, pp. 13, 98, 101.
② 宋代的许多科学进步实际上得益于国家的大力扶植（〔英〕李约瑟：《中国科学技术传统的光彩与不足》，潘吉星主编《李约瑟集》，天津人民出版社，1998，第 101~126 页；〔英〕李约瑟：《中国古代科学》，李彦译，香港中文大学出版社，1999，第 1~24 页）。李约瑟曾特别列举了 20 项对世界有重大影响的传统中国的技术发明，来说明科学技术史的研究不可局限于欧洲（〔英〕李约瑟：《中国震撼世界的二十项科学发明和发现》，潘吉星主编《李约瑟集》，第 281~337 页）。
③ 傅筑夫：《有关资本主义萌芽的几个问题》，《中国经济史论丛》，生活·读书·新知三联书店，1980，第 696 页。

主义文明是在 19 世纪中期以后蓬勃发展的，深刻地影响了中国的政治和社会，但是西方近代殖民势力早在 16 世纪就开始征服和影响美洲、非洲和东南亚，在全球范围内争夺霸权。如果拿 19 世纪后期中国面对的欧洲所拥有的科学技术实力为衡量资本主义的标准，马克思本人岂不是在只有一只脚才开始踏进这个刚刚开启的资本主义之门，就已经迫不及待地预言资本主义的灭亡了吗？而马戛尔尼使团访华这个中外关系史上沸沸扬扬的大事，岂不也成了中英两个地主阶级最高代表之间的对话了吗？

毋庸讳言，这种误读其实也是一种充满学术创新和启迪的创造性尝试，突破了长期支配中国史学传统的封闭观念，把中国历史纳入世界历史的范围加以研究，同时也"打破了自黑格尔以来盛行于西方的'中国停滞论'"，使我们能够以发展的眼光看待中国的历史。① 但是，在对近代欧洲历史误读之下提出的资本主义萌芽概念不免导致我们对包括欧洲历史在内的世界历史研究的理解上出现严重的落差，而许多更是误差。在 19 世纪末 20 世纪初的政治经济学研究中，为了对抗玄学式的、泛道德化的或者意识形态式的观点，以施穆勒为代表的德国历史学派提出了资本主义的概念，来诠释近代欧洲国家的不同发展道路及其原因，而资本主义的核心是国家与市场的关系。在该派论说里，财政国家应该是和市场经济同等重要的考量，这包括了军事动员的方式、官僚化的程度以及公共债务的发达状况。我们甚至可以说，资本主义从其成为一个规范学科术语那天起，就是在历史分析的框架中被定义和使用。关于资本主义的具体分析，究竟是以精神文化，还是以经济基础，抑或是以战争、国家公债、殖民扩张等为关键性契机，该

---

① 李伯重：《资本主义萌芽研究与现代中国史学》，《历史研究》2000 年第 2 期。

派学者及继承该学派观点的学者或有争议，但是在这个传统下，他们绝不否认资本主义就当以此历史性的分析为基础不加以外求，也绝无历史之外的思想或概念（如个人理性主义、市场经济或者现代生产力等）可以不证自明而被称为资本主义。

四

如果我们对资本主义的研究是着重了解其在过去、现在和未来社会里已有及可能有的发展和变化，那就绝对不可能从抽象的理论里得到答案。正本必清源，必须看到，以兰克学派为核心的历史学者，还有包括德国历史学派在内的政治经济学家、法学家，在过去一个半世纪里筚路蓝缕，高举历史主义的大旗，坚决反对将人类社会的研究概念化、抽象化以致到处去寻找一个终极原因来解释近代欧洲的出现，强调历史的真实在于对个体事物的具体研究，锲而不舍地从文献和现实中挖掘丰富而珍贵的材料，最终确立了资本主义这一历史研究框架。既然资本主义是一种历史性的运动，我们也不应当将资本主义理想化，以致把它当成美好、进步和正义的代名词。资本主义确实比其他形式的统治形式更能够容许社会成员拥有自由权利，包括移民、就业和贸易等方面的自由权利，这是因为它能充分利用市场经济带来的资源和空间，用金钱而不是人身直接管制来巩固其统治，而公共财政和金融市场是资本主义统治关键的一环。资本主义的历史研究也必须和以工业主义相标榜的现代化理论划清界限，因为后者往往是反映并支持一国经济发展政策的意识形态之体现，具有鲜明的政策导向和利益考虑，而并不以历史本身为研究目的。这样的理论完全割裂，历史和现实之间的紧密而复杂的联系，混淆了近代和现代之间的巨大差异及其联系的不确定性。[①]

资本主义概念的重要性在于它超越了单一学科范围，而包含了经济、政治、军事、思想宗教和社会等众多分支学科。不难想象，一部欧洲近代史的风云变幻、起伏跌宕，如果只拿农业劳动生产率或是农业单位面积产量的提高来加以解释，就不会有多少真实性可言，更遑论其精彩。而中国资本主义萌芽在以往的讨论中之所以能够发展成许多学者乐于参与的话题，一个重要的原因就是其不仅包含了史学内部的几乎所有重要课题，而且牵涉了众多专门领域（如文学戏曲、儒家思想和社会伦理等）。就历史研究而言，一个以实证为基础而又突出历史性面向的资本主义假说，必然能够推动不同学科之间的对话交流，其意义之重大也是不言而喻的。资本主义的定义、内涵和研究方法都和兰克学派以来西方学术史中"近代"之观念密切相关。"近代"（modern）一词不等同于工业革命，也不等同于苏联史学家所宣扬的资产阶级革命说，而是可以追溯至文艺复兴以来的新型社会秩序。也是在这个意义上，20世纪初日本学者能够先着一鞭，同样地提出了东亚的近世这一概念，来区隔古代中国和唐宋变革以来的近世中国。中国历史研究成为现代学术体系的一部分，在很大程度上是通过日本学者在20世纪的巨大努力得以实现的。而由京都学派提出的唐宋变革论成功地挑战了欧洲中心论，建立了一套东亚的近世的系统论说，为联系中国史和世界史架起了一

---

① 罗斯托的"增长阶段论"就是广为流行的一种现代化理论，他以"起飞"（take-off）——高速度的经济增长作为压倒一切的指标，同时把国家、主权和与之相关的战争统统看成传统社会的产物，而与现代化无关。参见 Rostow, *The Stages of Economic Growth*（Cambridge：Cambridge University Press，1971），p. 107。

座重要的桥梁。[①]

反思对资本主义萌芽的讨论，就必须搞清楚资本主义是什么。我们不仅应当承认对资本主义萌芽的讨论曾经从材料和方法等诸方面大力推动过中国社会经济史研究，更应该肯定并继承前辈学者以历史研究为基础构建中国学术体系的雄心，而不应该因为使用资本主义萌芽这一概念而产生种种问题——多数是受提出这一概念时的社会背景所限，将政治、暴力和制度等非经济因素也随这一概念一并抛弃，以致蜕化为某种极其狭窄的经济学专题研究。[②] 笔者提倡在今后的中国历史研究中用"资本主义"一词来取代"资本主义萌芽"，其种种学理根据前面已做过申述，绝非个人之别出心裁，而是以为创新不如绍旧，超越已有格局可能选取的方向也许就是复归本来的经典史学传统。如有不妥，尚祈高明指正。

（整理人：郭益蓓）

---

① 宫崎市定在二战后的分析中更进一步把宋代资本主义的兴起放在政治、军事、经济和社会文化等诸方面的变革背景中，充分凸显了中央集权的雇佣兵制、以消费税和公债为基础的财政国家、充沛的货币供应和长期景气的市场动向之间的关系，与布罗代尔所描绘的近代欧洲的战争、市场和资本主义的内在关系形成对照，可谓东西方史学中关于资本主义的两大高峰对峙。由于本文篇幅有限，笔者会在以后的系列探讨文章中阐发。

② 吴承明明确主张，"在经济史研究中一切经济学理论都应视为方法论"，更进一步提出经济史研究"应当成为经济学的源，而不是经济学的流"（吴承明：《经济史：历史观与方法论》，上海财经大学出版社，2006）。陈振汉提倡年鉴学派的综合分析方法，认定其在很多方面优于新古典主义的分析工具，尤其以为可以在宋代经济史研究中使用（陈振汉在1994年和笔者的一次面谈时提出）。前述施穆勒一再被奥地利派经济学家如门格尔攻击为无方法论，施穆勒却深信一切理论和概念必须由历史的经验研究而来，依赖抽象演绎就无真实可言，这和中国学者关于经济史研究的属性是经济学抑或历史学的争论有相通之处。

传统经济的增长模式刍议

彭凯翔[*]

一 对传统经济增长的理解

从传统到近代以来的增长模式，最常见的就是斯密增长和库兹涅茨增长。在国内，这种划分方法用得比较多的可能就是李伯重教授。那么，斯密增长和库兹涅茨增长两者不同的地方在哪里呢？先看斯密增长的逻辑。斯密增长主要强调市场驱动→分工→专业化→经济增长，强调经济总量的增长，这种增长没有经济结构的突破。过去，人们一般认为没有第二产业的发展。但是，后来李伯重教授在他于华娄地区的研究中发现第二产业占的比重很高。斯密增长一般被认为是有限的，李教授也在他关于英国模式的文章里提到过，如果市场外部条件不变，也就是市场容量有限，市场是有极限的，他认为斯密增长

---

* 彭凯翔，北京大学中国经济研究中心博士研究生，河南大学经济学院教授，博士生导师。

是有极限的，可是这个极限在哪里他没有说清楚。具体来说，怎么摆脱斯密增长极限呢？一般认为就是能过渡到库兹涅茨增长。怎么实现从斯密增长过渡到库兹涅茨增长呢？

接下来再看看库兹涅茨增长的特点。库兹涅茨增长强调的是，经济增长有一个工业化的过程，存在经济产业结构的突破和资本结构的突破，也可以认为有一个从第一产业到第二产业的突破过程。这也是刘秋根教授所关心的资本结构的变化。长期资本的比重比较高，布罗代尔强调的固定资产的比重较高，就是资本或者资产方面会有一个变化。但关键是，怎样实现从斯密增长向库兹涅茨增长过渡呢？从经济学角度来说，我们都希望经济增长能自然地从斯密增长过渡到库兹涅茨增长，也就是经济通过市场然后产生分工、专业化，然后自然地产生工业革命，过渡到库兹涅茨增长，这也是经济学家所希望看到的情形。但是我们看近代化过程中各国的表现，会发现斯密增长好的国家并不一定自然过渡到库兹涅茨增长。也就是说，斯密增长不是库兹涅茨增长的充分条件。这里代表的例子是中国，比如李伯重教授等认为，18世纪中国的斯密增长还是可以和西北欧相提并论的，可是最后的结果是，与库兹涅茨增长有很大的差距。

斯密增长是不是库兹涅茨增长的必要条件？这也是大家现在争论的焦点。加州学派认为至少应该是必要条件。李伯重、彭慕兰等都认为中国的斯密增长如果加上技术上的条件和外生资源的改进，可能可以自然地过渡到库兹涅茨增长。在这个点上，加州学派和宏观经济学的一个分支可能有一个巧合。比如，Prescott在研究经济周期时认为真实的经济周期是外生的技术冲击带来的，同时他也在其研究经济增长的文章里强调各国经济增长的区别不在于其储蓄率、投资率这些内生制度的变量，长期来说，是外生的生产率对经济的增长起作用。加州学派和 Prescott 两者都不了解对方，可是最后他们好像都转到技术进步上了，这一点上是不是有一个巧合？

二 传统中国经济增长模式

不管消极的还是积极的观点，学界主流观点都认为传统中国经济增长模式是人口的驱动带来的斯密增长，具体划分为以下几种观点。

第一，悲观的边际产出递减，代表是赵冈和黄宗智。但他们之间的观点也有一点区别（见图1）。

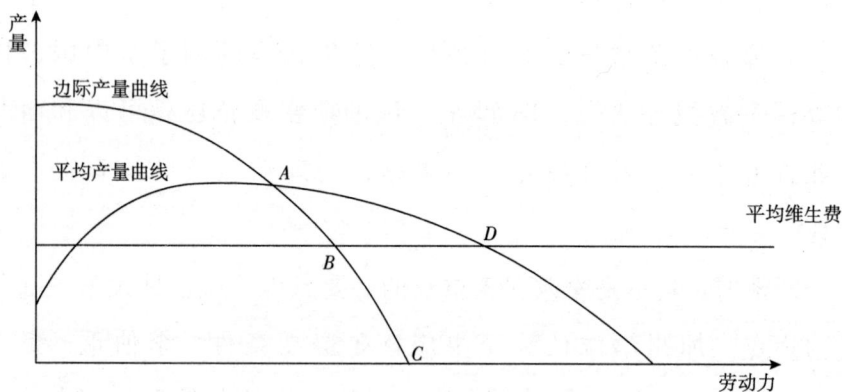

图1 过密化经济

资料来源：赵冈《农业经济史论集》，中国农业出版社，2001。

技术是由边际产量曲线表示的，假设人口是不断增长的，每个人获得的报酬都是边际产量的话，西北欧的情形是在 B 点人口停止增长，也就是平均维生费和边际产量相等。不过赵冈和黄宗智都认为，在中国，家庭内部不是按边际产量分配，而是按家庭内部平均产量分配的。理论上，在平均维生费和平均产量相等时，也就是 D 点人口停止增长。但是这个家庭的平均水平不代表社会的平均水平，所以最终中国的人口增长停止点应该落在 B 和 C 之间的一点。边际产量低于平均维生费时，人口会增长得更多，也就是过密化的增长。所以这就解释了为什么中国当时的平均生活水平会比同期的西北欧要低。同时，黄宗智又认为，停止点落到平均产量曲线以下时，平均产量是大于边际产量的，这个对家庭是有利的，于是产生了密集产业的分工，这可以对当时江南的情况给予很好的解释，黄宗智和赵冈的观点基本是一致的，但是有一点区别在于，赵冈并没解释家庭副业，而黄宗智解释了家庭副业和市场经济方面的内容。

第二，稍微乐观点的是边际产出弱递减，也就是对递减程度有一定程度的削弱。

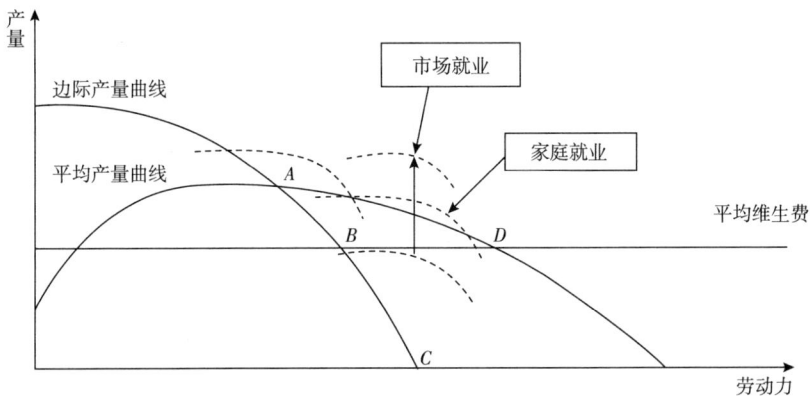

图 2　人口 – 技术选择

图 2 说明了边际产量也是递减的，只是递减得慢点。这里有几种不同的方式，一种是可以选择更加劳动密集型的技术，这最早是日本学者 Boserup 研究东南亚的稻作经济时提出来的，刘光临引入了很多这样的说明。随着劳动力的增加，经济中会选择更加劳动密集型的技术，技术的提高会带来一条边际产量下降更加慢的曲线（图 2 中的虚线）。随着劳动力的进一步增加，经济中会选择边际产量递减更慢曲线。循环往复，随着劳动力的不断增加，经济中会一次一次地选择边际产量递减更慢的曲线。这个其实可以用简单的科布－道格拉斯生产函数推导出来。从短期看，递减的变化不是很大，只是选择了另外一条边际产量曲线，但是从长期来看，因为选了更高的技术，边际产量递减的减缓会很明显，最终是延缓了递减，但是递减是不可避免的，只是被削弱了，也就是延缓了落到平均维生费以下的时间，即边际产出呈弱递减。导致边际产量曲线递减延缓的原因是劳动力增加之后，人均比例发生变化，相对价格变化后，经济中选择了劳动力更加密集的技术，比如更加精耕细作的农业技术。其实劳动力增加，技术也会有相应的提高。

由图 2 可以看出，家庭就业，只能在平均维生费以下。其实即使是市场就业，也是可以产生劳动密集型产业的。Boserup、李伯重和黄宗智观点的根本区别是，Boserup、李伯重认为市场起配置作用，如果边际产量下降，但是还高于平均维生费的话，就可以通过市场就业起作用，选择劳动更密集型的产业，来改变边际产量曲线的形状。而黄宗智认为很多人是不能到市场就业的，只有当边际产量下降到低于平均维生费，把很多人"挤"到家里的时候，才可以开始经营一些棉纺织业等劳动密集型的副业，所以黄宗智认为人口－技术组合应选择下面的虚线（家庭就业），而 Boserup、李伯重比较乐观地认为应选择上面的虚线（市场就业）。但是李伯重后来在对华娄地区经济史的研究中，算出第二产业比例高，但是第二产业的人均产值很低，才 13 两，而农业产值是 42 两，也就是说，家庭分工的棉纺织业的产值远远低于市场上的工资，当然这有可能是李伯重用了很低、很谨慎的工资数据。

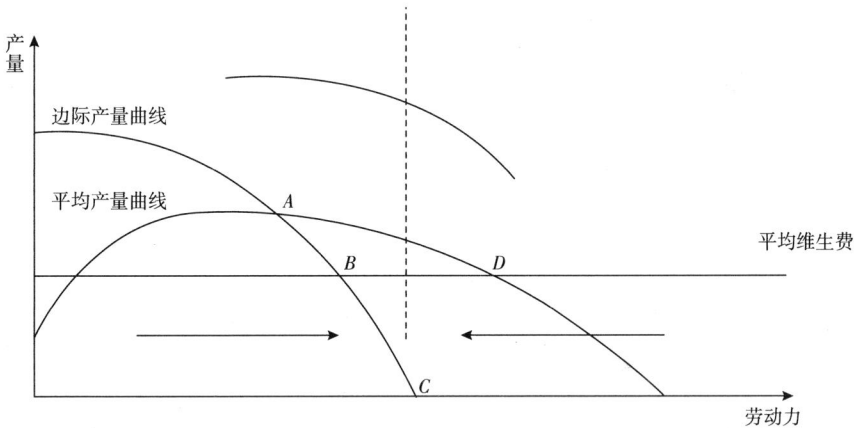

图 3　人口－经济－人口

另一派的观点认为人口增长是内生的，也能使边际产量曲线下降减弱（见图 3）。典型的有李中清的研究，他认为：平均产量低于一定水平的时候，劳动力数量会下降；生育率是内生于经济状况的，经济状况好时，就多生孩子，反之，就少生育。图 3 中的竖线，在线的右边劳动力会减少，在线的左边劳动力会增多，这样的话，其实他的观点也不比赵冈乐观多少，关键是这条线选在哪里。

对于这个论述解说，现在能不能找到宏观证据？现在只有是微观证据，比如三代以内的研究，已经说明了生育率和经济水平有关系。其实微观证据很多，可以用族谱做分析。但是，目前还是不太可能找到质量比较高的宏观证据。

第三，最乐观的观点：规模经济。

图4显示，人口对市场的扩张有规模效应。西蒙在他的一本人口经济学著作中最早对其进行了论述。20世纪70年代人口论盛行时，大家都觉得人口增加，整个社会是没有希望了，可是西蒙不这样认为，他认为人口增加会提高组织效率，组织效率的提高会带来规模效应。比如，Lindert、吴承明，都考虑了人口增长会带来一定的城市化。还有其他的人认为人口增加不一定会导致边际产量递减，比如新增长理论引入了人力资本。还有就是如果假设真的存在优生优育，用卢卡斯的话来说就是我们真的可以跳出"马尔萨斯陷阱"。如果选择少生、提高人口质量的话，那么边际产量曲线、平均产量曲线就会整体外移生产技术会完全扩张。在跳出"马尔萨斯陷阱"之后，就会有人口生育率的下降和人均产量的上升。

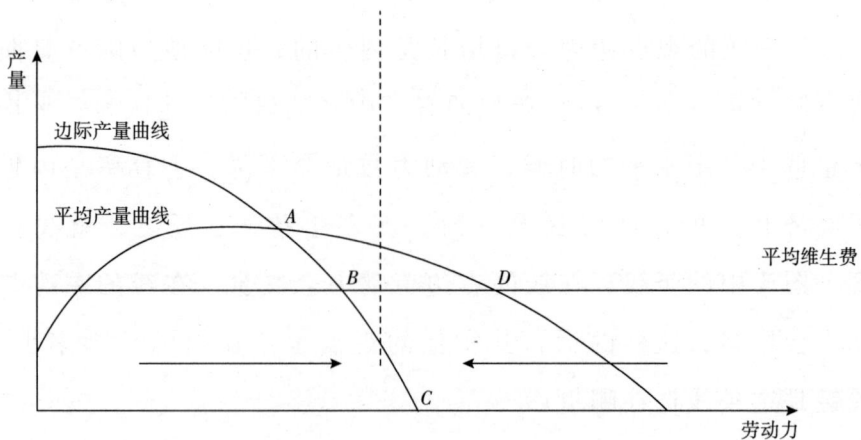

图4　人力资本：优生优育

三 刘光临的经济增长途径

笔者认为刘光临的经济增长途径是超凯恩斯主义模型，强调货币和财政两个方面。凯恩斯主义是不强调货币的，但是我们知道在刘光临宏观经济模型里，同时强调货币、财政两个方面。现在模型里强调货币的学派一般被称为"新凯恩斯主义"和"后凯恩斯主义"。我认为刘光临理论背后的逻辑其实和凯恩斯主义很像。

首先看看什么是货币主义，如下式所示。

$$MV = PQ \rightarrow MD/P = f\ (y,\ \cdots)$$

我们知道，弗里德曼将 $MV = PQ$ 改进，他认为存在稳定的货币需求函数，MD/P 是实际的货币需求，由 $MD/P = f\ (y,\ \cdots)$ 可知，实际的货币需求其实是产出的一个函数，是一个增函数。货币供应有什么作用呢？实际上，均衡时，货币供给等于货币需求。如果供给增加，但是短期内价格没有相应增加，意味着实际的货币供给增加，MD/P 增加，在短期内刺激产出，但是在长期内通胀总是会使你的 MD/P 增加，没有长期效果。这是比较经典的货币主义结论。货币主义强调货币供应的长期影响，稳定货币供应的意义在长期是有影响的，稳定性改变预期投资行为等。

其实，货币主义不太强调货币和经济的长期关系。对货币供给的稳定性强调更多的主要是发展经济学的一个流派，因为他们强调货币是储存手段、投资工具，货币供给不稳定会影响投资，从而影响长期的经济增长率。

还有一个货币深化问题。易纲在20世纪80~90年代研究货币增长时提出一个问题：中国货币量增加很多，但是通货膨胀的增长速度总的来说还是赶不上货币量的增长速度，为什么会这样？易纲的解释是存在货币深化，越来越多的产出由货币来交易，越来越多的储蓄开始用货币，典型的例证是20世纪80年代很多农民是存粮的，而不去存钱，城市居民以礼物的方式馈赠物质，这样的话，其实效率是比较低的。传统经济里会不会有这样的现象呢？明代晚期的例子比较好，因为那时候的数据比较充实。

先看价格，16世纪左右，是中国白银不断流入的时候，可是中国米价没有明显的上升，也就是可能在这个时候货币的供给超过了通货膨胀的增加，更明显的例子是16世纪的田价和米价，图5中的中国米价是江南的米价，图6中的田价是徽州的田价。米价上升很多，可是田价是下降的。一个合理的解释也是货币深化，白银越来越多。我们在讲，货币的长期效用可以超越价格黏性，只有引入价格黏性才可以解释货币对实际产出的影响，但是，对于中国的情形，特别是历史情形，我们要特别强调货币深化的影响：货币深化，总产出会是实际货币供给的函数，而且是个增函数，越来越多的产出用货币来交易，越来越多的投资用货币来实现，效益会提高，产出会增加，实际货币量也会增加，这两个是相匹配的，所以这个是可以考虑的。特别是我们处在一个自然经济和货币经济相替换的时候，我们知道有几个阶段是由货币经济退到自然经济，又有几个阶段是由自然经济恢复到货币经济，那么在这样的阶段，我们经常会发生货币深化的故事，需要谨慎的一点是，对于货币的增加，政府的作用有没有这么重要？明代晚期的情形是从外面流入白银，但是宋代的通货膨胀是政府扩张货币导致的，如果是政府扩张货币的情形，货币是内生还是外生的呢？

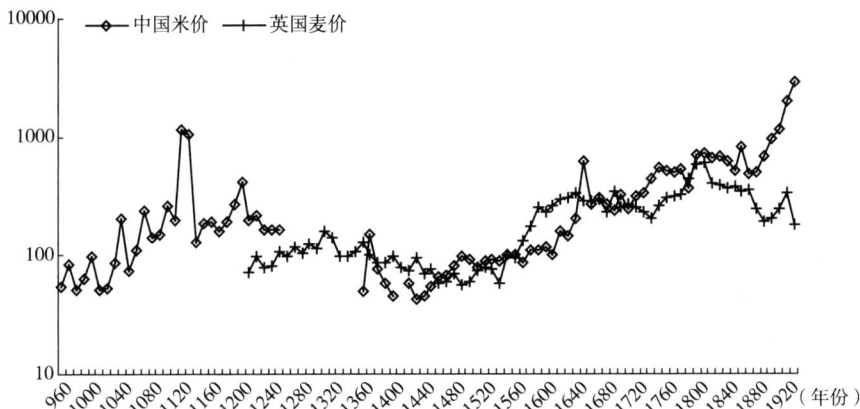

图 5　货币深化和价格黏性（1）

注：1550 年价格 = 100，中国米价某些年份缺数据。

资料来源：彭凯翔《清代以来的粮价：历史学的解释与再解释》，上海人民出版社，2006。

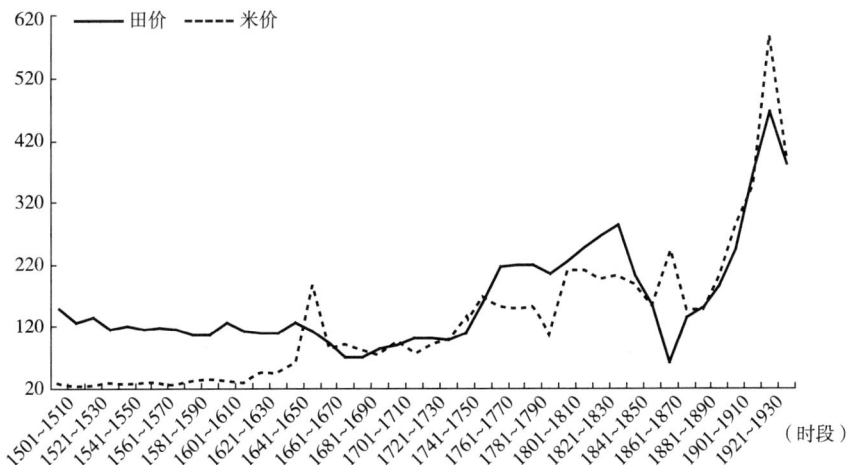

图 6　货币深化与价格黏性（2）

注：1731～1740 年价格 = 100。

资料来源：彭凯翔《清代以来的粮价：历史学的解释与再解释》，上海人民出版社，2006。

现在从财政角度说一下，为什么财政会有长期作用？凯恩斯讲财政都是短期刺激，财政的投资主要改变水利、水运网络条件。这个其实是有经典论述的，比如冀朝鼎，他是最早用数字来论述政治地理会对水利产生作用的，财政长期作用可能会与政治地理有关；谭其骧，他认为政治地理与水运网有关系，但是笔者认为这方面谭其骧先生忽视了经济地理的影响；魏丕信，他认为经济地理与江南水利的效率有关系，如当时江南水利发达，政府去哪里修筑水利设施，其实是和那里的税收有关系的。为什么要去那里收税呢？是因为那里比较富，所以财政还是内生于经济的发展水平的。

接下来说说财政工具与金融市场的关系。萨缪尔森认为货币模型中国债的出现会有长期资本的影响。其实宋代的货币也是一种国债，因为当时只有政府可以活得更长，政府是永续的，也只有政府才有能力负债。传统资产的类型，比如特许权、基金、坊场等，其实都是政府的资产而不是负债，买国债相当于市场获得了一个长期投资。货币不是长期持有，政府通过货币不会有长期的效果，这里的金融功能和现在的市场是很不一样的，即使有很多交易，其实也和资本市场没什么关系。

还有一个资产型金融产品的回报率问题：回报率是怎么定的？会不会存在逆选择与道德风险问题？这个问题其实是很重要的问题，都需要考虑的。

（整理人：陶丽　高爽）

经济史前沿研究漫谈

李翎帆[*]

经济史在美国的发展不同于英国。在美国，经济史被视为经济学下的一个应用经济学分支，很少有独立的经济史学课程，在读经济学的时候，如果你对经济史感兴趣，就选择经济史或经济思想史这样的选修课程。20 世纪五六十年代，美国发展出一套以经济学为主导、运用大量数学和统计工具处理经济史的方法，这一学派被称为计量史学学派。他们把经济学理论、模型引入研究过去经济发展的状况。在这种思维下对这门学科进行定义，更着重关心的议题是经济发展和经济增长，如为什么有些地方经济发展得好，有些地方经济发展落后。所以说，在欧美，大概有 10 年或 20 年的时间在讨论为什么工业革命会在英国发生而不是在其他国家发生（如之前处于领先地位的荷兰，或者军事力量相对强大的法国）。这种议题非常热门，并逐渐变成定论。

该领域的研究一开始会以欧美为主体，随后会关心一些非欧美地区的发展史，如拉丁美洲发展史、非洲发展史，还有最近非

---

   * 李翎帆，英国伦敦政治经济学院博士。

常热门的亚洲发展史。因为我们看过去的经济发展史，东方和西方一直没有什么样的差别。一直到18、19世纪，东方的经济曲线呈现出一种持平状态，而西方的经济曲线呈现出一种向上增长的状态，这就是所谓的工业革命。学者们会想，这到底是为什么？比如说中国的经济将崛起，他们对中国经济过去的发展开始产生很大的兴趣，各国的经济史学家转而从历史中研究中国经济。

我之前说过，经济史主要是运用计量方法或模型讨论过去的发展，这就需要数据来支持你的观点。其实这样的趋势从伦敦政治经济学院经济史系中就能看出来，在我这一届之前的学生中，没有一个是中国大陆学生，大部分亚洲学生是中国台湾人、日本人，其他都是美国人、欧洲人、拉丁美洲人。从我这一届之后，每年都有1~2名中国大陆学生。我毕业之后，在经济史系大概40名博士生中，就有6名是中国大陆学生。其实，并不是只有这6名学生在研究中国经济史，我发现有很多外国学者以及博士生愿意来中国学习中文，看中文档案和做相关研究。他们只是想了解为什么西方与东方的经济发展模式不一样。

你们可能很感兴趣当前热门课题有哪些，我写硕士或博士论文可选择的课题，基本上就是我刚刚讲的那些问题，特别是区域经济方面。这几年区域经济很热门，涉及区域经济的论文越来越多，不单单涉及英国和美国的，拉丁美洲也越来越多地被接受。

下面讲一下市场整合问题，就是我和罗昌博士做的以及许多老师也多少关心到的市场整合问题。其实，市场整合概念来源于新古典主义理论下讨论的资源分配、市场一体化、有效率性、经济增长等含义。特别是你想了解工业革命之前的经济发展，就要特别注重市场整合这一部分。劳动经济学也会获得特别注意，例如，我们过去会先看男性劳动力，再看女性劳动力，但是这几年女性主义的兴起，使他们看到女人不是像传统观点里那样主持家庭型经济，而是主持非家庭型经济。今天上午的研讨会也有提到苏杭一带在桑蚕养殖、棉花种植领域，女性劳动力数量也是有所提高的。特别是在第二次世界大战时，男性都去当兵，女性就走出家庭成为劳动力。在劳动经济学中，女性劳动力对经济增长的贡献以北欧国家最具代表，所以学者基本会更多地关注、比较这一地区女性劳动力的发展状况。此外，这几年，城市经济学也是从地理经济学中分离出来的。地理经济学是区域经济发展和区域市场整合交叉产生的学科。运用地理经济学理论论述区域发展的不同，以劳工的移动为例，经济的全球化，无论是 19 世纪还是当今，劳工移动都是很好的研究问题。例如，以前欧洲人都住在欧洲，发现新大陆之后，他们是怎样从欧洲迁移至美洲那边的？他们在美洲南北又是怎样移动的？这些历史问题都和区域经济学的发展有关系。

我即将去参加计量经济史年会，我大概算了一下，这次年会大概 100 篇论文，大概有 25% 讲的是劳工移动，或者劳动经济学相关内容；有 20% 讲的是银行，特别是金融危机之后，他们一直很不解为什么这次危机会持续这么久；剩下的部分讨论的是过去人们的生活水平（估量过去人们的生活水平是怎样的，会有各种不同的估量方法），或者经济发展的差异（为什么有些地方经济发展会迟缓，有些地方经济发展会比较快）。

我再谈一下期刊的问题。在欧美有好几种期刊，2010~2013年，在这些期刊里发表的文章涉及不同地区、不同年代的不同议题。比如，*Economic History Review* 是英国的一种经济史期刊，其中大概60%的文章讨论的是英国的问题，无论是15世纪英国的农业制度，17、18世纪英国的金融改革，还是后来维多利亚女王统治时期的很多问题。这些文章采用的数据有60%~70%来自18世纪末至20世纪初文献中的资料，因为这段时期史料保留得比较好。*Journal of Economic History* 是美国经济史期刊的代表。美国的经济史期刊比较注重美国南北战争的问题、南方与北方经济差距，或者移民问题。美国有一个热门的问题，就是铁路问题，因为铁路可以带动经济增长；后来就是铁路与区域发展不平衡问题，美国学者很注重这样的问题。相较于英国经济史期刊，美国经济史期刊更偏数学化一点，强调数学模型和计量模型的应用，或者说他们的标准会更高。再比如 *European Econometric History Review*，这是一种比较新的经济史期刊，相比于前面提到的两种期刊，它于1996年创刊。再比如 *Cliometric：Journal of Historical Economics and Economic History*，该期刊由德国出版发行，拥有广泛的国际编辑委员（来自法国、意大利、中欧等地），他们还举办年会（Cliometric Society），但因为创刊比较晚、资历比较浅，大概两年办一次。

我刚刚讲的就是经济史研究发展的大致方向，你们想要顺利写一篇博士论文，最重要的是要知道如何获取资料。因为我身边有很多例子，就是很多人的论文题目比较好，这些研究会带给我们对经济史发展的全新理解，可是无法获取充足的资料以支撑论点。大家都是经济学科出身的，如果要用经济模型或计量模型，数据大概都要具有连续性或系统性，不然在做计量分析时就会受到限制，不容易掌握所研究的经济现象的发展趋势。所以，数据十分重要。在中国，大家会认为数据是一种私有财产而不是公共财产，国外却并不这样认为。比如，中国大部分数据都是由国家提供的，比如档案馆、图书馆，但是它们都会有所保留；而在国外，这些数据都是免费开放的，可以去阅览，有些甚至可以照相、影印，成本非常低，所以有些人会把这些数据放到网上，这样大家连去图书馆或者档案馆都不需要。再比如私人的资料，国外会有专门设立的基金会。家族保留的账本、通讯录，或者家族内个人的日记、私人保留的有价值的文物与史料，都由该家族成员设立的基金会来保护。这些私人史料有一部分已经被过去的经济史学者或者历史学者翻译出版，如果还没有翻译出版，基金会人员也非常愿意有学者对他们保留下来的文物资料进行研究，基本上态度都是非常正面的，非常鼓励大家去参阅那些文物与史料。但是在中国，个人拥有的数据一般有很强的私有性。比如我手上有一些资料，大家就不可以用，因为我有而别人没有，我就可以借此发表很多别人没有办法做的研究。其实这样在学术上不一定能带来过大的效用，因为即使这个学术研究你做出来了，也不一定是对的。同样的资料，可以用不同的方法去分析，就算是用同样的方法，它的理论假说也可能是不一样的。

我不知道中国图书馆的借书流程如何，我在英国图书馆借我所研究的某个时代、某个地方的书，过程非常简单。等到我回到台湾，我想趁那段时间多做些研究，却发现台湾的西文资料非常难以获得。我要找的书成了珍本、孤本，基本上不对外开放。

最后我要讲的是，在座的都是大学生或研究生，如果有志向往博士方面发展，就趁这个时候好好学一下统计软件，Eviews 是比较简单的，是给本科生使用的，你把数据放进去，按着键结果就出来了，但是它没有办法处理比较复杂的模型。大家经常处理的模型在 Eviews 假设上可以做，但是你要进行一个非线性数据处理，SPSS 会非常有帮助。你们可以学 Eviews，或者可以学 SPSS 和 Stata，这些都是很好的，因为这种东西趁你们在学校读书、比较有时间的时候，你们才有机会进行系统学习。学会这些统计软件，以后你们不管是在国外念书还是在国内念书，或者继续做经济学或经济史方面的研究，都会非常有帮助。即使你们不想继续做学术研究，这些统计软件在金融或经济类公司中进行市场调查和市场分析，也都很有帮助。比如，奥巴马选举之前，就通过统计分析预测选举结果。

此外，还要把英文学好。如果你们研究西方经济史，英文是基本中的基本，不会讲也没有关系，至少要看得懂。但是不要以为只会英文就足够做西方经济史研究了，如果有时间，多学几门外语也是非常有用的。比如，在西方有非常多的学术研究是用法文和德文写的，尤其是 20 世纪 70 年代之前，欧洲的学术圈里还是以法文为主，像我个人在做学术研究的时候，就碰到过英文、法文、德文、意大利文和一些拉丁文。因此，多学几门外语，对学术研究大有裨益。

（整理人：郭益蓓）

中华帝制晚期空间经济活动长期稳定性的考察（960～1820年）

李 楠[*]

一 研究目的

空间经济发展多重稳定均衡是否存在，在整个空间计量上是一个重要的问题。这里存在两种具有争议的理论：第一种是规模报酬递增，代表人物是克鲁格曼（Krugman），他认为一个地方最早发展起来就会形成一种规模效益，进而会有产业集聚发生；第二种是随机增长理论，代表人物是西蒙（Simon），他认为空间的经济发展是随机的。有一种有效的方法能够检验这两种理论，就是看历史上的暂时冲击对一个地方的经济形成的干扰，这种干扰过后地方经济是按照原有路径发展还是选择新的路径发展。如果是按照原有路径发展，就符合第一种规模报酬递增的发展理论；

* 李楠，上海财经大学经济学院经济史学系副教授，博士生导师。

如果是选择新的路径发展，就符合随机增长理论。有两种相反的例证，一种是 Davis and Weinstein 2002 年发表的一篇文章中提到的，他们研究发现，二战时期美国盟军轰炸日本，在广岛和长崎投放了两颗原子弹之后对日本当地经济产生了负面影响，在日本恢复发展之后是在原有的发展模式上重新发展起来的。另一种是 Acemolgu 和 Brakman 做的研究，他们认为在 1500 年之前欧洲具有发展优势，1500 年之后发生大移民了，原来欧洲的地理优势并没有成为以后经济发展的优势，美国、加拿大这些新的经济发展地区反而成为现代经济发展最好的地方。他们认为这种暂时性冲击会引起空间上的经济突变。

笔者选择了中国历史上从唐宋变革到明清变革的问题作为检验空间经济活动稳定性的根本作用。按照刘光临老师的观点，唐宋变革时期的经济发展模式是一个高度市场化的经济发展模式，这种市场区位类似于早期存在一种规模优势——可能由于国家统一、水运系统比较发达，地区之间存在一种分工，因此可能会有生产要素的流动。另一个问题是，那个时期中国经济面对一个巨大干扰，这个干扰就是游牧民族的南侵。比如，宋代的契丹、女真，北方游牧民族南侵最后形成北方和南方两个独立的经营控制区，即游牧民族控制区和汉族控制区分治，这实际上给我们提供了一个很好的理论检验素材。

对唐宋变革到明清变革时期数据的研究，主要采用比较微观的府级数据，结构是面板数据。我们取唐代到清代这段时期，按照清代府的面积将人口数据进行复制。对人口数据分析主要讨论三个问题：第一，经济发展是否具有多重稳定性；第二，历史冲击对经济发展是否具有长期影响；第三，通过使用数据对中国长期发展提供有机测验。

二　变量选择与数据来源

　　首先，介绍一个衡量经济发展的重要指标，即人口密度。现在来讲，衡量经济发展用的是人均 GDP，但很多时候，做跨国研究（包括当代的跨国研究和历史上的跨国研究），人均 GDP 是无法获得的，要找一些与经济发展高度相关的指标进行代替，常用的有：人口密度、城市化水平、亮化率（经济发展水平越高的地方亮化率越高）。通过两个检验可以论证在对中国古代经济研究中，人口密度可以作为衡量经济发展水平的一个代理变量：一是做宋代人口密度与宋代商税的相关分析，商税的地理分布作为整个经济发展的分布可以进行直接转化；二是运用现代数据，即人口密度数据，同现代经济发展指标人均 GDP 做相关分析。我们做了两个相关分析的散点图，得出的结论是：宋代人口密度与商税是呈高度正相关的，而 2010 年人口密度与 2010 年的人均 GDP 也是呈高度正相关的（见图1）。

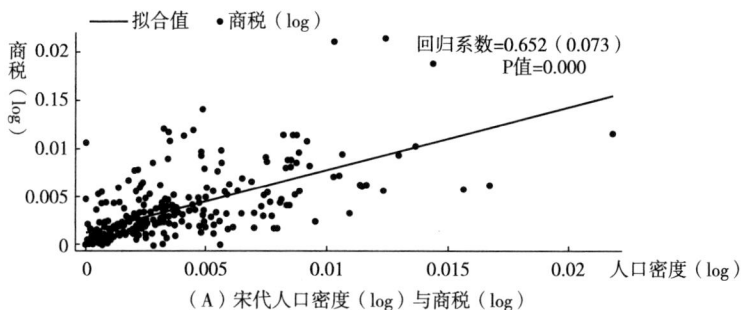

（A）宋代人口密度（log）与商税（log）

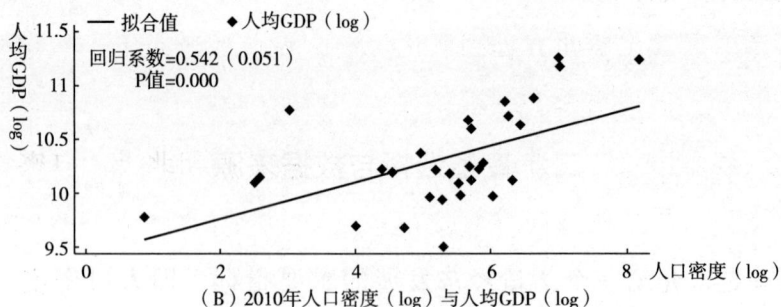

图1　人口密度作为经济发展代理变量的有效性检验

其次，介绍一下使用的数据，唐代数据主要是引用天宝十一年的数据；北宋数据引用的是元丰元年、崇宁元年两个时期的数据；元代数据引用的是至元七年的数据；明代数据引用的是洪武二十六年的数据；清代数据用引用的是乾隆四十一年和嘉庆二十五年的数据。清代府的面积根据谭其骧的《中国历史地图集》进行计算，然后将不同时期的数据整合到清代的估计单位。

三　基本的样本分布

通过南北方府级人口、人口密度统计检验（见表1）和唐宋以来人口、人口密度长期变化特征（见表2）的分析，我们得出从唐代到清代空间经济活动特征的基本考察结论。

第一，人口重心南移这是历史学家公认的，而我们要注意的是变化的特征。表1是南北方府级人口、人口密度统计检验，表中前三列是人口对数值，后三列是人口密度对数值。为了看出南北方人口是否有差异，做了一个 t 值检验，从人口角度来讲，在宋代崇宁元年之前，北方人口多于南方；到元代至元七年发生了逆转，南方人口多于北方；到明代后期，人口在分布上虽然南方略高于北方，但是基本上是不显著的。后边给出的是人口密度，人口密度就跟历史学家普遍认为的一样，明代前期北方人口密度稍高于南方，后来南方高于北方，一直显著，清代时双方的权重差不多。

表 2 是唐宋以来人口、人口密度长期变化特征，在数据分析中我们运用两个指标，一个是人口方差，方差变化从唐代到清代是逐渐缩小的，证明了全国范围内人口分布越来越分散；另一个是Zipf 系数，在空间计量中会经常用到 Zipf 系数，Zipf 系数的经济学含义是如果人口、人口密度变化较小，Zipf 系数趋于 1；反之，Zipf 系数趋于 0。在清代之前，人口的 Zipf 系数小于 1，说明明代之前中国整个空间经济分布比较分散，只有较少集中的地方；到了清代，人口的 Zipf 系数接近 1，说明当时中国整个空间经济分布没有集中的地方。

表 1　南北方府级人口、人口密度差异的统计检验

年 份	人口（log）			人口密度（log）		
	北方地区	南方地区	t值	北方地区	南方地区	t值
唐天宝十一年	13.506	12.013	−10.039***	3.904	2.365	−8.780***
宋元丰元年	13.303	12.922	−2.959***	3.721	3.413	−2.150**
宋崇宁元年	12.800	12.580	−1.511*	3.400	3.157	−1.499*
元至元七年	11.622	12.845	10.080***	2.032	3.343	8.302***
明洪武二十六年	12.821	12.840	0.190**	3.100	3.356	1.901**
清乾隆四十一年	14.147	14.119	−0.357	4.880	4.904	0.250
清嘉庆二十五年	14.400	14.366	−0.413	4.520	4.684	1.832**

注：***显著性水平为10%；**显著性水平为5%；*显著性水平为1%。

表2 人口、人口密度长期变化特征

面板A：人口（log）

年 份	方 差	Zipf 系数	原始回归系数 （与清嘉庆二十五年）	等级回归系数 （与清嘉庆二十五年）
唐天宝十一年	1.259	−0.633(0.076)***	0.127(0.063)**	0.158(0.801)*
宋元丰元年	1.096	−0.685(0.050)***	0.229(0.715)***	0.278(0.097)***
宋崇宁元年	1.058	−0.719(0.125)***	0.264(0.755)***	0.296(0.101)***
元至元七年	1.257	−0.658(0.057)***	0.140(0.621)**	0.261(0.105)**
明洪武二十六年	0.938	−0.873(0.076)***	0.378(0.063)***	0.399(0.105)***
清乾隆四十一年	0.764	−1.005(0.156)***	0.681(0.139)***	0.818(0.068)***
清嘉庆二十五年	0.677	−1.200(0.125)***	1	1

面板B：人口密度（log）

年 份	方 差	Zipf 系数	原始回归系数 （与清嘉庆二十五年）	等级回归系数 （与清嘉庆二十五年）
唐天宝十一年	1.498	−0.555(0.055)***	0.271(0.051)***	0.266(0.109)**
宋元丰元年	1.216	−0.628(0.077)***	0.325(0.065)***	0.413(0.122)***
宋崇宁元年	1.159	−0.637(0.057)***	0.341(0.072)***	0.431(0.125)***
元至元七年	1.416	−0.514(0.054)***	0.295(0.057)***	0.525(0.114)***
明洪武二十六年	1.127	−0.744(0.059)***	0.486(0.048)***	0.709(0.093)***
清乾隆四十一年	0.845	−1.961(0.116)***	0.772(0.115)***	0.873(0.046)***
清嘉庆二十五年	0.802	−1.045(0.094)***	1	1

注：括号内为调整后的标准误差。***显著性水平为10%；**显著性水平为5%；*显著性水平为1%。

今天的空间经济布局跟历史有多少相似关系呢？通过对不同时期的人口、人口密度的回归（采用两种回归方法：一种是绝对数回归，另一种是等级回归，即按人口密度和人口排序），发现清嘉庆二十五年的人口和人口密度同历史上各个时期比较，呈现逐渐变大的趋势，即离我越远我跟他的空间经济的格局越不相关。我们会发现这里呈现的是一种倒"U"形关系，谷底就在元代。清代、明代、宋代的人口空间分布密度要比元代更高一些，等级回归也有类似的表现。

第二，我们以唐宋变革后民族战争对经济发展的长期影响为题，研究历史重大冲击是否改变空间均衡。

空间经济冲击模型（Davis and Weigstein，2002；Brakman，Garretsen and Schramm，2004）如下所示。

$$\ln popden_{i,t+a} - \ln popden_{i,t} = \alpha + \beta(\ln popden_{i,t} - \ln popden_{i,t-b}) + \varepsilon_{i,t}$$

其中，a 表示发生在 $t \sim b$ 时期的冲击结束后过去的时间长度；b 是冲击持续的时间长度；β 为冲击后的动态调整（$0 \sim 1$）。如果 $\beta \approx 0$，说明地区发展是随机的，暂时性的冲击有持续性影响；如果 $\beta \approx -1$，说明经过 a 年之后，冲击被完全吸收。

宋元时期的民族战争的冲击影响对这种空间地理稳定性究竟有什么影响？对这一问题的考察用以下两个方法：一是构建空间经济冲击的计量模型；二是看宋元时期民族战争对明清经济发展的影响。我们实际上是用一个历史自然实验做了一个双重差分模型（differences – in – differences）。魏晋南北朝到元代发生的战争主要集中在北方地区，这种分布必然会对中国北方的经济格局产生重大影响。这里我们采用空间经济冲击模型，以乾隆四十一年、嘉庆二十五年为标准进行回归分析，回归结果如表 3 所示。

我们发现，当我们用全样本的时候，推到以宋元丰元年为观测值时，所有的回归系数并不完全趋近于 0 或 -1，但可以肯定的是回归系数不为 0，就证明空间经济布局不是随机游走的，而是具有很强的历史稳定性（见表 4）。我们以元至元七年为分界点，元至元七年至明洪武二十六年相隔约 100 年，宋元丰元年至元至元七年间隔约 400 年，元至元七年至清嘉庆二十五年间隔约 500 年，回归系数不完全趋近于 -1，说明虽然中国的空间经济分布有一定的稳定性，历史冲击没有形成很强的影响，但历史冲击依然存在，并没有在这几百年的历史中消散。拓展到宋崇宁元年，

表3　对宋元时期民族战争冲击影响的考察

面板A：被解释变量	（1）全样本	（2）全样本	（3）人口（log）差异游牧民族地区	（4）南宋地区	（5）游牧民族地区	（6）南宋地区
解释变量						
人口密度（log）差异（宋元丰元年至元至元七年）	-0.515***（1.095）	—	-0.736***（1.242）	-0.471***（0.107）	—	—
人口密度（log）差异（宋崇宁元年至元至元七年）	—	-0.621***（1.078）	—	—	-0.904***（0.216）	-0.573***（0.084）
截距项	0.015（1.093）	0.304***（1.090）	-0.119（1.193）	0.073（0.111）	0.240（0.198）	0.310***（0.110）
观测值	97	77	22	69	16	55
R-squavied	1.385	1.566	0.451	0.359	0.693	0.541
面板B：被解释变量	（1）全样本	（2）全样本	（3）人口密度（log）差异游牧民族地区	（4）南宋地区	（5）游牧民族地区	（6）南宋地区
解释变量						
人口密度（log）差异（宋元丰元年至元至元七年）	-0.478***（1.092）	—	-0.372*（1.191）	-0.479***（0.108）	—	—
人口密度（log）差异（宋崇宁元年至元至元七年）	—	-0.593***（1.073）	—	—	-0.481**（0.187）	-0.597***（0.081）
截距项	0.091（1.092）	0.282***（1.086）	-0.086（1.173）	0.096（0.111）	0.134（0.186）	0.283***（0.014）
观测值	93	73	21	67	11	57
R-squavied	0.364	0.573	1.140	0.383	0.423	0.576

注：括号内为调整后的标准误差。***显著性水平为10%；**显著性水平为5%；*显著性水平为1%。

表4　对宋元时期民族战争冲击影响的考察

面板A：被解释变量	（1）全样本	（2）全样本	（3）人口密度（log）差异游牧民族地区	（4）南宋地区	（5）游牧民族地区	（6）南宋地区
解释变量						
人口密度（log）差异（宋元丰元年至元至元七年）	-0.570***（1.098）	—	-0.600**（1.258）	-0.595***（0.109）	—	—
人口密度（log）差异（宋崇宁元年至元至元七年）	—	-0.609***（0.097）	—	—	-0.639***（1212）	-0.636***（0.105）
截距项	1.219***（1.101）	1.500***（0.114）	1.327***（1.244）	1.235***（0.118）	1.570***（1.267）	1.501***（0.127）
观测值	94	74	21	68	15	54
R-squaned	0.399	0.453	0.215	0.460	（1218）	0.542
面板B：被解释变量	（1）全样本	（2）全样本	（3）人口（log）差异游牧民族地区	（4）南宋地区	（5）游牧民族地区	（6）南宋地区
解释变量						
人口密度（log）差异（宋元丰元年至明洪武二十六年）	-0.570***（1.105）	—	0.673**（1.218）	-0.565***（0.119）	—	—
人口密度（log）差异（宋崇宁元年至明洪武二十六年）	—	-0.634***（0.095）	—	—	-0.780***（0.167）	-0.634***（0.107）
截距项	1.538***（1.105）	1.793***（0.105）	1.549***（1.243）	1.523***（0.123）	1.912***（1.244）	1.758***（0.099）
观测值	92	72	20	67	14	53
R-squaned	0.410	0.530	0.292	0.427	0.327	0.596

注：括号内为调整后的标准误差。***显著性水平为10%；**显著性水平为5%；*显著性水平为1%。

70

发现也有一个这样的过程，这个结果同日本的发展完全不同，日本每遇到历史冲击，回归系数都得到－1，说明历史上日本的经济发展有很强的重构过程，而且战争冲击会在短期内，甚至10～20年消散。

从表5可以看出，北方 β 系数的绝对值远大于南方，说明北方的经济重构优于南方。由于南方一些地区是新开发的，尤其是明清时期对广东、广西等地区的开发，所以南方经济重构的系数绝对值远小于北方。实验组为游牧民族控制的地区，对照组为汉族控制的地区，由此构建模型。我们核心关注的是 δ 值，双重差分模型如下所示。

$$y_{it} = \alpha + \beta region_i + \gamma_t \sum_{t=1}^{3} period_t + \delta \sum_{t=1}^{3} region_i \cdot period_t + \lambda X_{it} + \varepsilon_{it}$$

表5　冲击影响估计值

年　份	β 系数估计值					
	宋元丰元年至元至元七年			宋崇宁元年至元至元七年		
	全样本	北方	南方	全样本	北方	南方
明洪武二十六年	-0.478	-0.372	-0.479	-0.593	-0.481	-0.597
清乾隆四十一年	-0.57	-0.6	-0.595	-0.609	-0.639	-0.636
清嘉庆二十五年	-0.57	-0.673	-0.565	-0.634	-0.789	-0.634

资料来源：根据表3、表4整理。

明代以前，游牧民族对中国人口及人口密度的影响是实际存在的，但从回归系数来看影响是逐渐变小的，由此得出了如下结论：第一，唐宋变革后，中国人口和经济的确存在结构性的变化。第二，空间在整个中国历史上也存在一种沟通的灵性的，北方比南方具有更强的稳定性。第三，暂时性冲击特别是游牧民族对中国整个汉族经济区的影响一直持续，即使在晚清时期也依然存在，但随着时间的推移，这种影响是逐渐减小的。

表6　宋元游牧民族战争对经济发展的影响

被解释变量	(1) 人口数量 （log）	(2) 人口密度 （log）	(3) 人口数量 （log）	(4) 人口密度 （log）
解释变量（DID估计量）				
是否为游牧民族控制区（是=1）×时期1 （宋崇宁元年至元至元七年）	-1.891*** （0.292）	-1.871*** （0.337）	-1.896*** （0.282）	-1.851*** （0.294）
是否为游牧民族控制区（是=1）×时期2 （元至元七年至明洪武二十六年）	-0.669*** （0.246）	-0.793*** （0.285）	-0.669*** （0.230）	-0.786*** （0.252）
是否为游牧民族控制区（是=1）×时期3 （明洪武二十六年至清嘉庆二十五年）	-0.493 （0.598）	-0.626*** （0.196）	-0.495 （0.603）	-0.619*** （0.182）
控制变量				
时期1	-0.344** （0.156）	0.348* （0.182）	0.381*** （0.141）	-0.408*** （0.146）
时期2	0.321** （0.137）	0.352** （0.163）	0.340*** （0.120）	0.388*** （0.122）
时期3	-0.305*** （0.300）	1.751*** （0.112）	-1.280*** （0.301）	1.771*** （0.093）
是否为游牧民族控制区（是=1）	0.671*** （0.140）	0.603*** （0.159）	0.814 （0.748）	0.754** （0.378）
是否为沿海地区（是=1）	—	—	-0.925 （0.835）	-0.426* （0.251）
是否为运河地区（是=1）	—	—	0.383 （0.404）	0.645*** （0.123）
地区固定效应	No	No	Yes	Yes
截距项	12.498*** （0.089）	3.016*** （0.099）	12.778*** （0.981）	2.804*** （0.391）
观测值	782	768	780	766
R-squared	0.063	0.352	0.082	0.564

注：地区固定效应为各府所在行省的固定效应，为节约空间，回归系数未给出；括号内为调整后的标准误差。***显著性水平为10%；**显著性水平为5%；*显著性水平为1%。

（整理人：李鸿远）

关于理解宋代以来的中国经济史的视角选择

——兼与刘光临博士商榷

宋丙涛[*]

一　刘光临博士专著的贡献

第一，De Vries 的名著 *The First Market Economy* 曾经认为荷兰早在英国之前就出现了第一个市场经济。如果刘光临博士的专著出版了，那就意味着宋朝比荷兰更早地出现了市场经济，这对先前的英国、荷兰最早出现市场经济的说法是一种挑战。

第二，刘光临博士的书稿提供了大量新的历史事实，并用中国市场经济的兴衰历史挑战了市场经济进步的线性理论，从而与英国、荷兰、意大利诸城市共和国的兴衰一起构成世界经济史、世界市场经济史中最为精彩的一页，当然也挑战了马克思主义的唯物史观——技术决定历史的线性理论。

第三，本书运用宏观数据、统计数据代替案例考察与叙事性

---

[*] 宋丙涛，河南大学经济学院院长，教授。

写作方式来研究中国的长期经济史，是一种更为有效的研究方法，更容易发现经济学上有意义的规律或关于人性的普遍意义。

第四，对中国的长期市场经济行为进行观察，有利于理解宏观经济趋势，为因果关系分析提供了素材，比如间接税与（市场）经济（贸易）增长的关系。

第五，运用需求方的数据来分析经济行为，关注行为目标对经济行为的影响，摆脱了技术决定论，丰富了经济学的背景材料。

二　单向进步论思维的困境

近代的学者总认为，人类应该总是在不断进步，但事实上是这样的吗？达尔文的演化理论与生物学的研究表明，大猩猩、黑猩猩、长臂猿、金丝猴与人类都很类似，甚至毛毛虫的基因与人类的基因也有97%的相似度，但它们为何没有进化成人？

换句话说，我们的研究是要问为何这些动物没有进化成人类，还是研究现在的物种是如何进化而来的。这是两种研究思路，目前东西方文明的对比研究，采用的往往是第一种思路，总是在研究为何东方的演化与西方不一样。如果我们的思路是研究物种如何进化而来的，达尔文的演化理论告诉我们，环境影响了物种的演化——物竞天择，适者生存。如果是这样，进化与进步就不是必然的，因为物种不能事先预测环境的变化。比如，鲸鱼为了适应海洋生活，四肢退化并最终消失，在这一长期演化过程中，退化是可能的，于是又出现了另一种理论——用进废退。这是汤因比应对挑战理论的主要思想。应对挑战理论对我们的研究思路会产生一定的冲击和影响。

历史上出现过很多文明，如古巴比伦文明、古希腊文明、玛雅文明、奥斯曼文明等，这些文明并非都进化到了工业革命阶段，现代文明不是必然的。我们现在看到的工业革命也许是偶然的，并不是一定由技术进步推动的。

三　唐宋以来市场繁荣程度的升降

由图1可以大致得到这样一个结论：唐宋时期市场繁荣程度不断上升，明初略有下降，明末清初又开始上升。

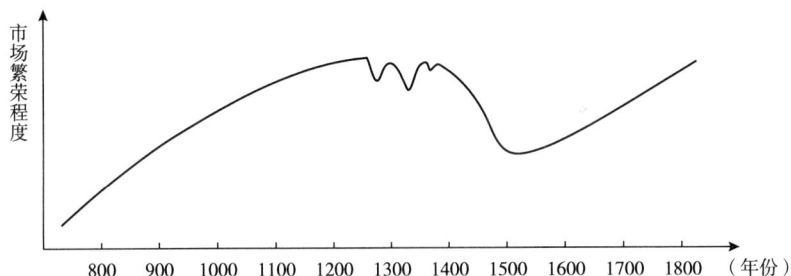

图1　唐宋以来市场繁荣程度

四　理论背景

（一）历史学与经济学的理论背景

第一，李约瑟，典型的生产供给学派代表，强调技术决定论。

第二，近期的经济学家多强调地理决定论与市场需求论，比如 Eric Jones, "The Real Question About China: Why was the Song Economic Achievement not Repeated?" *Australian Economic History Review* (1990); Persson, Karl Gunnar, "Mind the Gap! Transport Costs and Price Convergence in the Nineteenth Century Atlantic Economy," *European Review of Economic History* (2004); Shiue, Carol H. and Wolfgang Keller, "Markets in China and Europe on the Eve of the Industrial Revolution," *NBER* (2004)。

（二）公共经济学的背景

第一，产业革命与公共财政理论。

第二，笔者在这里提供一个分析思路，人类的发展是从重农主义到重商主义（自由贸易政策、粮食贸易——财政与战争密切相关）再到重工主义（军工）的。重商主义是非常关键的一步，O'Brien 有很多证据证明英国的工业是军工。但是什么是重商主义？《战时短缺经济学》的作者奥尔森（1963）在这本书中提到了三次大战（拿破仑战争、第一次世界大战、第二次世界大战）期间英国的粮食安全问题，可以看出英国对粮食运输和粮食贸易的重视。我们认为他们做生意是为了换取粮食，这实际上和重农主义的目的是一样的，为了粮食才产生了重商主义，而不是一开始就为了发展市场经济，重农主义是一个手段而不是追求的目标，英国追求的重商主义也是手段，但结果出现了副产品——重工主义。

第三，Epstein 和 O'Brien 的贡献，前者提供了一个理论框架，后者提供了大量的数据。Epstein 认为市场是一个公共产品，国家提供的市场最有效：主权 + 产权 = 市场，但是主权不能太强（如中国，主权太强会产生垄断），也不能太弱（如欧洲大陆，主权太弱形成一盘散沙）；O'Brien 的数据验证了这一想法。

第四，熊彼特和 Bonney 的贡献，前者提供了一个模型——领土国家、税收国家、财政国家；后者组织经济史学家进行了验证。

五 与刘光临博士就理论基础进行的商榷

第一，需要区分两个研究目标：是用经济理论来理解市场经济行为，还是用市场经济理论来理解经济行为？刘博士在书稿中用市场经济指标体系来检测古代人的行为，我们就要问为什么要用这个体系来判断？为什么非要以市场力量起作用的经济模型来判断古人的经济行为？能否把人类的全部历史都纳入市场经济模型，具体做什么事情、追求什么目标都不考虑？研究前人的行为用什么指标比较合适？

第二，刘博士在其书稿中所说明的理论是理解中国历史上的经济，还是理解历史上的中国人的行为？我们是否要考虑当事人的决策心理、行为目标？是否要考虑当时的人所面临的具体现实问题？

第三，马克思用阶级斗争、唯物史观与线性进步理论来理解人类历史是不合适的，那我们用市场经济竞争理论与线性进步理论来理解人类历史是否合适？

第四，对一个宏观的经济事实，用公共经济学理论进行解释是否更合适？

六　书稿中可能存在的漏洞

首先，用商品化率、贸易量来讨论经济总量的变化趋势可能会漏掉体现为家庭内部交易的经济活动，用人均国民收入来判断生活水平是否提高，可能会漏掉平均寿命（出生时）提高所体现的生活水平的提高。因为人的生活水平不仅反映在人的消费数量上，而且反映在人均寿命的延长上。何况人口数量也是经济研究中的一个重要因素，它是经济发展的一个重要衡量指标。人口的增长究竟是一个目标还是一个条件，在不同的目标体系里可能不一样。以市场体系为评判基准，可能会误解当事人的行为目标与行为方式，从而误解经济史，特别是对中国早期经济行为的判断可能不完整、不准确。比如，电视节目中有人说徽商在明清时创造了全国 4/7 的财富，如何知道这个数字准确与否？只是想提醒刘博士一点，市场交易量能够代替经济量吗？

其次，公共产品基础之上的经济行为。第一，决策模式与行为模式的分析。习得性无助与历史教训会影响经济行为与决策行为，面临的棘手问题会影响决策目标的选择，进而影响决策行为，比如宋代游牧民族的南侵与抗日战争对决策者的影响；赵匡胤和朱元璋经历的事情不同，自然会做出不同的决策，选择不同的体制。第二，备选方案的可获得性也会影响行为模式，比如水运条件，从唐到宋，政治重心东移，水运可及。第三，需求条件变化也会影响行为模式，比如人口南迁，粮食需要运输。第四，地缘政治影响经济行为与决策行为。比如北方游牧民族的南侵影响私人经济与公共经济的选择。第五，气候变冷可能带来的农业生产条件的变化，影响集约与粗放经营方式的选择。

最后，14世纪的非市场化经济尝试是一个退化吗？朱元璋选择的全面管制体制是一种尝试，但是退化吗？他的体制很像先秦时期商鞅订立的体制，它不能算创新，但也不能算退化，是一个回归。这就很像欧洲的文艺复兴，它把古希腊的东西拿出来，打破宗教就算进步吗？明代的体制恢复到先秦时期就算退步吗？不要忘记宗教也曾经发挥过积极意义。

实际上，明代早期有意识地摧毁市场机制，是为了应对当时面临的挑战。尽管宋代的市场机制曾推动宋代市场经济的发展，但问题是明代的创立者想要回归宋代吗？我们今天研读历史，要试图理解当时的人是怎么想的，要理解当时统治者面临的问题与想法，而不是用今天的标准做事后诸葛亮式的评判。尽管宋代的市场很繁荣，但市场繁荣与经济发展是当事人追求的第一目标吗？如果没有英国工业革命的成功，没有鸦片战争，今天的中国人会赞许宋代的市场经济成功吗？

朱元璋在选择制度时，他要考虑以前的做法哪个成功了、哪个失败了。秦汉的户籍制度、宋代的繁荣商业、辽金的屯田制度，朱元璋会怎么选？屯田制度在明代影响很大，为什么会选择这个制度，主要考虑北方的挑战。

中国的历代精英在进行战略思考时都会受到地缘政治的影响，孔子、孟子、商鞅、赵匡胤、朱元璋等，都是如此。

1948年11月淮海战役中黄伯韬自杀后，蒋介石在日记中构思了一个全新的公共经济机制实验的可能性——独立环境，制度创新。"党政军干部之自私、无能、散漫、腐败不可救药。若要复兴民族，重振革命旗鼓，能舍弃现有基业，另选单纯环境，缩小范围，根本改造，另起炉灶不为功，现局之成败，不以为意矣。"因此，蒋介石在大陆和台湾实行的政策是不一样的。我们都知道英国的成功，笔者猜想的是，当时蒋介石是不是看到英国是一个岛国，成功了，所以也想跑到台湾试试？因为蒋介石写这句话的时候离撤往台湾还很早。

七　书中需要进一步厘清基本的概念

当然，我也没有给出明确的定义。

第一，什么是市场经济？它配置资源了吗？有没有竞争机制？因为刘博士的书稿中用到了商品税，但是商品税垄断性是很强的，它就很难表达，到底是不是市场经济。但是这个早期的荷兰和英国都有，需要注意一下这个能不能比较。

第二，书稿中提到中国宋代市场繁荣的短期成功，到明代又恢复，那我们就要问多短是短？有没有年限？100年算不算短？目前美国是成功的，但它只有200多年的历史，300年后它还会成功吗？我们现在讨论的是长期历史，把人类历史放到3000年，我们现在所说的成功都是很短期的成功。

第三，可能的制度模式：资本主义、重商主义、军国主义、重农主义。朱元璋是不是在搞军国主义？这几个主义对当时的统治者来说都是要考虑的，资本主义是我们后来给出的定义。

什么是资本主义？什么是重商主义？很难讲。我们了解的重商主义就是贵金属的积累，但是为什么要积累？因为我们今天是从需求方讨论的，我们要讨论需求方的行为。笔者一直在找证据，包括上文提到的奥尔森的那本书，英国的重商主义是不是要解决生存问题？是不是粮食的供给有一定的忧患？地中海的人很明显，但是英国人笔者不敢确定。如果重商主义和这个相关，它和重农主义就有替代关系。有了"重农"我就不需要"重商"了，没有"重农"，我才必须"重商"。

八　尝试性的公共经济学解释

有了以上讨论后，针对刘博士书稿中的迷茫，笔者试图给出一些解释，具体如下。

第一，军国主义或游牧民族的屯田制也可能带来生存保障，朱元璋看到辽、金、元都用了，心想他们都用了，我为什么不用，我要以此和他们对抗。

第二，回归重农主义和土地税，虽然我们看起来商品税很好，但是商品税在宋代用起来未必可靠，所以朱元璋把军国主义与重农主义加以结合。当时他先要解决的问题和鸦片战争后中国面临的问题是一样的，就是怎样把"外人"赶跑。书中虽然算出来人均收入降低了，但是也不能说他不成功。

刘光临博士提出：游牧民族和商人是依存关系，但是个人行为，宋代轻商是国家政策，货币的发行是公共财政的需求。对于市场的公开性，游牧民族是不需要的，他们主要靠的是建立在个人信任之间或是家族之间的联系。

笔者认为，对于明代人均收入降低的问题，如果放到公共体制里讲，似乎不是问题。明代士兵收入低的时候，国防效果很好；而宋代收入高的时候，国防的效果不好。国防是一个最终的目标，你拿的收入是成本，完成的任务是效率函数。这两个朝代的状态似乎正好和公共经济学理论相反。

刘光临博士认为，这取决于游牧民族本身是否进攻，并不是防御越强游牧民族就攻不过来了，团结是一个很大的问题，不是因为宋代弱才出现了成吉思汗。

而刘东北认为这也许是因为存在腐败问题。

笔者认为，朱元璋惩治贪官污吏，实际上也是提高公共效率的一个方法。从市场的角度来讲，人均收入水平降低了；但从公共经济这块来讲，明代初年的人享受的公共服务水平提高了。士兵的防守和贪官的惩治都应算做公共效率的提高。但不好说最后总量是否不变，因为刘光临博士的书稿中说明初的经济水平下降了。若把上述那块公共经济活动加上，会不会提高一点？

另外，书稿中所说的人均收入是税前的还是税后的，因为书稿中提到明代的收入很高，但税很多，是交过税后收入很低吗？

刘光临：是交过税之后。

宋丙涛：那就正常了，如果收入加上税是可以弥补回来一些的。经济总量变化不大，只是政府拿走的多了，因为刘博士一直想抨击的是它留下的部分少了。

刘光临：是的，人均收入总量下降一半是不太可能发生的。因为很多东西比如技术还是稳定的。

宋丙涛：确实，很可能是用到政府里的多了，买公共产品多了，买私人产品少了。

刘光临：把地主消灭了，财产就过去了。

宋丙涛：所以说要把这些因素考虑进去。前边说，如果你考虑的是经济活动，就需要把它考虑进来，不能说下降这么多。比如，算寿命时，国防的提高有可能会延长人们的寿命，南宋动乱时期肯定会导致人口平均寿命的缩短。

下面要讲一个关系，为什么后来的人不选商品税？英国人选了关税，因此变成了"重工"，宋代为什么没有？因为笔者一直很关心税收结构。刘博士讲宋代的商品税一下子超过50%，我是很兴奋的。但后来发现宋代的商品税与战争两者之间没有共赢关系；相反，英国有，因为英国选的是关税，是对外收的，关税养政府，政府养军队，军队打仗，打赢了对外的贸易会更繁荣。宋代不是，宋代的农业在南方，打仗在北方，打仗往北打，打赢了对生意没太多好处，不能增加贸易总量，商人不会获利。这时，商人和政府都会想，我为什么要和他打，为什么一定要打赢，跑不行吗？反正我的粮食都在南方，为什么不去南方？宋代的商品税大多是对南方的交易收取的，和北方战争的取胜没什么太大的关系，这甚至影响了后来商品税的征收，明代很长时间不用这个税。

大家认为人一定都是追利的，人一定要提高生活水平，但为什么中国人不这样呢？我们要考虑到当时面临的困难与挑战，如迫在眉睫的战争会影响人的决策。人口、土地、战争，中国人很容易回到这种依赖上。奥斯曼帝国早期向外扩张也是人增加→地增加→财政收入增加→战争力增强，但到顶点一回收就麻烦了：人减少→地减少→财政收入减少→战争力下降。

英国人对付丹麦人和北宋对待辽金是一样的，一会儿求战，一会儿求和。

刘博士认为市场发展的直接原因不是明代的征服，而是元代的政策，笔者加一句，明代政府也许不会影响市场，但会影响心理，会对政策的选择产生影响。

屯田制可能是当时没有办法的办法，或是认为比较有效的办法。我们看到后来屯田制取消后，明代国防的能力就下降了。这种方法可能从经济上讲无效，但从打仗上说很有效，这样做作战能力比宋代强。

对于集约、粗放的讨论，刘光临博士认为需要集约化，但笔者想为什么要集约化？如果我的目的是生产粮食，而不是把地种好，那就不一定。集约化是供给派的人要讨论的问题。笔者认为指标应该选用人均产量而不是亩产量，人更关心的是人均可消费量。从集约式到粗放式农业的变化是退化吗？是技术含义，资本含义，市场含义，还是人口含义？因为从市场上看，这意味着资本使用多了，那人力岂不是少了？是否导致 1550 年之前生活水平下降？想一想苏格兰农民到美国之后，耕地多了，生活水平会下降吗？集约式生产与粗放式生产的选择标准是什么，行为主体如何在两者之间进行选择？

（整理人：陈蕾宇）

试论宋代城市发展中的新问题

包伟民[*]

唐宋之际，中国的城市从传统封闭式的坊市制，发展成开放式的街市制，这是史学界的共识。甚至有学者认为宋代发生了一场"城市革命"。城市的发展意味着人口在某一特定地区的高密度聚集。由于人类的生活需要消耗相应的资源，所以人口的高度聚集必将在许多方面，如物资供应、社会组织、建筑构成、卫生防疫、公共安全等，带来传统社会未曾面临的一系列新问题。对中国中古时期的社会而言，这些新产生的问题中，有些问题就某一侧面看也许具有一定的正面推进作用，例如，由于人口聚集所形成的庞大消费品市场，可能会刺激其周边地区相应生产的发展；另有一些问题会对城市的进一步扩展产生阻力，并且影响城市居民的生活。本文主要讨论其可能产生阻力一方面的相关问题，以北宋开封府与南宋临安府为例，考订其城区面积与人口数量，认为宋代这两个地区的人口密度甚至有可能超过当地的现代城市。过高的人口密度带来了物资供应困难、卫生状况恶化、疫病流行，以及消防安全失控等一系列问题。认真探讨这些问题，有助于我

---

* 包伟民，中国人民大学历史学院教授，博士生导师。

们进一步认识宋代的城市生活。本文认为，努力从《东京梦华录》《清明上河图》《梦粱录》等文献所绘写的画面中摆脱出来，才有可能全面、客观地理解宋代的城市生活。

一　绪论

中国古代的两宋时期，城市有长足的发展是人们悉知的史实，以致有学者提出当时发生了一场"城市革命"。[①]自 20 世纪 30 年代以来，中外学术界关于宋代城市史的研究有显著进展，成绩喜人。另外，如何使宋代城市史研究跳出旧说之窠臼而得到真正的深入发展，也是学者们一直思索的问题。

在宋代城市研究这一领域的学术演进过程中，最为重要的研究，当推加藤繁于 1931 年发表的《宋代都市的发展》一文。[②]此文提出了"坊市制崩溃"这样的基本命题，认为唐宋之际中国的城市从传统封闭式的坊市制，发展成开放式的街市制。这为宋代城市史研究奠定了坚实的基础，因此具有"范式"的意义。加藤繁之后，有越来越多的学者加入宋代城市研究的行列，从不同侧面发现、论证唐宋之际城市发展的种种现象。台湾学者梁庚尧于 1981 年发表的《南宋城市的发展》一文，提出了"城郭分隔城乡作用的消逝"这样的论点，具体指两个方面的历史现象：一是都市市区溢出城墙的束缚，

---

① Mark Elvin（伊懋可），*The Pattern of the Chinese Past*, Part Ⅱ（Stanford University Press，1973）.

② 原载于 1931 年《桑原博士还历纪念东洋史论丛》，后见录于加藤繁《中国经济史考证》（第 1 卷），商务印书馆，1959，第 239 ~ 277 页。

向郊区发展；二是作为农村商业中心的市镇兴起，且日具城市的形态。①这或可谓加藤繁之后最为重要的研究进展。

不过，以往研究的共同倾向，是从各不同侧面论证宋代城市发展的史实，而较少关注在这一过程中可能产生的有碍于其进一步发展的新问题。数十年来，人类对自工业化以来社会进化过程的反思，已十分清晰地提醒我们，人类社会的发展是具有双面性的，我们在从社会进步获益的同时，也必须为此付出一定的代价。现代社会的进化是如此，传统时期社会的进步是否也存在类似的问题呢？本文试图以宋代城市发展的个案来考察。

城市生活是不同于乡村生活的一种居住方式，城市的发展意味着人口在某一特定地区的高密度聚集。由于人类的生活需要消耗相应的资源，所以人口的高度聚集必将在许多方面，如物资供应、社会组织、建筑构成、卫生防疫、公共安全等，带来传统社会未曾面临的一系列新问题。对中国中古时期的社会而言，这些新产生的问题中，有些问题就某一侧面看也许具有一定的正面推进作用，例如，人口聚集所形成的庞大消费市场，可能会刺激其周边地区相应生产的发展；另有一些问题会对城市的进一步扩展产生阻力，并且影响城市居民的生活。例如，生产能力有限、物资供应不足，造成物价上涨、城市居民生活成本过高等。当代城市学将这种由人口高度聚集而带来的弊病被称为"城市病"。传统社会都市发展的水平无法与当代社会相比，人口聚集所带来的负面影响——如果我们不用"城市病"这一现代词汇的话——当然也不

---

① 梁庚尧：《宋代社会经济史论集》（上卷），允成文化实业股份有限公司，1997，第481～583页。

应与现代社会相提并论。但它们必然同样地存在，可以肯定。就某种程度而言，从这些负面的视角来观察，或许会带给我们一些全新的认识，因此是值得期待的。

从理论上讲，自从历史上产生城市，某些负面的影响即应随之出现。但一方面，由于古代前期都市发展水平不足，它们是否早已达到了值得史家关注的程度，难以肯定；另一方面，传世文献也并未提供足以展开研究的相关记载。到宋代，由于城市较高水平的发展以及传世文献的增多，这两方面的前提基本具备，才使得我们的讨论具备可能的意义。

尽管有了像《东京梦华录》《梦粱录》这样专门记载城市的史书传世，但是传统文献记载的片面与不足，仍使得我们对宋代城市生活的了解极其有限。我们的讨论只能在数据可能获取的前提下，就人口密度、生活物资供应、卫生管理、消防安全等几个方面展开，以求教于师友。

二　城市人口密度蠡测

中国地域辽阔，不同区域间发展的差异颇大，宋代城市的发展水平也是如此。如北宋京西路郑州，曾列为京师四辅之一的西辅，为北方地区的重要州府，时人却有这样的纪事诗来描述它："南北更无三座寺，东西只有一条街。四时八节无筵席，半夜三更有界牌。"①据此看来，郑州城市的发展水平显然不高，都市人口当

---

① （宋）庄绰：《鸡肋编》卷上，中华书局点校本。

然不至于密集。西北边境城市，境况更为萧条，可以想象。陕西重镇延州“沙堆套里三条路，石炭烟中两座城”。[①] 河东宁化军，总共才 34 家坊郭主客户，[②]人口还不及东南地区的一个村落。但东南某些地区，也有城市规模绝小者。北宋苏州吴江县只有民屋数百间：“出姑苏城南，走五十里，民屋数百间，蕞然沙渚之上者，今吴江县也。”[③]南宋汀州上杭县城规模更小，只有人户百余家。[④]南宋淮南城市，“市井号为繁富者，才一二郡，大槩如江浙一中下县尔。县邑至为萧条者，仅有四五十家，大槩如江浙一小小聚落尔”。[⑤]而在北宋，北方的开封府却为全国最大的都市。但大体上讲，随着全国经济重心南移的完成，东南地区都市平均发展水平相对较高，北方地区则较低。

两宋时期在一些区域形成了几个重要的都市，如北方黄河下游的开封府，关中地区的京兆府，四川平原的成都府，珠江流域的广州府，以及东南地区的江宁（建康）府、苏州府（平江府）、杭州府（临安府）等，构成了全国都市人口最为密集的区域。本文的讨论当然只对这些区域而言有意义。由于宋代绝大多数城市人口的记载不清，下文仅举北宋的开封府与南宋的临安府来说明当时都市人口高度聚集的情况。

北宋京城开封府与南宋行都临安府，原先都是州府城市，

---

① 《鸡肋编》卷上。

② （宋）欧阳修：《欧阳文忠公文集·河东奉使奏草》卷上《乞减配卖银五万两状》，四部丛刊本。

③ （宋）钱公辅：《利往桥记》，见（明）钱穀编《吴都文粹续集》卷三六，影印文渊阁四库全书本。

④ （清）徐松：《宋会要辑稿》方域七之一一至一二，中华书局影印本。

⑤ （宋）仲并：《浮山集》卷四《蕲州任满陛对札子》，影印文渊阁四库全书本。

建都后人口增长，城区不断扩大，比较相似，文献中都有不少描述性的记载。但南北风土之异，以及建都前后不同的历史背景，使得两者在具有较多共性的同时，也呈现了不少各自的特点。

开封府原称汴州，自907年后梁朱全忠称帝建都以来，不断扩展，到五代末年，史称"屋宇交连，街衢湫隘，入夏有暑湿之苦，居常多烟火之忧"，拥挤不堪。于是显德二年四月，周世宗下诏扩展外城，拓展城区。①入宋以后，又对外城数度修筑，其中以宋神宗熙宁八年开始的一次增筑规模最大，至元丰三年十月完工。在此外城城墙范围之内的，当属北宋开封城区的主体。

由于人口增长，居民区"溢出"城区、不断向郊区扩展，是宋代城市发展的一般现象。②开封也不例外，天禧五年，遂于"新城外置九厢"③，即在城郊设置居民区。但城区之内仍然十分拥挤，史称"甲第星罗，比屋鳞次，坊无广巷，市不通骑"。过于拥挤的城区造成居住困难，有些人因此不得不移居畿县："于是有出居王畿，挂户县籍，兴产树业，出赋供役者矣。"④

北宋时期开封城人口聚集究竟到何种程度，其城区的人口密集度可为明确的指标。

---

① （宋）王溥：《五代会要》卷二六《城郭》，上海古籍出版社点校本。

② 如（宋）苏轼《东坡全集》卷六二《乞罢宿州修城状》（四部备要本）："宿州自唐以来，罗城狭小，居民多在城外，本朝承平百余年，人户安堵，不以城小为病。兼诸处似此城小人多，散在城外，谓之草市者甚众，岂可一一展筑外城。"

③ 《宋会要辑稿》兵三之三。

④ （宋）杨大雅：《皇畿赋》，载（宋）吕祖谦编《宋文鉴》卷二，中华书局点校本。

北宋开封城共有三重城墙：宫城、内城与外城。史载"宫城周回五里"。①据考古勘探，北宋宫城呈一东西略短、南北稍长的长方形。其东、西墙各长约 690 米，南、北墙各长约 570 米，四墙全长 2520 米左右，与前述记载大致吻合，合计约为 0.3933 平方公里。内城，宋时又称里城、旧城，是在唐代汴州城基础上修建而成。考古勘探得知，整个内城略呈东西稍长、南北略短的正方形，四墙全长 11550 米左右，与文献记载的"二十里一百五十五步"基本吻合，②约合 8.336 平方公里。宋代开封外城又称新城，经考古工作者多年勘探发掘，外城的轮廓、位置、形制和范围也已基本清楚。整个外城呈一东西略短、南北稍长的长方形，位于今开封市四郊。经实测，外城东墙长约 7660 米，西墙长约 7590 米，南墙长约 6990 米，北墙长约 6940 米，四墙总长约 29180 米，约合 58 华里。按宋太府尺，一宋里约合 553 公尺，58 华里约合 50 宋里，也大致合于文献"（外城）周回五十里一百六十五步"的记载，③合计面积约为 53 平方公里。④

北宋开封宫城、内城与外城的人口密度自有一定差异，但这对我们计算整个城区人口密度关系不大。如前所述，开封城区实际已溢出城墙，宋廷在新城外还设有作为城区的"九厢"。但此"九厢"面积无法确定，且其人户数也未见记载。我们只能对外城城墙范围之内——也就是开封城区主体的人口密度略做推算。不过可以肯定，由于新城外"九厢"地处城区边缘，且不少商业经营者本来即居住

① 《宋史》卷八五《地理志一·京城》，中华书局点校本。
② 《宋会要辑稿》方域一之一。
③ 《宋会要辑稿》方域一之一六。
④ 前引考古资料参见丘刚《开封宋城考古述略》，《史学月刊》1999 年第 6 期。

于城内，"京城门外草市百姓……多是城里居民逐利去来"，[①] 因此新城外"九厢"的人口密度必然比城区中心要低一些。

清人徐松所辑《宋会要辑稿》"兵"门"厢巡"条载有天禧五年开封城内十厢户数，参见表1。

表1　北宋天禧五年开封城内十厢户数

单位：坊，户

厢	坊　数	户　数
左军第一厢	20	约8950
左军第二厢	16	约15900
城南左军厢	7	约8200
城东左军厢	9	约26800
城北左军厢	9	约4000
右军第一厢	8	约7000
右军第二厢	2	约700
城南右军厢	13	约9800
城西右军厢	26	约8500
城北右军厢	11	约7900
合　计	121	约97750

资料来源：《宋会要辑稿》兵三之三至四。

学者们对宋代户均口数意见有分歧，但多数仍取户均5口之数。[②]若据户均5口折算，则天禧五年开封城内约有488750口。再加

---

① （宋）李焘：《续资治通鉴长编》卷二五一熙宁七年三月庚申条记事，中华书局点校本。

② 如周宝珠先生就认为，东京官宦贵族多，他们的家庭规模都比较大，因此当取户均7口之数（周宝珠著《宋代东京研究》，河南大学出版社，1992，第347页）。不过我们也应该考虑到平民因经商移居城市，而把一部分家庭成员留在乡村因而家庭规模偏小的情形。这在中国传统时期是相当普遍的现象。南宋嘉泰元年三月戊寅临安府大火，"延烧军民五万二千四百二十九家，凡十八万六千八百三十一口"（秩名《续编两朝纲目备要》卷六，中华书局点校本），按此计则每户仅3.6口，可为佐证。故本文仍取户均5口之数。

上宫城人口，以及未登录当地户籍的军队与各类流动人口，按占总数约 20% 计，估计当时开封新城城区内大致有 58 万人。与前述城区面积相对照，则人口密度为 10943 人/平方公里。到北宋后期，人口密度自然还会有一定程度的增长。估计在 12000～13000 人/平方公里，应该不会超过 13000 人/平方公里。前人曾有人估计北宋开封人口密度超过 20000 人/平方公里，[①]看来失之过高。

  北宋时期，杭州已称"东南第一州"，[②]都市十分繁荣。元祐年间，苏轼上奏，谓"杭州城内生齿不可胜数，约计四五十万人"，[③]或许有一定夸张。但杭州城区居民众多可以肯定。南宋驻跸后，四方聚集，临安（杭州）人口更多。文献中保留了不少临安城区扩展的记载。如北宋时，城中后洋街，"四隅皆空迥，人迹不到"；"宝莲山、吴山、万松岭，林木茂密，何尝有人居"。到南宋，"屋宇连接"，都成了居民聚集之处。[④]丰乐桥以北的橘园亭，金井亭桥之南的俞家园，原先都是农田，到后来民居汇聚，"如蜂房蚁垤，盖为房廊，屋巷陌极难认，盖其错杂，与棋局相类也"。[⑤]钱塘旧治以南的苑山，到南宋后期也"夷为民居"。[⑥]随着郊区不断的都市化，临安城外也设有城南、城北两个郊厢。当然，临安人口主要还是集中在城区之内。

---

① 吴涛：《北宋都城东京》，河南人民出版社，1984，第 38 页。

② （清）厉鹗：《宋诗纪事》卷一宋仁宗《送梅挚出守杭州诗》，中华书局点校本。

③ 《东坡全集》卷五六《论叶温叟分擘度牒不公状》。

④ （宋）周辉：《清波杂志校注》卷三《钱塘旧景》，中华书局点校本。

⑤ （宋）杨和甫：《行都纪事》，见（明）陶宗仪《说郛》卷三〇上。

⑥ （宋）潜说友：《咸淳临安志》卷二三《山川二》，中华书局影印宋元方志丛刊本。

　　南宋临安城的人口数量，也是学界多年讨论的内容。早年中外学者的一些估算大多偏高，或有失实。前年有学者专论临安人口，[①]主要依据时人的估计之数推论，如"俗谚云：杭州人一日吃三十丈木头，以三十万家为准，大约每十家日吃榍槌一分，合而计之，则三十丈矣"。[②]似此数据，并无统计价值，因此也不一定可靠。估算南宋临安人口，仍当以现存相对最为可靠的户籍资料为主要依据。

　　与北宋开封城相似，南宋临安城外南北两郊厢区域范围，记载不明，史称其"分任之地，皆六七十里"，其中南厢"北至艮山，南底南荡"，十分笼统，难以考订。因此，我们只能讨论城区之内的人口密度。

　　南宋临安府辖九县，其中钱塘、仁和两县为依郭县，府城城区人口全属于这两个县。现存地方志载有两县三个时期的主客户数（见表2）。

表 2　南宋临安府依郭县主客户数

单位：户

依郭县	乾道年间	淳祐年间	咸淳年间
钱塘县	46521	47631	87715
仁和县	57548	64105	98615
合　计	104069	111736	186330

　　资料来源：《咸淳临安志》卷五八《户口》。

　　按户均5口计，则这三个时期两县人口数可见表3。

---

①　沈冬梅：《宋代杭州人口考辨》，载《宋史研究论文集》，河北大学出版社，2002，第373～386页。

②　（宋）周密：《武林旧事》卷六，武林掌故丛编本。

表3　南宋临安府依郭县人口数

单位：口，%

指　标	乾道年间	淳祐年间	咸淳年间
人　口	520345	558680	931650
增长率	100	107.37	179.04

钱塘、仁和两县还辖有不属于城郭的乡村，钱塘县计有履泰南乡、履泰北乡、惠民乡、调露乡、灵芝乡、孝女南乡、孝女北乡、崇化乡、钦贤乡、定山南乡、定山北乡、长寿乡、安吉乡13乡；仁和县计有芳林乡、肇元乡、大云乡、丰年乡、长乐乡、安仁东乡、安仁西乡、太平乡、廉德乡、永和乡、临江乡11乡，两县合计24乡。各乡辖里数不一，共统辖104里。①按唐代旧制，"百户为里，五里为乡"。②宋代未见相关法令的记载，当沿袭唐制无疑。但宋初以来，并未见有整顿乡里建制的举措，钱塘、仁和两县所辖乡村的乡里建制，看来也是唐代所设的旧制，每乡每里人口数自然已非昔日旧貌。若按较低的年均增长率2‰计，从唐初到南宋乾道年间约500年，人口增长起码超过一倍。实际由于种种因素影响，人口十分难以确定。现暂按乾道年间每里500户计算，户均5口，共计60000口，则淳祐年间为64200口，咸淳年间为107400口。如此，乾道年间临安城区与郊厢人口约为46万，淳祐年间约为50万，咸淳年间约为82万。应该说，这一组数据略偏高。

若要单计临安城区内的人口，上述资料还得减去郊厢之数。嘉定十一年郑湜为城南厢所作《厅壁记》称："众大之区，编户日繁，南厢四十万，视北厢为倍。"则当时南、北两厢总计有60万

---

① 《咸淳临安志》卷二〇《乡里》。

② 《旧唐书》卷四八《食货志上》，中华书局点校本。

人口，甚至超过了前面所估算的淳祐年间城区与郊厢人口的总数，显然过大。① 楼钥《直秘阁知扬州薛公行状》曾提到，大约在乾道初年，薛居宝曾被差主管临安府城南右厢公事，"南厢户口十四万，最为剧繁"。② 这里所记虽比郑湜《厅壁记》早了 40～50 年，但颇疑城南厢居民 14 万口一说并非统计所得，而是当时人们概念中的约数，前后并无多少变化。前引郑湜《厅壁记》所述"四十万"，看来为"十四万"之误。如此，则南宋嘉定中，南、北两厢合计人口约 21 万。这一数据看来也显偏高。拿它与年份最为靠近的淳祐年间城区及郊厢合计人口相减，得 29 万。另再加上不在民籍者以及流动人口，也按 20% 计，得出当时临安城区内人口约为348000 口。

南宋临安的城区，是在五代吴越国时期定型的，其东北端为艮山门，即今环城北路艮山门；西北端为余杭门，即今环城北路与湖墅南路交叉的路口。当时东侧城墙在今建国路一线，西侧城墙在今环城西路与湖滨一线，南端到凤凰山地带的苕帚湾与宋城路一线略往南一点，大致形成了一个不规则的长方形。对其面积的估算，可以用两个方法。一是按其长宽大致推算。其长度即今中山路全长，再加上复兴路的一小段，即 600～700 公尺，约合 7 公里；其宽度大致可以今万松岭路为准，长约 1.9 公里，则全城

---

① 《咸淳临安志》卷五三《官寺二·幕属官厅·城南厢厅》，注文引（宋）郑湜《厅壁记》。

② （宋）楼钥：《攻媿集》卷九〇《直秘阁知扬州薛公行状》，四部丛刊本。据《嘉泰吴兴志》卷一五《县令提名》，中华书局影印宋元方志丛刊本，薛居宝（《嘉泰吴兴志》作"薛居实"，疑"实"为"宝"之误）为钟燮（绍兴二年为武康令）之后第十任县令，则当在绍兴末年。据行状，此后丁母忧，服阕后才被差主管临安府城南右厢公事，则当已在乾道初年。

面积约 13.3 平方公里。二是可以通过在现代地图上画出南宋临安城区，按比例尺用画方格的方法来测算。其结果与上述按长宽大致推算的差不多。由于临安城区形状呈非规则性，考古工作尚未精确地测绘出南宋临安城墙每一段的走向，所以上述数据只能是大致的推算。如果我们将临安城区面积调整为 15 平方公里，则能保证或失之于过大，而不是相反。①

若此，则淳祐年间临安府城区内人口密度达到 23200 人／平方公里，远比北宋开封高，到咸淳年间，其人口密度甚至可能达到 3 万人／平方公里。

南宋临安府人口密度较北宋开封府高，在文献中也有一些描述性记载。绍兴十三年十一月，宋高宗行祭天之礼，由于临安街道过狭，不得不废弃旧制，从皇宫到太庙不乘辂，"权以辇代之"。②南宋末年，临安人周辉曾记："辉幼见故老言，京师街衢阔辟，东西人家有至老不相往来者。迨出疆，目覩为信。"在周辉看来，开封的街衢显得"阔辟"；又称北宋时皇帝出行仪卫森严，"甲马拥塞驰道，都人仅能于御盖下望一点赭袍"，但到了南宋临安，纵使同样是皇帝出行，却"今日近瞻，法驾不违于咫尺也"。③

每平方公里一万数千人，甚至两万多人，究竟是怎样的一个

---

① 关于南宋临安府城区范围，参见阙维民《杭州城池暨西湖历史图说》，浙江人民出版社，2000，图 2－25《南宋临安坊巷图》及其他相关部分。杭州中山路等长度数据，参见杭州市地名委员会编《杭州市地名志》，1983 年自刊本。现代杭州市地图，主要参见 1983 年版《杭州市地名志》中册附图四《杭州市主要街道图》。

② （宋）李心传：《建炎以来系年要录》卷一一〇绍兴十三年十一月庚申条，影印文渊阁四库全书本。以下简称《系年要录》。

③ （宋）周辉：《清波别志》卷三，知不足斋丛书本。

"密度"呢？我们可将其与现代城市人口做比较。

目前，世界大城市城区的人口密度大多在 1 万人/平方公里左右，如东京只有 1.3 万人/平方公里，其余城市如纽约、伦敦、巴黎和香港的人口密度最多也只有 8500 人/平方公里。中国城市的人口密度大多在世界平均水平之上，如北京和广州城区的人口密度分别为 1.4 万人/平方公里和 1.3 万人/平方公里。[1]上海市区目前的人口密度当为大陆地区最高，2001 年，上海市中心区人口密度为 29362 人/平方公里。[2]杭州市目前人口密度比上海低，参见表4。

表4　2003 年杭州市区土地面积和人口密度

地　区	土地面积（平方公里）	年末总人口（万人）	人口密度（人/平方公里）
市　区	3068	393.19	1282
上城区	18	31.27	17372
下城区	31	33.22	10716
江干区	210	38.03	1811
拱墅区	88	29.27	3326
西湖区	263	53.03	2016
滨江区	73	12.50	1712
萧山区	1163	115.74	995
余杭区	1222	80.12	656

资料来源：《杭州统计年鉴（2004）》，中国统计出版社，2004，《1-02 土地面积和人口密度（2003 年底）》。

其中，上城、下城两区为杭州市最中心的区域。西湖区由于拥有较多风景名胜以及部分乡村，所以人口密度相对为低。合计

---

① 《中国城市发展报告（2002~2003）》，商务印书馆，2004；《中科院发布城市发展报告 3 药方根治 5 大城市病》，《北京青年报》2004 年 3 月 4 日。
② 《上海统计年鉴（2002）》，中国统计出版社，2002，《各区、县土地面积、户数、人口及人口密度（2001）》。

杭州城市中心的上城、下城、拱墅、西湖四区，其人口密度为 3669.75
人/平方公里。开封市总体人口密度要低于东南地区的大城市，2006
年，市区西部的龙亭区，人口密度为 1184 人/平方公里。[①]据上述统计
资料，在中国传统社会中期的两宋时期，以单层或双层木结构建筑为
主的开封府与临安府城区，其人口密度已经超过以多层钢筋水泥建筑
为主的现代都市市区人口密度的数倍，相比于现代人口尤为众多的一
些都市，差距也有限。其居处街衢之湫隘拥挤，也就可以想象了。

　　开封与临安虽为都城，其人口的聚集或有超过其他州府之处，
但也不应绝无仅有，而是具有一定的普遍性。随着两宋时期城市
的不断扩张，尤其在经济发达区域中心，一些城市经济文化繁荣，
万众聚集，人口密度较之前大为提高，文献中有一些描述性的反
映。如南宋建康府句容县为当时江南地区一般的县城，且相对闭
塞，"舟楫不通，无富商大贾出于其涂"，据记载却是"民廛之寄
官地，参差不齐，挠腐将压檐，相去且不能数尺。县之门道仅容一
车"，[②]十分的拥挤。明州为东南名郡，南宋时期发展尤其迅速，
城区人口增长自然就十分显著了。地方志如此描述明州城内拥挤
的情况："此邦生齿既繁，侵冒滋多，甚至梁水而楹，跨衢而宇。
往来间阻，舆马尤病。绍定元年正月东北厢火，救焚者束手无措。
既而掘视古沟，率在居民卧室之内。"[③]人口众多，建筑密集，以至
于街衢河道皆被侵占。当时台州也有类似情形，"元守凿以通舟之

① 据开封市龙亭区政府网站资料，http://www.longting.gov.cn/2006-8/2006861
14444.htm。

② （宋）张榘：《砌街记》，见《石刻史料新编》第二辑，《句容金石记》卷五，
台湾新文丰出版公司，1979。

③ （清）罗浚：《宝庆四明志》卷三《坊巷》，中华书局影印宋元方志丛刊本。

处，亦以居人栉比，阕而小之。今不惟舟不得通，而车马之路亦转侧无所容矣"。① 可知尤其到南宋，为数不少的城市已经出现人口过度聚集的问题。

三 城区物资供应与卫生管理

城区人口高度聚集、密度过高，必然会给城市生活带来一系列新的问题。物资供应与卫生管理是其中比较突出的两个方面。

物资供应首要的是城市土地供应，前人多所论及的宋代城区扩展问题，②反映的就是城区人口过于密集的一个结果。由此带来的城区地价过高问题值得关注。地价过高对商业经营与居民的生活都有影响，显德二年，周世宗颁布的开封筑外城诏，就指出由于城区狭小，"坊市之中，邸店有限，工商外至，亿兆无穷，僦赁之资，增添不定，贫乏之户，供办实难"。③ 在开封府，"自来政府臣僚在京僦官私舍宇居止，比比皆是"，④ "百官都无屋住，虽宰执亦是赁屋"。⑤由于房租太贵，这些达官贵人有时也要叫苦。欧阳修就有诗云："嗟我来京师，庇身无弊庐。闲坊僦古屋，卑陋杂里间。"⑥因此，王禹偁说："重城之中，双阙之下，尺地寸土，与金

① （宋）陈耆卿：《嘉定赤城志》卷二三《水·城》，中华书局影印宋元方志丛刊本。
② 参见前引梁庚尧文。
③ 《五代会要》卷二六《城郭》。
④ （宋）韩琦：《安阳集》卷六《辞避赐第》，昼锦堂刊本。
⑤ （宋）朱熹：《朱子语类》卷一二七，中华书局点校本。
⑥ 《欧阳文忠公全集·居士集》卷八《答梅舜俞大雨见寄》。

同价，其来旧矣。""非勋戚世家，居无隙地。"① 一般贫民下户，就更不易拥有房产了，只能租赁简陋屋舍栖身。从前述当时城区人口密集的程度看，一般民众的居处必当极其拥挤。

土地之外，城市居民生活的各类物资都得由外部供应。时人称唐长安城"百物皆贵"，②已经反映了当时由供应不足造成的物价上涨现象。两宋时尤甚，北宋韩琦就说：细民一家数口，其在田野时，伐薪汲水，悉便其用。迁入城寨后，则烧柴用水，"亦须市买"。③南宋建康府"军民杂处，舟车辐凑，米麦薪炭醯茗之属，民间日用所须者，悉资客贩"。④ 临安府民谚云："东门菜，西门水，南门柴，北门米。"⑤ 说明了当时城市须由外部供应生活资料的主要内容，其中尤以粮食最为重要。

北宋定都开封，就是利用了开封处于南北水运中心的地理优势。北宋曾任三司使、主持国计的张方平说："京，大也，师，众也。大众所聚，故谓之京师。有食则京师可立，汴河废则大众不可聚。"⑥外部粮食的输入，是开封作为京城得以维持的首要前提。因此，宋初每年初春会调发农民开浚京城漕运河道，宋太祖赵匡胤每至亲自督工，"率以为常"。⑦ 开宝五年七月，三司上言仓库储粮

① （宋）王禹偁：《小畜集》卷一六《李氏园亭记》，四部丛刊本。
② （元）辛文房《唐才子传》卷四："白居易弱冠名未振，观光上国，谒顾况。况吴人，恃才少所推可，因谑之曰：'长安百物皆贵，居大不易。'"
③ 《续资治通鉴长编》卷一三三庆历元年九月辛酉条。
④ （宋）袁燮：《絜斋集》卷十三《龙图阁学士通奉大夫尚书黄公行状》，影印文渊阁四库全书本。
⑤ （宋）周必大：《二老堂杂志》卷四，学海类编本。
⑥ （宋）张方平：《乐全集》卷二七《论事论汴河利害事》，影印文渊阁四库全书本。
⑦ （宋）王曾：《王文正公笔录》，百川学海本。

只够维持到次年二月，请将驻军调到外地就食，并尽数调发民船运输江淮漕粮。赵匡胤大怒，差一点斩了权判三司楚昭辅。[①]终北宋一朝，从江淮调发漕粮一直是国之要务，并时常引发朝政的动荡。南宋临安府位于长江三角洲地区，就近调发上供粮食比开封相对容易，粮食供应略显缓和，但粮食问题也一直存在。尤其到南宋后期，宋廷不得不在平江府增设百万仓，增加粮食储备。文献中偶尔留有临安府饥荒的记载，如嘉熙四年，"都城大荒，饥者夺食于路，盗于隐处掠卖人以徼利，市中杀人以卖，日未晡，路无行人"。[②] 可以肯定，当有更多的事例未能在史籍中留下痕迹。

地方州军城市没有都城的特殊地位，粮食供应基本就靠在本地筹措了。两宋时期，基于运输条件，粮食还属于"重滞之物，不可从远处兴贩得来，须本处土地所生，方可计置"。[③] 因此，除灾荒年份、因粮价奇高可能吸引远地粮商牟利而长途贩运外，当时的商品粮基本限于区域市场范围之内流通。[④]某一特定区域的城市兴盛与否，一个基本的前提就是当地农业可能提供多少商品粮。通检两宋文献，可以发现，如何保证当地城市的粮食供应，已经成了宋代地方官十分头疼而又不得不面对的一个问题，相关记载较多。北宋前期，张咏出守成都府，曾专门储粮，"至春，籍城中细民，计口给券"。[⑤] 元祐五年，苏轼知杭州，上奏朝廷，投诉两

---

① 《续资治通鉴长编》卷一三开宝五年七月甲申条。

② （宋）佚名：《宋季三朝政要》卷二是年条，守山阁丛书本。

③ （宋）司马光：《温国文正司马公文集》卷四三《乞不添屯军马》，四部丛刊本。

④ 包伟民：《宋代的粮食贸易》，《中国社会科学》1991 年第 2 期。

⑤ （宋）真德秀：《西山先生真文忠公文集》卷一〇《奏置惠民仓状》，四部丛刊本。

浙转运使叶温叟分配救灾度牒不均，称："杭州城内生齿不可胜数，……自来土产米谷不多，全仰苏湖常秀等州般运斛斗接济，若数州不熟，即杭州虽十分丰稔，亦不免为饥年。"①南宋各地兴建各类常平仓、义仓等粮仓，以备灾荒者不少，在多数情况下，这些粮仓其实都以城市居民为主要赈济对象。宋高宗赵构就说："近世拯济，止及城郭市井之内，而乡村之远者，未尝及之。"②宝庆元年，理学家真德秀在知潭州任上，以"春夏之间，郡城居民率苦贵籴"，如外部粮食供应不足，"则市直骤增，平民下户立见狼狈"，模仿当年张咏在成都府的做法，别立专供城市居民的惠民仓。③绍定初，潭州知州曾某"尚虑外邑市民，岁当春夏之交，常苦贵籴，脱小不登，将无所于诉"，在其所辖十县全都增建惠民仓。④有些地区州军城市规模虽不大，但本地粮食生产有限，邻近地区商品粮供应也不足，城市居民的生计就常有困难。如湖南永州，城区市户不过三千，率多贫弱，常患食粮之艰，"春夏之交，苦于贵籴"。⑤

从文献中可见，"苦于贵籴"是当时一个经常性的话题，商品粮供应不足已成了当时城市发展面临的最大挑战之一。因此，尤其到南宋，各地以行政权力阻止商品粮输出的"遏籴"之风"近日尤甚"。⑥不仅在灾荒发生或号称缺粮地区，甚至在号称产粮的

---

① 《东坡全集》卷五六《论叶温叟分擘度牒不公状》。
② （宋）董煟：《救荒活民书》卷一，墨海金壶本。
③ （宋）真德秀：《西山先生真文忠公文集》卷一〇《奏置惠民仓状》。
④ （宋）魏了翁：《鹤山先生大全集》卷四八《潭州外十县惠民仓记》，四部丛刊本。
⑤ （宋）高斯得：《耻堂存稿》卷四《永州续惠仓记》，影印文渊阁四库全书本。
⑥ 《宋会要辑稿》刑法二之一二六。

地区，如浙西、江东、江西、湖南，也屡屡见诸记载，十分普遍。① "州县各顾其私，听信城市之民妄言，'不可放米出界'。"② 朝廷虽屡诏禁止，若涉及自己的辖区，地方官们将其视为善政，我行我素，却大有人在。

薪柴燃料供应也是当时城市生活必须面对的一大问题。两宋城市居民燃料主要用木柴，冬天取暖则多用木炭。随着城市人口的增长，木柴消耗过大，周边山林砍伐过甚，不少大城市存在一定的燃料供应困难问题。由于薪炭增价，贫民常有冻寒死者。③北方有不少地区开始用煤，当时称为石炭。宋廷在开封设有太府寺石炭场，"掌受纳出卖石炭"。④ 北宋后期，一度由市易司垄断开封府的石炭买卖。元符元年十一月，三省言："闻访市中石炭价高，冬寒，细民不给。"⑤后来不得不废除官鬻石炭。⑥宋人庄绰说："昔汴都数百万家尽仰石炭，无一家燃薪者。"⑦可能言过其实，不过由于城市人口聚集，森林资源消耗过甚，改用石炭的确解决了民众生活的一个大问题。北宋前期，薛塾监绛州曲沃县酒税，当地官酒务酿酒所需薪柴由民户供给，由于城外山林资源耗竭，供应薪

---

① 参见（宋）朱熹《朱文公别集》卷六《乞行下江西从便客旅兴贩米谷》；（宋）彭龟年《止堂集》卷五《论淮浙旱潦乞通米商仍免总领司籴买奏》；（宋）真德秀《西山先生真文忠公文集》卷一五《奏乞拨平江百万仓米赈粜福建四州状》；（宋）欧阳守道《巽斋文集》卷四《与王吉州论郡政书》，影印文渊阁四库全书本；佚名《宋史全文》卷二五下，乾道九年十月甲子条。

② 《宋会要辑稿》刑法二之一二六。

③ 参见《续资治通鉴长编》卷一八九嘉祐四年正月丁酉条。

④ 《宋史》卷一六五《职官志五·太府寺》。

⑤ 《续资治通鉴长编》卷五〇四元符元年十一月己未条。

⑥ 《宋史》卷一八六《食货志下八·商税》。

⑦ 《鸡肋篇》卷中。

柴成为民户的沉重负担。薛塾改用石炭，"民得不苦，至今赖之"。① 元丰初，苏轼知徐州，派人在徐州西南白土镇之北找到了石炭，解决了当地城市居民以及作院兵器制作所需的燃料问题。苏轼作《石炭》诗记述此事："君不见前年雨雪行人断，城中居民风裂骭，湿薪半束抱衾裯，日莫敲门无处换。岂料山中有遗宝，磊落如·万车炭。……南山栗林渐可息，此山顽矿何劳锻……"② 欣喜之情跃然纸上。当然，宋代北方地区城市燃料并非全都改用了石炭，不少仍靠薪柴作为燃料，其对城区周围森林资源的破坏，以及由此引起的城市燃料供应不足问题看来是广泛存在的。

宋代南方未见有广泛使用石炭的记载，陆游说："北方多石炭，南方多木炭，而蜀又有竹炭。"竹炭由巨竹烧成，他在邛州亲见"皆用牛车载以入城"。③ 南宋临安府有"南门柴"之谚，是因为西南山区严州、富阳等处的薪柴都从富春江顺流而下，从南门入城。但都城大量的燃料需求，显然对周围地区森林资源造成了较大压力，"今驻跸吴越，山林之广不足以供樵苏，虽佳花美竹，坟墓之松楸，岁月之间，尽成赤地，根柢之微，斫橛皆偏，芽蘖无复可生，思石炭之利，而不可得"。④ 其他州军城市看来也存在类似问题。南宋后期，徐元杰知饶州，其《与袁右司书》谈到当地应付朝廷征调木材之不易，说："近年有司科造上供船及和籴船，沿港二三十里间悉童，其山茅苇相望，忽尔薪炭踊直，倍于往时。""沿港二三十里间山林悉童"，虽主要是由造

---

① 《欧阳文忠公文集·外集》卷十一《内殿崇班薛君墓志铭》。

② 《东坡全集》卷一○《石炭》。

③ （宋）陆游：《老学庵笔记》卷一，中华书局点校本。

④ 《鸡肋篇》卷中。

船用材所致，但城市采薪必然也是重要因素之一。结果却是"薪炭踊直"，"近市无采樵之地已数年矣"，造成城市燃料供应困难。①北宋沈括就已说"今齐鲁间松林尽矣，渐至太行；京西、江南，松山大半皆童矣"。② 到南宋，该问题更为严重。

前引临安民谣还提到"东门菜，西门水"。"菜"指菜蔬鱼肉等副食品供应，人口愈多，所需要供应的数量也就愈多。《东京梦华录》《梦粱录》等史籍对开封府与临安府的副食品市场有详细的描述。临安"东门绝无民居，弥望皆菜圃"。都市菜蔬鱼肉供应种类齐全，是官吏富人等移居城市的一个推动力。史籍偶尔可见士大夫居处乡村僻野、抱怨"百物无有"的记载。③但由于菜蔬鱼肉等副食品相比于粮食等最为基本的生活资料，可多可少弹性略大，文献中也未见关于副食品供应不充足影响城市发展的记载，本文暂不展开讨论。

水源是否充足，则为影响城市发展至关重要的因素。不过傍水建城，自古而然。只是至两宋时期，城市规模的扩大，要求水源更充沛而已。相比而言，北方城市水源供应问题更为突出。开封城中饮用水源主要靠金水河，大中祥符初，"决金水河为渠，自天波门并皇城，至乾元门，历天街东转，缭太庙，甃以礲甓，树之芳木，车马所度，又累石为梁。间作方井，官寺民舍皆得汲用。复东引，由城下水窦入于濠。京师便之"。④ 此后宋廷还专立罪罚之条，

---

① （宋）徐元杰：《梅野集》卷八《与袁右司书》，影印文渊阁四库全书本。
② （宋）沈括：《梦溪笔谈》卷二四，中华书局新校正本。
③ （宋）林表民：《赤城集》卷一，陈公辅《临海风俗记》，临海宋氏重刊本。
④ 《续资治通鉴长编》卷七二大中祥符二年九月丁卯条。

禁止居民偷引金水河破坏水源。①宋初，开封居民取用官渠之水，须交纳水课，后来废除。②杭州（临安）建城前期，位于钱塘江边的江干，规模较小。唐大历年间，李泌任杭州刺史，开凿六井，引西湖淡水入城，供居民饮用，城区才向西扩展到西湖边，并奠定了杭州（临安）城区发展的格局。南宋民谚所说的"西门水"，就是指从西门"引湖水注城中，以小舟散给坊市"。宋代城市中都有专门挑担卖干净饮用水为生的苦力，收入很低。③北宋时，有人向孙甫兜售一方砚台，要价三十贯。孙甫问此砚有何异常之处，这么贵，此人答道此砚石极润，"呵之则水流"。孙甫却并不稀罕，说："一日呵得一担水，才直三钱，买此何用。"④可见卖一担水才三文钱。

中国古代人们为了取得较好的水源，多喜欢开凿水井，取用干净的地下水。宋代也是这样，一眼优质水井，常成为人们聚居的中心。不仅在缺水的北方，而且在水源充沛的南方也是如此。北宋崔立知棣州，"城中池素洿卤，民苦水泉不给。公择衢巷要便之地，为浚百井，而间有甘洌者。众谓公至诚之感，阖郡歌乐之"。⑤熙宁七年，京兆府香城善感禅院新掘一井，"其泉源沸涌，澄然而寒，宜其食也。傍及左右所居之民，往来汲取，养而不穷"，于是请文人专门为之作记文。⑥地名中常见以"甜水"为标志者，往往就表明那里有

---

① 《续资治通鉴长编》五○三元符元年十月戊子条。
② 《续资治通鉴长编》卷七○大中祥符元年九月庚申条。
③ 如（宋）洪迈《夷坚乙志》卷七《杜三不孝》："洪州崇真坊北大井，民杜三汲水卖之，夏日则货蚊药以自给，与母及一弟同居。"
④ 《梦溪笔谈》卷九。
⑤ 《安阳集》卷五○《故尚书工部侍郎致仕赠工部尚书崔公行状》。
⑥ （宋）侯可：《京兆府香城善感禅院新井记》，见曾枣庄、刘琳主编《全宋文》卷八九○，巴蜀书社，1991。

优质水井。如开封城中即有不少称为"甜水巷"的地名，①临安城内六部前则有"甜瓜井"，②嘉兴城中东陵坊也有"甜瓜井"。③因此修缮水井，也被纳入地方官市政管理的内容。景定四年，建康府因城中军营"甃井少，土井多，土堙水浑，汲水不便"，遂下令各军统领"如甃井浑臭者，即与淘浚，土井崩坏者，即与甃砌。人稠井少去处，即与添凿"。④当时还形成了开义井做善事的习俗，据说"宋时民家产亡者，必开井，以资冥福"。⑤

与水源密切相关、成为宋代城市发展新问题之一的，是城市的公共卫生管理。

两宋城市的公共卫生，像京城这样的大都市看来有相对完备的制度，由厢坊等机构负责。如开封城开淘渠堑等事务，起初由都厢负责，后由都水监负责。⑥城市的街道清扫等事务，估计也有相关制度规定。⑦开封、临安作为都城，制度当然更为严密。城市

---

① 如据《东京梦华录》卷三《寺东门街巷》，当地就有第一条甜水巷、第二条甜水巷、第三条甜水巷等地名。

② （宋）吴自牧：《梦粱录》卷十一《井泉》，浙江人民出版社点校本。

③ （元）徐硕：《至元嘉禾志》卷二《坊巷》，中华书局影印宋元方志丛刊本。

④ （宋）周应合：《景定建康志》卷三九《尺籍》，中华书局影印宋元方志丛刊本。

⑤ 王謇：《宋平江城坊考》卷一《西南隅·通济巷》引《吴门表隐》，江苏古籍出版社，1999。

⑥ 《咸淳临安志》卷五三《官寺二·幕属官厅·城南厢厅》注文引（宋）郑湜《厅壁记》。

⑦ （唐）孙光宪：《北梦琐言》卷三《陈会螳螂赋》（上海古籍出版社点校本）："蜀之士子莫不酷酒，慕相如涤器之风也。陈会郎中家以当垆为业，为不扫街，官吏殴之，其母甚贤，勉以进修，不许归乡，以成名为期。……太和元年及第……"所记为唐代中期成都府的故事，看来中国古代大城市，较早就设有相对完善的城市卫生管理制度。宋代固当更有改善。

居民日常生活所产生的垃圾、粪便等，则多作为农田的有机肥料，由专人清理。[①]

从现存文献记载看，少数城市可能已经存在空气污染问题。北宋沈括《戏延州诗》云："二郎山下雪纷纷，旋卓穹庐学塞人，化尽素衣冬木老，石烟多似洛阳尘。"[②]此诗所说，指延州人用石油，烟大，"墨人衣"，就像洛阳城中多风沙污人衣一样，说明了两地都存在空气污染的情况。司马光也有《都门路》诗，记述开封城风沙蔽日的情形："红尘昼夜飞，车马古今迹，独怜道傍柳，惨淡少颜色。"[③] 问题比较突出的一是城市处居街衢拥挤，前文已有论及；二是生活污水的处理。

中国古代城市建设，从较早时期起就有局部下水道的设置，[④]宋代有所进步。如考古数据表明，临安府太庙两侧设有砖砌的排水沟。今湖北蕲春县西北蕲水南岸罗州故城址，也在城内东南部发现大量方形铺地砖和陶质下水管道等。[⑤]但往往只是在城市的局部区域，如市场、特定建筑群等才有一定的地下排水设施。总体而言，至宋代，并未见整个城区建有下水道系统。一般城市凡有河道，生活污水基本直接排入河道；没有河道的，估计用渗井。后者笔者尚未见到相关文献记载。开封府"新旧城为沟注河中，凡

---

① 《梦粱录》卷十三："杭城户口繁伙，街巷小民之家多无坑厕，只用马桶。每日自有出粪人瀽去，谓之倾脚头。"
② 《梦溪笔谈》卷二四。
③ 《温国文正司马公文集》卷二《都门路》，四部丛刊本。
④ 如据黑秉洋《汉河南县城内发现水沟》，《考古》1960 年第 7 期，汉代河南县城址西南部发现南北并列的 3 条下水道，由筒形陶管构成，不过这组建筑群可能是东汉河南县府衙门的所在。
⑤ 曲英杰：《古代城市》，文物出版社，2003，第 210 页。

二百五十三"。天圣四年，为防止居民丢弃垃圾堵塞水沟，"责吏逻巡，察其慢者"。① 有时为保证城区的排水畅通，也专令官司检查，禁止权豪覆压占庇水口，以至于下水道受阻。②临安府的情况估计与此相同。京城为首善之区，制度规定相对严密，"每遇春时，官差人夫监淘在城沟渠"。③ 北宋梅尧臣曾作《淘渠》诗，描写开封府开淘排水沟，街司只管完成差使，不恤民众生死的情形："开春沟，畎春泥，五步掘一堑，当涂如坏堤。车无行辙马无蹊，遮截门户鸡犬迷。屈曲措足高复低，芒鞵苔滑雨凄凄。老翁夜行无子携，眼昏失脚非有挤。明日寻者尔瘦妻，手提幼女哭嘶嘶。金吾司街务欲齐，不管人死兽颠啼。"④

但一般州军城市并无都城的财力物力，无法保证及时制度化地疏通下水道。如南宋吉州城中沟渠，嘉熙末年，知州林某曾经组织疏通，卫生状况得到改善，后来就未能经常疏通，以至于"郡政不复及此"。⑤这看来是当时的一般情形。由于人口密集，民众屋舍侵占河道、垃圾堆积等，使城区水道壅塞、下水不畅，以至于卫生状况恶化，文献中有一些记述。

台州州河，原来有三个不同名称：清涟、新泽、清水，都显示着河水的清澈，到南宋，"皆污壤，通涓流而已"。⑥ 明州江东米行河，通奉化江，有碶闸，到南宋中期，"两岸居民节次跨河造棚，

① 《续资治通鉴长编》卷一〇四天圣四年七月丙寅条。
② 《续资治通鉴长编》卷一〇一天圣八年八月己未条。
③ （宋）孟元老：《东京梦华录》卷三《诸色杂卖》，古典文学出版社，1965。
④ （宋）梅尧臣：《宛陵先生文集》卷十七《淘渠》，四部丛刊本。
⑤ （宋）欧阳守道：《巽斋文集》卷四《与王吉州论郡政书》。
⑥ 《嘉定赤城志》卷二三《水·城》。

污秽窒塞，如沟渠然，水无所泄，气息蒸熏，过者掩鼻"。① 成都
府后溪，"自小桥入都市"，为城中重要水源，"其后沟洫湮塞，圃
亡灌溉，人多疵疠，天灾流行，万井皆涸，不舒不泄，物无精
华"。② 南宋欧阳守道与知州王某讨论饶州市政，就指出"今沟渠
不通，致病之一源也"，"今通逵广路，犹无洁净之所，而偏街曲
巷，使人掩鼻疾趋，如此则安得不病"。其境况之严重，竟成了饶
州"十数年城郭富家往往徙去"的原因之一。

上述记载反映了宋代城市一个相当重要的新现象，就是城市
存在较为严重的疫疾问题。沟渠"污秽窒塞"，固为城市疫疾多发
的十分重要原因，究其根本，还在于当时城市人口密度过高，而
医药卫生等各方面水平尚未能与之相适应。苏轼就曾说："杭，水
陆之会，疫死比他处常多。"③所以当时救荒，有些官员不主张将饥
民集中到城中，就是为了防止人口过于密集，"蒸为疾疫"，而要
将饥民阻拦于城郭之外。④文献中保存有一些当时城市疫疾的记载。
如元丰年间苏轼谪居黄州时，"比年时疫"。苏轼合圣散子方药散
发，"所活不可胜数"。⑤ 元祐四年，苏轼知杭州，上奏朝廷，提到
杭州曾"榷熙宁中饥疫，人死大半，至今城市寂寥少"。⑥ 他与友
人的信中也指出："广州商旅所聚，疾疫作，客先僵仆，因薰染居
者，事与杭相类，莫可擘划。"⑦临安府在庆元元年四月、嘉定二年

① 《宝庆四明志》卷一二《渠堰碶闸》。
② （宋）李新：《跨鳌集》卷十六《成都后溪记》，影印文渊阁四库全书本。
③ 《宋史》卷三三八《苏轼传》。
④ 《宋史》卷三一三《富弼传》。
⑤ 《东坡全集》卷三四《圣散子叙》。
⑥ 《东坡全集》卷五六《乞赈济浙西七州状》。
⑦ 《东坡全集》卷七七《与王敏仲八首（之四）》。

四月、嘉定四年三月，都有"大疫"与"疫"发生，①频率很高。庆元元年春夏间，"淮浙疫疠大作，嘉兴城内，至浃日毙百余人"，②常州"民病者十室而九"。③咸淳四年，建康府"军民病疫"。④看来病疫的确已经成了影响宋代城市生活的一大因素，惜记载不全，使我们难窥全豹。相对而言，文献中关于北宋开封府与南宋临安府的疫情记载略多，兹列为表5。

表5　宋代两京疫情

时　间	疫　情	文　献
淳化三年六月	丁丑，黑风自西北起，天地晦暝，雷震，有顷乃止。先是京师大热，疫死者众，及此风至，疫疾遂止	《宋史》卷六七《五行志五·土》；《全宋文》卷七〇《选良医诊视京城病人诏》
淳化五年六月	京师疫，遣太医和药救之	《宋史》卷六二《五行志一下·水》
咸平六年六月	京城疫，分遣内臣赐药	《宋史》卷七《真宗本纪二》
皇祐六年一月	京师大疫	《续资治通鉴长编》卷一七六是月壬申
嘉祐五年五月	京师大疫	《续资治通鉴长编》卷一九一是月戊子
嘉祐六年五月	京师民疫，选医给药以疗之	《宋史》卷一二《仁宗本纪四》
治平二年夏	今夏疬疫大作。弥数千里。病者比屋。丧车交路	《续资治通鉴长编》卷二〇六是年八月辛卯
元丰二年三月	畿内及诸路阙雨，宿种未长，重虞疾疫	《续资治通鉴长编》卷二九七是月庚午
元祐九年	是岁，京师疫	《宋史》卷一八《哲宗本纪二》
靖康二年三月	金人围汴京，城中疫死者几半	《宋史》卷六二《五行志一下·水》
绍兴十六年夏	行都疫	《宋史》卷六二《五行志一下·水》

---

① （宋）秩名：《续编两朝纲目备要》卷四、卷十一、卷十二，各见本月条记事，中华书局点校本。
② 《夷坚志补》卷二五《符端礼》。
③ 《夷坚支戊》卷三《张子智毁庙》。
④ 《景定建康志》卷十四《建康表十》。

时　间	疫　情	文　献
绍兴二十六年夏	行都又疫，高宗出柴胡制药，活者甚众	《宋史》卷六二《五行志一下·水》
乾道元年	行都及绍兴府饥，民大疫，浙东、西亦如之	《宋史》卷六二《五行志一下·水》
乾道八年夏	行都民疫，及秋未息	《宋史》卷六二《五行志一下·水》
淳熙七年	行都大疫，禁旅多死	《宋史》卷六二《五行志一下·水》
	以临安疫，分命医官诊视军民	《宋史》卷三五《孝宗本纪三》
淳熙十四年春	都民、禁旅大疫，浙西郡国亦疫	《宋史》卷六二《五行志一下·水》
庆元元年四月	临安大疫，出内帑钱为贫民医药、棺敛费及赐诸军疫死者家	《宋史》卷三七《宁宗本纪一》
庆元二年五月	行都疫	《宋史》卷六二《五行志一下·水》
庆元三年三月	行都及淮、浙郡县疫	《宋史》卷六二《五行志一下·水》
嘉泰三年五月	行都疫	《宋史》卷六二《五行志一下·水》
嘉定二年夏	都民疫死甚众	《宋史》卷六二《五行志一下·水》
嘉定三年三月	都民多疫死	《宋史》卷六二《五行志一下·水》
嘉定四年三月	都城疫	《两朝纲目备要》卷一三
	出内库钱瘗疫死者贫民	《宋史》卷三九《宁宗本纪三》
德祐二年闰三月	数月间，城中疫气熏蒸，人之病死者不可以数计	《宋史》卷六二《五行志一下·水》

　　仅据表5的资料看，相比而言，南宋临安的疫情远比北宋开封严重。这也许正是临安城人口比开封城更为密集造成的。可以肯定的是，能在史书中留下记载，疫情都是比较严重的。我们可以从"大疫""民多疫死""禁旅多死"之类记载，想象疫病横行对当时城市生活带来的影响。南宋在临安建行都的152年间，仅据存世文献所载，就有14起严重的疫情发生，平均十多年一次，有时且连续数年大疫不止，如嘉定二年至嘉定四年就是如此。

四 火灾

宋代城市另一严重的问题是火灾频发。

遗火成灾，自古而然。宋代以前的历史文献也多载有火灾的事例。如唐人颜真卿就说："（广州）彼之风俗，竞趋苟简，茅茨竹檐，比屋鳞次，火灾岁起，煨烬无余。"①权德舆也有记载："蜀多火灾，自古所患，俗以为常，无所惩禁。"②永贞元年，柳宗元被贬为永州司马，居永州十年。他在元和五年与友人杨凭的信中曾称："永州多火灾，五年之间，四为天火所迫。"③两年后，更作《逐毕方文》，其序文说："永州元和七年夏，多火灾。日夜数十发，少尚五六发，过三月乃止。八年夏，又如之。人咸无安处，老弱燔死，晨不爨，暝不烛，皆列坐屋上，左右视，罢不得休。"④其困窘情形，令人悯怜。但宋代城市火灾之普遍、破坏之惨烈，对城市民生影响之大，则是前所未有的。

唐代火灾，据《新唐书》卷三四《五行志一》所载，破坏最大、烧毁民舍超过万家的仅有两次：一是贞元二年七月洪州火灾，"燔民舍万七千家"；二是太和四年三月，陈州、许州火灾，"烧万

---

① （唐）颜真卿：《颜鲁公集》卷四《开府仪同三司行尚书右丞相上柱国赠太尉广平文贞公宋公神道碑铭》，四部备要本。
② （唐）权德舆：《太中大夫守国子祭酒颖川县开国男赐紫金鱼袋赠户部尚书韩公行状》，见董诰等编《全唐文》卷五〇七，中华书局影印本。
③ （唐）柳宗元：《柳河东集》卷三〇《与杨京兆凭书》，中华书局点校本。
④ 《柳河东集》卷一八《逐毕方文》。

余家"。到宋代，火灾的规模显然超乎古人了。

都城规模最大、人口最众，受火灾的威胁当然也最严重。北宋开封府屡有火灾，严重的如大中祥符八年四月壬申，荣王元俨宫火，"自三鼓至翊日亭午乃止，延烧内藏库、左藏库、朝元门、崇文院、秘阁"①。又熙宁七年九月壬子三司火，"自巳至戌止，焚屋千八十楹，案牍等殆尽"。② 宋廷为此在开封府建有颇具规模的防火组织"潜火队"，订立了十分严格的消防制度。相比而言，南宋临安府火灾之惨烈，可称两宋城市火灾之最。今不揣烦碎，拾掇史料，列为表6。

表6　南宋临安府火灾情况

时　　间	火　　情
绍兴元年十月乙酉	《宋史》卷六三《五行志二上·火上》（以下简称《宋志》）："（临安府）大火，民多露处。"
绍兴二年四月壬午	《系年要录》卷五三："是日，临安府火。"
绍兴二年五月庚辰	《系年要录》卷五四："是日临安府火，弥六七里，延烧万余家。"
绍兴二年十二月甲午	《系年要录》卷六一："夜，行在临安府火，燔吏工刑部、御史台及公私室庐甚众。乙未旦乃灭。"
绍兴三年九月庚申	《宋志》："行都阙门外火，多燔民居。"
绍兴三年十一月庚午	《系年要录》卷七〇："是日，临安火。"
绍兴三年十二月乙酉	《系年要录》卷七一："是日临安火。后二日，又火。燔民居甚众。"
绍兴四年正月戊寅	《宋志》："行都火，燔数千家。"
绍兴六年二月	《枫窗小牍》卷下："六年十二月，京师复火，更一万余家人。"
绍兴七年十二月甲午	《系年要录》卷一〇七："是日临安火，所燔几万家。"
绍兴九年二月己卯	《系年要录》卷一二六："临安府火。"

---

① 《续资治通鉴长编》卷八四是日条。
② 《续资治通鉴长编》卷二五六是日条。

续表

时　　间	火　　情
绍兴九年七月辛丑	《系年要录》卷一三〇："临安府火。"
绍兴十年九月辛酉	《系年要录》卷一三七："临安火，延烧省部仓库。"①
绍兴十二年三月丙申	《宋志》："行都火。"
绍兴十二年四月	《宋志》："行都又火。"
绍兴十四年正月甲子	《宋志》："行都火。"
绍兴十五年九月甲子	《系年要录》卷一五四："夜太庙旁居民遗火。"
绍兴十五年九月丙子	《宋志》："行都火，经夕，渐近太室而灭。"
绍兴二十年正月壬午	《宋志》："行都火，燔吏部，文书皆尽。"
乾道二年十一月癸亥	《宋志》："丽正门内东庑灾。"
乾道五年十二月壬申	《宋志》："太室东北垣外民舍火。"
乾道七年十一月丁亥	《宋志》："禁垣外阉人私舍火，延及民居。"
淳熙三年九月	《宋志》："大内射殿灾，延及东宫门。"
淳熙七年九月乙亥	《宋志》："行都火。"
淳熙十四年五月	《宋志》："大内武库灾，戎器不害。"
淳熙十四年六月庚寅	《宋志》："行都宝莲山民居火，延烧七百余家，救焚将校有死者。"
绍熙二年四月	《宋志》："行都传法寺火，延及民居。言者以戚里土木为孽，火数起之应。"
绍熙三年正月己巳	《宋志》："行都火，通夕，至于翌日，阛阓焚者半。"
绍熙三年十一月	《宋志》："（临安府）又火，燔五百余家。"
嘉泰元年三月戊寅	《续编两朝纲目备要》卷六："临安大火。是夜，临安府宝莲山下御史台吏杨浩家火，延烧御史台、司农寺、将作、军器监、进奏、文（毕）〔思〕、御辇院、太史局、军头、皇城司诸物库。四月庚辰朔，诏被火之家愿于贡院及寺观寓止者听之。辛巳，火乃灭。有司奏：延烧军民五万二千四百二十九家，凡十八万六千八百三十一口，死而可知者五十有九人。诏出内府钱十六万三千五百七十一缗，米六万五千一百九十二斛四斗，付浙漕司、临安府，分赐被火之民……"②
嘉泰二年六月己卯	《宋史全文》卷二九下："临安府火。"

续表

时　　间	火　　情
嘉泰四年三月丁卯	《续编两朝纲目备要》卷八："临安府大火。其夜二更后，行在粮料院后八条巷内、右丞相府大程官刘庆家遗火，自太庙南墙外通衢延烧粮料院及右丞相府、尚书省、枢密院、制敕院、检正房、左右司谏院、尚书六部，惟存门下后省及工部侍郎厅。次烧万松岭、清平山、仁王寺、石佛庵、枢密院亲兵营、修内司，沿烧至学士院、内酒库及内中宫门户廊屋。殿步司诸军官兵连夜救扑，火势未已。……夜漏下三鼓，遂撤去太庙廊屋、祖宗神主、册、宝、法物皆移寓寿慈宫，仍开候潮门，宣入殿步司、城外军兵扑。是夕，百官之家皆往都亭驿避火，火及和宁门外，焚衩子门。"③
开禧二年二月癸丑	《宋史全文》卷二九下："寿慈宫前殿火，逮晓始熄。"
开禧二年四月壬子	《宋志》："行都火，燔数百家。"
嘉定二年六月己卯	《宋志》："临安府火。"
嘉定四年四月丙申	《宋志》："临安府梵天寺火。"
嘉定十一年二月	《宋志》："行都火，燔数百家。"
嘉定十一年九月己巳	《宋志》："禁垣外万松岭民舍火，燔四百八十余家。"
嘉定十三年十一月壬子	《宋志》："行都火，燔城内外数万家，禁垒百二十区。"④
绍定元年三月	行都火，燔六百余家。
绍定四年九月丙戌	《宋史全文》卷三二："临安火。诏曰回禄之灾，延及太庙，祖宗神主暂就御于景灵宫。"《鹤林玉露》丙编卷二《辛卯火》："绍定辛卯临安之火，比辛酉（嘉泰元年）之火加五分之三，虽太庙亦不免，而史丞相府独全。"⑤（按又见《宋季三朝政要》卷一）
嘉熙元年六月	《宋志》："临安府火，燔三万家。"《宋季三朝政要》卷一："行都大火，由巳至酉，延烧居民五十三万家。"⑥
淳祐十二年十一月丙申	《宋志》："行都火，至丁酉夜始熄。"
景定四年	《宋志》："临安府大火。"
景定五年七月	《宋史全文》卷三六："行都大火。"
德祐元年	《宋志》："玉牒所灾。"

注：①《宋志》载："（绍兴）十年十月，行都火，燔民居，延及省部。"疑《系年要录》有误，当以《系年要录》为是。②《宋志》系于嘉定元年三月戊寅。③《宋志》系于嘉定四年三月丁卯。④《宋史全文》卷三〇，系于是年四月壬子。⑤《癸辛杂识续集》卷上《海鳅兆火》，系于是年十二月二十四日。⑥《宋史全文》卷三三，系于是年四月壬申。又，"延烧居民五十三万家"之"五十三万"疑误。

从表6可知，临安府在南宋王朝建都的150余年间，可谓时时处于火灾的威胁之下，全城被烧毁殆半之灾屡次发生，乃至烧宫殿、毁太庙，无所不及。嘉泰四年大火后，史臣哀叹："呜呼！自生民以来，未尝见有此一火！"①火灾频发，以至于"士大夫寓邸中者，每出必挟救告之属自随"，②唯恐一有不慎，事关前程的家当毁于祝融，近乎惶惶不可终日。

其他州军城市火灾之惨烈，也与临安府相仿。如乾德四年二月，岳州大火，府衙、廪库、市肆一扫而空，"民舍殆尽，官吏逾城仅免"。淳化三年十二月，"建安军城西火，燔民舍、官廨等，殆尽"。嘉祐三年正月，温州大火，"燔屋万四千间，死者五十人"。③ 南宋时人说，温州"从来多有火灾，每数年间辄一作，动焚数千百家"。④ 绍兴八年二月，太平州大火，"宣抚司及官舍、民居、帑藏、文书皆尽，死者甚众，录事参军吕应中、当涂县丞李致虚死焉"。淳熙九年九月，合州大火，"燔民居几尽，官舍仅有存者"⑤。淳熙十四年五月，成都大火，"所燔七千家"。地方官上奏时故意少报损失，还有"以万计"的僦居之家被毁，却隐瞒未报。⑥火灾之惨烈，至此而极。南宋范浚，议论当时钱荒的原因时，竟认为"通都大邑火所延烧，灼烁融液，二也"。⑦可见火灾之屡发，破坏之严重，以及影响之广泛了。

---

① 《续编两朝纲目备要》卷八。
② 《夷坚甲志》卷五《林县尉》。
③ 《宋史》卷六三《五行志二上·火条上》。
④ （宋）王之望：《汉滨集》卷七《温州遗火乞赐降黜奏札》，影印文渊阁四库全书本。
⑤ 《宋史》卷六三《五行志二上·火条上》。
⑥ （宋）李心传：《建炎以来朝野杂记》乙集卷八《丁未成都火》，中华书局点校本。
⑦ （宋）范浚：《香溪集》卷十五《议钱》，金华丛书本。

两宋时期城市火灾为害甚于前代，主要原因自然是如前文所述，城市众生聚居，密度过大。宋代对此就有清楚的认识。分析相关记载，略可论说者大致有二。

其一，关于城市建筑布局。

一般认为，宋代以前城市为封闭式的坊市结构，坊与市的四周皆建有坊墙。坊墙的废弃，大致在五代末宋初。如唐代长安坊墙，均为夯筑，墙基宽 2.5 ~ 3 米，[①]虽坊墙高度有一定限制，[②]但夹街两层坊墙，以及宽畅的官街，空无建筑，这就形成了一道自然的防火屏障，纵有火灾，也比较容易控制在一坊之内，不致蔓延。这大概就是唐代都城长安未见有如宋代都城那样严重火灾发生的重要原因。考古数据证实了唐代坊墙制度具有一定的普遍性，[③]但笔者一直怀疑，在许多州县连城墙都未能完备的前提下，唐代城市的坊墙是否确如学者所认为的那么普遍？尤其在南方地区，更是令人的意见颇有保留。唐人议论，说是"南方多有火灾"。[④] 个中原因，当然在于南方城市相比于北方城市人口密度高，且南方建筑多用竹木，不像北方为土坯建筑，容易防火。但有些关于火灾的记载，可能向我们透漏着一些信息。如前引颜真卿语，称广州"比屋鳞次，火灾岁起"，似乎看不到坊墙的存在。唐代宗广德元年十二月，鄂州大火，"烧船三千艘，延及岸上居

---

① 杨宽：《中国古代都城制度史研究》，上海人民出版社，2003，第 247 页。

② （唐）卢侗：《对筑墙判》（《全唐文》卷二六七）："垣高不可及肩，板筑何妨当面？"

③ 参见刘建国《古城三部曲——镇江城市考古》，江苏古籍出版社，1995，第 109 页。

④ （唐）归融：《劾卢周仁进羡余状》，载《全唐文》卷七四七。

人二千余家，死者四五千人"。① 又唐德宗贞元二年七月，洪州大火，"燔民舍万七千家"。如果当地建有完备的坊墙系统，火情似乎不可能蔓延如此之广。笔者估计，宋代以前城市完整的坊墙建筑，大体在以北方为主的都府等主要城市中存在比较可信。但不管怎么说，到宋代，随着所有城市坊墙的倒塌，火灾随之为孽，则是可以肯定的。所以宋人开始强调要在城市中开火墙以防火势蔓延。②当然，相对而言，北方城市的建筑密度要低一些，灾情也比南方城市轻。所以周辉才有"京师街衢阔辟"之说。

其二，关于城市建筑用材。

唐宋之际，中国古代城市建筑用材改善，砖瓦屋舍逐步取代茅檐草屋的趋势明显。有关火灾灾情的相关记载可为我们提供一些有意义的信息。中国传统木结构覆以陶瓦的建筑，本来即属易燃对象，然而由于需要相当大的成本，秦汉以来，多数平民仍住茅草房。城市里砖瓦建筑当比乡村多一点，但为数仍有限。唐代地方官为了控制城市火灾，也有劝谕居民多建砖瓦房的例子，如元和初年，杨于陵为岭南节度使，劝谕"撤去蒲葵，陶瓦覆屋，遂无火灾，民赖以安"。③ 但相关记载仍不多见。

两宋时期，都府大邑砖瓦建筑的比例当比前代高，尤其在京城，一般城市则不尽然。北宋熙宁年间，据日本僧人成寻的记载，沿浙东运河渡过钱塘江到杭州的凑口津，"屋皆瓦葺，楼门

① 《旧唐书》卷三七《五行志》。
② 参见《宋会要辑稿》方域一〇之七；（宋）周必大《文忠集》卷六三《中大夫秘阁修撰赐紫金鱼袋赵君（善俊）神道碑》；等等。
③ （唐）李翱：《唐李文公集》卷一四《唐故金紫光禄大夫尚书右仆射致仕上柱国宏农郡开国公食邑二千户赠司空杨公墓志铭》，四部丛刊本。

相交"。经过津口进入市区后，"河左右家皆瓦葺无隙，并造庄严"。① 杭州为东南名郡，经济繁荣，其商业区建筑当属上乘，其他区域却不一定。如据王禹偁记载，黄州地区建筑向以竹代陶瓦，"比屋皆然，以其价廉而工省也"。② 又如峡州，"州居无郭郛，通衢不能容车马，市无百货之列，而鲍鱼之肆不可入，虽邦君之过市，必常下乘，掩鼻以疾趋。而民之列处，灶、廪、匽、井无异位，一室之间，上父子而下畜豕。其覆皆用茅材，故岁常火灾"。③ 号称蜀中名郡的阆州，也是"城中无名园甲舍，非富家大姓不用瓦屋"。④ 政和七年成书的李元弼《作邑自箴》卷六称"民间居止只隔篱壁，语音相闻……"可见一般市民居住于"只隔篱壁"的茅草建筑，当为宋代城市的常态。商业用建筑以及其他公共建筑，估计大多已为砖瓦结构，其水平各地也有差异。

两宋时期由于火灾威胁严重，官府与士大夫多劝谕城市居民改建瓦屋。如大中祥符五年五月十三日，宋廷诏："川、陕诸屯兵草茅覆屋，连接官舍，颇致延火。宜令自今坏者渐易以瓦，无得因缘扰民。"⑤ 李允则知雄州，"民多以草覆屋，允则取材木西山，大为仓廪营舍，始教民陶瓦甓摽"。⑥ 南宋建行都于临安府，"兵火之后，流寓士民往往茅屋以居"。⑦ 缘当时临安屡发火灾，宋廷多次下诏，要求民众改建砖瓦房屋，"诏临安民居皆改造席屋，毋得以

---

① 〔日〕成寻：《参天台五台山记》，《史籍集览》本第 26 册。

② 《小畜集》卷一七《黄州新建小竹楼记》。

③ 《欧阳文忠司马公文集·居士集》卷三九《峡州至喜亭记》。

④ （宋）唐庚：《眉山文集》卷三《重修思政堂记》，影印文渊阁四库全书本。

⑤ 《宋会要辑稿》刑法二之一一。

⑥ 《续资治通鉴长编》卷九三天禧三年六月丁酉条。

⑦ 《宋会要辑稿》兵三之七至八。

茅覆盖"。① 绍兴十年九月，临安又一次发生大火，宋高宗赵构对辅臣发脾气说："累令撤席屋作瓦屋，不奉作。朕已戒内侍，如敢不行，比众罪当加重。"② 绍兴二十八年，又令平江府殿前司营寨改建瓦屋。③郑兴裔知扬州时，因见"比户向系茅舍，屡因火灾，一炬之后，荡为灰烬，此亦民生大患也"，于是自作主张，将17500缗府库桩积银，"贷民陶瓦，创建间架"。④ 绍定五年，黔阳县修治县衙，"或仍其旧，或撤而新，……易茨以瓦，有库有廪"，⑤ 则县衙也只是到此时才改建瓦屋。类似的记载还有不少。

所以总体而言，两宋当为我国古代城市建筑用材改善比较明显的一个时期。如黄州城，北宋前期皆用竹瓦，到南宋嘉定年间，据载"两街居民虽是土瓦，而屋后小屋尚皆诛茅为之"，但毕竟有不少改善。⑥官府与士大夫们的这些努力，是有一定影响的。只是撤茅用瓦，受种种条件制约，并非仅凭士大夫们的一厢情愿就能解决。如前述绍兴十年宋高宗下令后，参知政事孙近建议让民众五日之内拆去草屋，却"后亦不果行焉"。因此，至南宋后期，一般州县城区的砖瓦建筑比例估计仍然不是很高。乾道初年，温州大火，知州王之望所上《温州遗火乞赐降黜奏札》，详细条列了受灾房屋的数量与类型，或者可作为一个参考："臣契勘本州岛居民

---

① 《系年要录》卷六一绍兴二年十二月戊戌条。

② 《系年要录》卷一三七绍兴十年九月辛酉条。

③ （宋）范成大：《吴郡志》卷五《营寨》，中华书局影印宋元方志丛刊本。

④ （宋）郑兴裔：《郑忠肃奏议遗集》卷上《请蠲扬州缗钱疏》，影印文渊阁四库全书本。

⑤ （清）陆增祥：《八琼室金石补正》卷一一九《重修黔阳县治记》，吴兴刘承干希古楼刻本。

⑥ 《宋会要辑稿》职官四之五一。

约计万数千家，寺观四十所。今两日所烧共一千一百八十五家，茅屋相间，计一千九百五十余间；寺观四所。大抵几灾及十分之一。"据《绍兴编敕》火灾统计，"芦竹草版屋三间比一间"，则实际受灾茅屋当为 2295 间。①若假设温州此次火灾，凡过火之处玉石俱焚，则温州城内茅舍接近砖瓦房的两倍。这或许对当时与温州类似地域及相同经济发展水平的州军城市而言，具有一定代表性。

由此可见，宋代城市发展所付出的代价还是不小的。

五　小结

归纳前文所述，两宋时期，人口高度聚集给城市发展带来的一系列新问题，主要体现在物资供应、卫生管理以及消防安全等方面。由于文献残缺，前文所反映的自非全面，许多结论带有明显的试探性，尤其是有关开封、临安两地城区人口的估算，更是如此。不过由于研究中力持低调的原则，所以最终所列数据反映的两地城区人口密度，当不至于偏高。

本文所揭示的史实相当有限，尽管如此，似亦可能使我们对两宋城市史研究提出一些新的有意义的思考，在多数研究者全力阐明唐宋之间城市发展史实之方方面面的同时，看到其发展所带来的一些负面效应，并借此关注当时城市一般民众的生活质量、制约城市进一步发展的种种因素，以及由此催生的城市制度的一

---

① （宋）王之望：《汉滨集》卷七《温州遗火乞赐降黜奏札》。

些新内容，等等。唯其如此，才有可能保持史学研究的活力。

　　《东京梦华录》《清明上河图》以及《梦粱录》等文献对今人形成关于两宋城市影像的烙印过于深刻，如欲正确解读这些历史文献，把握其作者的宫廷画家与旧朝遗民的心态十分重要。现在应该是我们走出其片面阴影的时候了。

（整理人：孙静冬　郭益蓓）

清代乾隆朝长江流域粮价
波动与市场整合

一　引言

　　关于清代粮价的研究及其重大意义，已有多位学者做过深入细致的研
究。比如著名历史学家柳诒徵[①]、全汉升（Han-shêng Chuan）[②]、王业键[③]、

---

* 　罗畅，南开大学经济研究所博士。

① 　柳诒徵：《江苏各地千六百年间之米价》，《史学杂志》1930 年第 2 卷第 3
　　期，后收于《柳诒徵史学论文续集》，上海古籍出版社，1991。

② 　Han-shêng Chuan, and Richard A. Kraus, *Mid-Ch'ing rice markets and trade*：*an
　　essay in price history*, Cambridge, Mass. ：East Asian Research Center, Harvard
　　University, 1975. 另外，全先生关于中国历朝物价的论文有多篇，后收于全
　　汉升《中国经济史论丛》，（香港）新亚研究所 1972 年出版，（台北）稻
　　香出版社 2003 年再版。中华书局 2010 年以《中国经济史研究：全汉升经
　　济史著作集》（共二册）为名，出版了全汉升的著作集，这是 3 个版本中
　　字迹最清晰的一个版本。

③ 　王先生关于清代粮价的论著有多篇，后主要收入王业键《清代经济史论文集》
　　（共三册），（台北）稻乡出版社，2003。

吴承明[1]、陈春声[2]、李明珠（Lillian M. Li）、李中清（James Lee）、王国斌（R. Bin Wong）、蒲德培（Peter C. Perdue）、马立博（Robert Marks）、岸本美绪[3]、威尔金森（Endymion P. Wilkinson）[4] 等，都对粮价做过深入研究。现今年轻学者当中，薛华（Carol H. Shiue）[5]、张瑞威（Sui-wai Cheung)[6] 和彭凯翔[7]对清代粮价均有非常深入的研究。前人的研究大多数存在一个缺陷，那就是利用相关系数来测量市场整合程度。关于这一点，彭凯翔（2010）在对张瑞威的书评中已经指出。[8] 彭凯翔以 1710～1790 年苏州与广东年度米价为例，使用相关系数的方法得出一个悖论：苏州与广东米价每年的变化并不相关，但价格本身显著相关。这是由于这两个价格序列都是非平稳的，直接采用相关系数的分析方法可能会得出伪相关的结论。一旦考察其变化，两者

---

[1] 吴承明：《利用粮价变动研究清代的市场整合》，《中国经济史研究》1996 年第 2 期。

[2] 陈春声：《市场机制与社会变迁——18 世纪广东米价分析》，中山大学出版社，1992。2010 年，中国人民大学出版社出版修订版。

[3] 〔日〕岸本美绪：《清代物价史研究的现状》，《中国近代史研究》1987 年第 5 集。亦可参见岸本美绪《清代物价史研究的现状》，台湾大学历史系编《民国以来国史研究的回顾与展望研讨会论文集》，1992，第 1307～1335 页；岸本美绪《清代中国的物价与经济变动》，（东京）研文出版社，1997；岸本美绪《清代中国的物价与经济波动》，刘迪瑞译，胡连成审校，社会科学文献出版社，2010。

[4] Endymion P. Wilkinson. *Studies in Chinese Price History* (New York：Garland Pub. , Inc. , 1980).

[5] Carol H. Shiue, *Grain Trade and Storage in Late Imperial China*. Ph. D. Dissertation, Yale University, 1999.

[6] Sui-wai Cheung, *The Price of Rice：Market Integration in Eighteenth - Century China*, Washington：Center for East Asian Studies, Western Washington University, 2008.

[7] 彭凯翔：《清代以来的粮价：历史学的解释与再解释》，上海人民出版社，2006。

[8] 彭凯翔：《评 Sui-wai Cheung, The Price of Rice：Market Integration in Eighteenth-Century China》，《新史学》2010 第 3 期。

的相关性或许就消失了。由于粮价数据本质上是一个随机趋势过程，所以彭凯翔认为，协整分析显得更加合适。但是采用协整、VAR、GARCH、面板等现代计量经济学方法分析清代粮价数据还显得相当薄弱。就笔者目前管见所及，对清代粮价的研究，彭凯翔使用了 GARCH 等研究方法，Shiue 使用了面板研究方法。[①]

吴承明先生提出"利用粮价变动研究清代的市场整合"，吴先生对清代粮价与粮食贸易有很深入的研究。吴先生估计，在鸦片战争前夕，"国内商品的流通额约为 3.88 亿银两，其中粮食占 42%，……在城乡、地区间流通的粮食约有 245 亿斤，占产量的 10.5%。……在清代前期的商品粮总量中，长距离运销所占的比重一般约为 21.6%，即年运销量为 3000 万石，约合 45 亿斤（不含漕粮）"。吴先生的另一开创性贡献是归纳了清代 10 条主要的粮食贸易线路。他为清代粮价的研究指明了方向——利用粮价变动研究清代的市场整合。吴先生研究的一个特点是把明代与清代放在一起进行研究，历史脉络相当清晰。吴先生对粮食贸易额的估计、粮食路线的总结，是该领域的权威性成果，多被后人引用。其提出的"利用粮价变动研究清代的市场整合"更是指引着未来该领域的研究方向。

二 市场整合

市场整合（market integration），又称市场一体化，对于市场整

---

① Shiue, Carol H. , *Grain Trade and Storage in Late Imperial China*, Ph. D. Dissertation, Yale University, 1999.

合的定义，笔者采用吴承明先生的观点。

首先，吴先生对市场整合的定义如下："（市场整合）是指一个区域乃至一国的市场由贸易网络连接，形成供求比较平衡的状况。整合状况，一般是用区域内各地价格变动的同步性来检测，同步性强，表示市场组织较佳，保持供求平衡的有效性较大。反之，反是。也可用各地价格变动对平均值的离散程度来检测，离散程度愈小，表示市场愈整合。"

其次，吴先生指出："用数学方法研究市场的整合，需要有能够组成一定时间系列的价格数据，在清前期，只有粮价记录较多，可充此任。又因粮价有较大季节差，研究者大都是用督抚陈报的域内各府州的逐月粮价单，以及雨雪粮价折、粮价细册（很少见）为基本数据。也因此，研究较详的是在粮价单比较完整的世纪，尤其是乾隆朝。"

最后，吴先生还强调了粮价研究的注意事项："需说明的是，第一，用数学方法进行这种研究，舍此之外，罕有其他系统的数据可用。第二，粮价单等的可信性常因时因地而不同，使用时应有检验。第三，物价资料，本来不能直接反映社会经济的发展变化，数学方法分析的结果，即使所用数据可信，也要与记述性史料和定性分析核对，才能结论。"

笔者赞同吴先生的这些看法。笔者进行粮价分析的时间段主要是乾隆年间，因为在此期间，各省"督抚陈报的域内各府州的逐月粮价单"的格式统一，并且质量较高，便于进行粮价波动分析及市场整合程度的检验。

分析的第一步，先对数据的可靠性进行检验，检验方法采用王业键提出的方法。第二步，在"与记述性史料和定性分析核对"

的基础上，采用变异系数、相关系数、价格差相关系数的方法对可靠的数据进行分析，以衡量市场整合程度。

三　长江流域的米粮流向

清代长江流域的米谷运销约有 1500 万石。其中主要有两个流向：一是安徽、江西米运江浙地区，约有 500 万石；二是川米、湘米经汉口运销江南，约有 1000 万石。清代长江流域的粮食长距离运销在全国的地位是最重要的。吴承明先生认为不算漕粮，清代长距离运销的粮食约有 3000 万石。长江流域的粮食运销约占清代粮食长距离运销数量的一半。虽然台湾、东北地区也是重要的粮食输出区，但清初台湾、东北都人少地多，尚处于开发状态。台湾米运销至福建每年约有 50 万石。清初，朝廷以"龙兴之地"为由，封禁东北，一方面禁止东北的粮食输出，另一方面禁止关内百姓迁徙至东北。东北的粮食输出直到乾隆中叶才得以解禁，关内人口自由迁徙至东北直到咸丰十年才得以解禁。与之相反，清廷始终鼓励长江流域粮食的生产与流通。

清初，"各省惟湖广常有余粟，江西次之。及四川生聚开辟，于是川米贯于东南，视楚米尤多"。康熙四十九年，福建籍进士蔡世远指出了清代长江流域粮食贸易的主要流向。"福建之米，原不足以供福建之食，虽丰年多取资于江浙。亦犹江浙之米，原不足以供江浙之食，虽丰年必仰给于湖广。数十年来，大都湖广之米，辏集于苏郡之枫桥。而枫桥之米，间由上海乍浦以往福建。故岁虽频祲，而米价不腾。""雍正四年七月二十日镇海将军臣何天培谨奏，为请严遏籴之禁以裕民食事。窃查天下米粮，出产于东南各省居多。平日藉客商贩易流通，偶有荒歉之岁，所资藉于邻省，倍为紧要。即如福建之米取给于台湾、浙江，广东之米取给于广西、江西、湖广，而江浙之米皆取给于江西、湖广。此数省之米苟无阻滞，岁岁流通，源源不绝。小民虽遇歉收，尚不至于乏食。"乾隆三年十月，大学士、川陕总督查郎阿在奏折中指出："川省为吴楚上游，川省丰熟则吴楚据资接济。"

（一）川米输出的有利条件

以成都为中心的成都平原土地肥沃，又有都江堰等灌溉设施，农业生产条件优越，加之清初大量移民入川开垦，粮食大量外运。成都又是四川的政治中心，商业十分繁荣；重庆是四川乃至长江上游的经济中心，粮食产量颇丰，还是四川的门户，出川的粮食乃至各种货物都必须经过重庆由夔关东下。四川地处长江上游，这里的米谷经长江顺流而下至长江中游的汉口，再由汉口顺流东下，抵达长江下游的江苏、浙江，并通过当时江苏的上海和浙江的乍浦海运至福建。

（二）楚米（主要是湘米）输出的有利条件

第一，据考证，"湖广熟，天下足"这句谚语最早出现于明代正德年间。最迟在清代康熙中叶，江南就已经严重依赖湖广之米。"谚云：'湖广熟，天下足。'江浙百姓，全赖湖广米粟。朕南巡江浙，询问地方米贵之由。百姓皆谓，数年来湖广米不至，以致价值腾贵。"

第二，水运交通十分便利。雍正八年，云贵总督（兼辖广西）

鄂尔泰在奏折中指出:"湖广全省,向为东南诸省所仰赖。谚所谓'湖广熟,天下足'者。诚以米既充裕,水又通流之故。"

第三,以长沙为中心的湘江流域土地肥沃,尤其是清代在洞庭湖流域大量围湖造田,极大地提高了粮食产量。长沙府湘潭县是洞庭湖流域的米谷聚集之区。"湘潭,则衡(阳)、永(州)、郴(州)、桂(阳)、茶(陵)、(长沙府)攸(县)二十余州县之食货,皆于是地取给,故江苏商客最多;又地宜泊舟,秋冬之交,米谷骈至,樯帆所舣,独盛于他邑。"常德也是洞庭湖流域的粮食聚集之区。"惟常德秋冬之交,米谷骈至,墙帆所舣,独盛于他邑。"

第四,湖南的粮食,大部分经汉口行销江南,小部分经广西运销广东。"向来湖南出谷甚多,皆就近运至广西,是以广西谷价极贱。商贾趋利者,又转运至广东售卖。从前(广)东省谷价亦甚平减,实由于此。"

第五,即使经历了康熙中叶至道光年间的人口大规模增长,湖南米谷价格仍然较低,粮食大量外运。咸丰五年,湖南巡抚骆秉章说:"湖南为产米之乡,近年稍称丰稔,谷贱如泥。"

四 江南依赖长江中上游米谷的原因

湖北汉口是长江中游最大的米谷交易市场。汉口成为长江中游的米谷交易中心,是由其地理条件决定的。乾隆五十年,湖北、安徽、江苏遭受大旱。乾隆帝特地对湖广总督特成额降旨禁遏籴:"本年江苏、安徽二省被旱地方较广,该二省地狭民稠。向来丰收之年,米粮仅敷本地口食。若稍遇歉收,即须仰给于四川、湖广、江西之米。其四川商贩载米至安徽、江苏粜卖者，必经由湖北（汉口）。"

江浙极其依赖长江中上游之米最迟在康熙中叶，由"苏湖（常）熟，天下足"变为"湖广熟，天下足"，其原因主要有以下三点。

第一，江浙地区地窄人稠。"浙江及江南苏松等府，地窄人稠，即丰收之年，亦皆仰食于湖广、江西等处。"

第二，粮食消耗于酿酒。江南酿酒业发达，每年因酿酒而消耗的粮食相当多。清代嘉道年间的包世臣在《齐民四术·农二·庚辰杂着二》中有如下记载。

> 当尝以苏州一府推之，而知酒之为害，不可胜言。苏州共辖九县，为天下名郡。然合九县之境，南至平望，北至望亭，西至广福镇，东至福山，截长补短，不过方百七十里。名城大镇山水所占五分去二，得产谷之土方里三十里。每方一里为田五百三十亩，方百三十里共计田九百十万亩。苏民精于农事，亩常收米三石，麦一石二斗。以中岁计之，亩米二石，麦七斗抵米五斗，当岁产米二千二、三百万石。苏属地窄民稠，商贾云集，约计九属有人四、五百万口。合女口、小口牵算，每人岁食米三石，是每岁当食米一千四、五百万石，加完粮七十万石，每岁仍可余米五、六百万石。是五年耕而余二年之食，且何畏于凶荒。

> 然苏州无论丰歉，江（西）、（湖）广、安徽之客米来售者，岁不下数百万石。良由槽坊酤于市，士庶酿于家。本地所产，耗于酒者大半故也。中人饭米半升，黄酒之佳者，酒一石

用米七斗。一人饮黄酒五、六斤者，不为大量。是酒之耗米增于饭者，常七八倍也。烧酒成于高粱及大、小麦。高粱一石得酒三十五斤，大麦四十斤，小麦六十余斤。常人饮烧酒亦可斤余，是亦已耗一人两日之食也。以苏州之稠密甲于天下，若不受酒害，则其所产之谷且足养，而有余其他地广人稀之所可知。所谓酒耗谷于明者，其弊如此。

第三，浙江改稻为桑。明代嘉靖年间，新任杭州知府、江南世家子弟高翰文称："改稻为桑，两难自解。"明末何良俊在《四友斋丛说》中详细比较了东乡和西乡分别种植棉花和水稻的收益。李伯重先生据此，采用投入产出分析法，比较了两地种植不同农作物的收益及成本，得出结论：种植棉花的收入明显高于种植水稻的收入。并据此认为，植棉促进了妇女地位的提高，上海小男人的产生是最近五百年的事。江南适宜种稻，但乾隆四十年两江总督高晋指出："松江府、太仓州、海门厅、通州并所属之各县，逼近海滨。率以沙涨之地，宜种棉花。是以种花者多，而种稻者少。每年口食全赖客商贩运，以致粮价常贵，无所底止。"

百姓种植棉花而不种植水稻，正是受经济利益的驱动。"究其种花而不种稻之故，并非沙土不宜于稻。盖缘种花费力少而获利多，种稻工本重而获利轻。小民惟利是图，积染成风。官吏视以为常，亦皆习而不察。以现在各厅州县农田计之，每村庄知务本种稻者，不过十分之二三，图利种花者，则有十分之七八。"

在粮食流通枢纽城市的选择上，我们选取长江流域各省主要的粮食流通枢纽——成都、重庆、汉口、长沙、安庆、南昌、苏州、杭州、南京等府作为考察对象。长江流域其余的城市，如泸州、九江、芜湖等的米谷贸易也很发达。但泸州距离重庆较近，九江距离南昌较近，芜湖距离安庆较近，它们属于同一个市场，故我们选取更有代表性的重庆、南昌、安庆。而且，九江米市、芜湖米市的全盛期是在同治、光绪以后，本文考察的是仅仅是乾隆一朝。

在粮食品种的选择上，考虑到长江流域以米谷为主食，中米在米价中最具代表性，这些城市的粮食品种一般选择中米，除了杭州由于数据的可得性而选择籼米。

鉴于乾隆朝历时六十年，各个时期影响米价的因素不尽相同。我们把乾隆朝划分为三个时段：乾隆元年至乾隆十八年为第一时段，这一时段影响米价变化的主要因素是粮食收成、气候状况及政府的仓储政策；乾隆十九年至乾隆四十二年为第二时段，这一时段影响米价变化的主要因素是粮食收成、气候状况及战争；乾隆四十三年至乾隆六十年为第三时段，这一时段影响米价变化的主要因素是粮食收成与气候状况。

五　对第一时段粮价波动的分析

下面，我们按照上述三个时段对乾隆朝的粮价波动情况进行具体分析。

从图1、图2可以看出，从乾隆元年至乾隆十八年，长江流域的粮价呈现出明显的上涨趋势，各粮食流通枢纽城市的米价大约上涨了30％，其中存在着乾隆三年至乾隆四年、乾隆七年至乾隆八年、乾隆十二年至乾隆十三年，以及乾隆十六年至乾隆十七年四个峰值。从乾隆元年至乾隆十三年，清廷加大了仓储的采买力度。各地纷纷采买，导致乾隆初年全国性的粮价普遍上扬。经过乾隆十三年的粮政大讨论之后，政府降低了官仓粮食的储存额度，米价逐渐回落。乾隆十七年七月，乾隆帝颁布上谕："（官府）动辄委员采买（米谷）之处，似可概行停止。官买少则市粜多，米价庶可望其渐平。"这标志着清廷在仓储管理上更加灵活务实，更加注重市场这个"看不见的手"的作用。

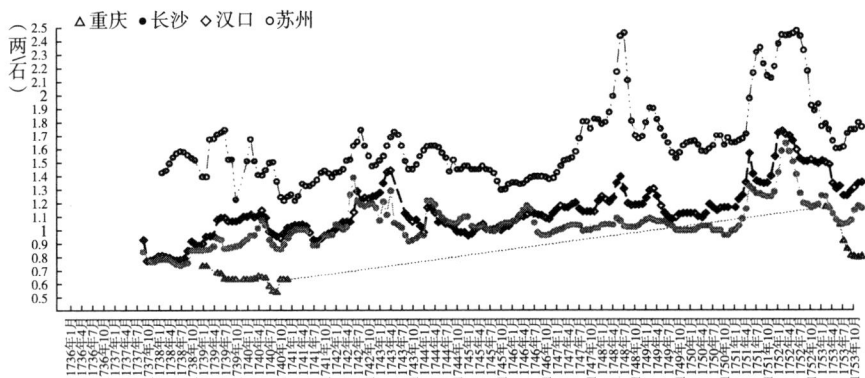

图 1　乾隆元年至乾隆十八年重庆、长沙、汉口、苏州米价走势

注：重庆、长沙、汉口、苏州为中米价格。

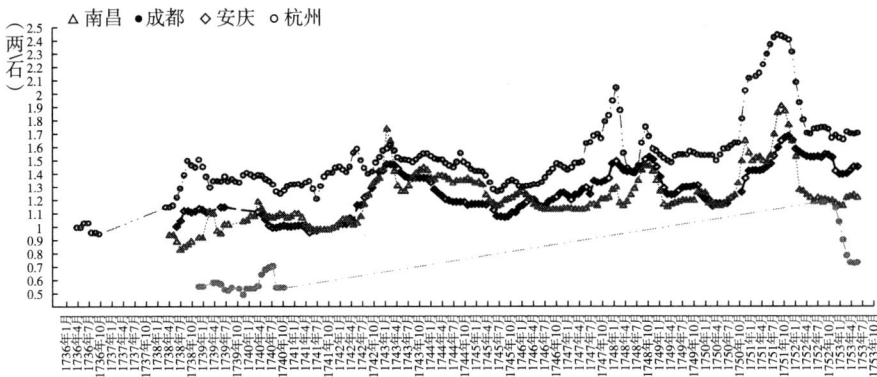

图 2　乾隆元年至乾隆十八年成都、南昌、安庆、杭州米价走势

注：成都、南昌、安庆为中米价格，杭州为籼米价格。

（一）乾隆三年至乾隆四年的米价高峰

乾隆三年至乾隆四年，苏州、汉口、长沙、杭州、安庆、南昌的米价有一个明显的上涨过程。这一方面是由于政府采买过多；另一方面是由于自然灾害影响了粮食供给。

乾隆三年五月、六月，江苏、安徽、浙江遭受特大旱灾。"江南地方今年（乾隆三年）雨泽短少，六月虽经得雨，未能沾足。"

乾隆三年夏，"川省被水之处颇多"。

乾隆三年、四年，苏州府连续两年遭受水灾和雹灾。"（乾隆）三年九月壬子，大雨雹，伤禾。（苏州府）吴江（县）、（苏州府）震泽（县）尤甚。（乾隆）四年四月丙戌，（苏州府）大雨雹，损麦。"

乾隆四年六月，"江宁、安庆、池州、太平、庐州、宁国、滁州、和州、泗州、六安等府州属内间有得雨稍迟。……今因久旱之后，虽得大雨，此等地亩，不能起水。……（乾隆）五年，江苏丰（县）、沛（县）等十州县卫水，免丁屯、芦课、河租各银粮"。

安徽从乾隆三年至乾隆五年，连续三年受灾。"安徽被旱，本年（乾隆三年）收成业皆失败。""（乾隆）三年六月朔，泾县地震有声，望江、宣城、泾县、宁国、铜陵、当涂、芜湖、繁昌、合肥、庐江、无为、霍邱、来安，俱大旱。（乾隆）四年，潜山、望江、东流、合肥、庐江俱大旱。……颍州大水入城东、西、南三门。太和水围城，亳州、蒙城灾。（乾隆）五年，……六安、颍州六属并来安，俱大水。""（乾隆）四年，安徽宿（州）、凤（阳府）等十五州县水，免本年银粮。"

浙江"今岁（乾隆三年）湖（州）、金（华）二属被灾。杭

（州）、嘉（兴）二属收成歉薄。客贩不通，米价腾贵"。

为了赈济灾荒、平抑米价，清廷采取了一系列措施。从赈灾措施的力度之大，我们可以间接地看出灾情之重。

"（乾隆三年）七月三十日，以江南旱，拨银三十万两，采买江西、湖广米石，以济赈粜。（乾隆三年）九月二十八日，免江宁等五十二州县卫旱灾额赋，……截拨福建仓米二十万石，赈江南灾。"

"（乾隆）三年，江南安徽等处旱，免带征逋赋及本年漕粮。（乾隆）四年，江南江（宁）、常（州）、镇（江）、淮（安）、扬（州）、徐（州）、海（州）七府州旱，免带征应征正赋。其海（州）、安（东）、萧（县）、砀（山）四州县尤重，自雍正十三年以后逋赋悉予蠲除，寻复议分别加赈。"

"（乾隆四年三月）戊辰，以旱灾特免直隶、江苏、安徽三省额赋。（乾隆四年四月）丁卯，免安徽寿州上年旱灾额赋；戊寅，免江苏丹阳等七县旱灾额赋；……丙戌，以旱申命求言，命刑部清理庶狱，减徒以下罪；甲午，免四川忠州等三州县旱灾额赋。"

（二）乾隆七年至乾隆八年的米价高峰

从图1、图2还可以看出，乾隆七年至乾隆八年，长江流域又迎来一个新的米价高峰。这是由于从乾隆六年开始，长江流域连续三年遭受水灾。

1. 乾隆六年，长江中下游先是遭受水灾，后又遭受旱灾

"（乾隆六年）十月丁未，赈安徽宿州等三十一州县卫水灾，并免宿州等三州县额赋漕粮。"

"（乾隆）六年，江南凤阳、颍州等府水，分赈灾民；其（江宁府）上元（县）等二十八州县并免其年额赋。"

乾隆六年，苏州"春麦收成歉薄"。"苏州地方春麦现在收割，只因正、二、三月间雨水过多，是以收成歉薄。其高阜之田，收成尚有五六分；低洼之处，止有四分、三分不等。"江宁在春季遭受水灾之后，夏季又受旱灾。

"大学士鄂（尔泰）、张（廷玉）、徐（本），尚书公讷（亲），字寄两江总督杨（超曾）。乾隆六年七月二十二日奉上谕：朕闻江宁地方，六月内竟无雨泽。（两江总督）杨超曾并未早将实在情形详奏。今览伊七月十一日奏折，始称一月以来，甘霖未沛。至七月初八日，方得大雨五寸有余。似此有关民瘼之事，不当如是迟滞。尔等可传谕知之。钦此。遵旨寄信前来。"

2. 乾隆七年，长江中下游遭受特大水灾

"乾隆七年，淮（安府）、扬（州府）大水，王（简仪亲王、两江总督德沛）虑漕粟往，民不及炊，乃实麦饼千艘，蔽运河两岸，饥民嗷声若流，菜色立变，命府县官放手开仓以振，宁滥毋隘。是役，奏动地丁、关税、盐课银一千万两。"

"（乾隆）七年，江南黄淮交涨，两江水。江苏所属（江宁府）江浦（县）等州县卫，安徽所属之寿州等州县卫，各蠲租截漕，命大臣会同督抚勘赈。是年，湖北荆州、安陆、汉阳、襄阳、德安五府，湖南长沙、岳州、常德、澧（州）四府州，江西赣州、吉安、南安三府水，各按分数，免其年田租。"

"乾隆七年，谕曰：据湖广督抚奏报，湖北之荆州、安陆、汉阳、襄阳、德安，湖南之长沙、衡州、岳州、常德、澧州等府州所属之州县，及沔阳、武昌、襄阳三卫，有夏月被水之处，淹没田庐禾稼，民人困苦。现在动支常平仓谷按名赈济。又据江西巡抚陈宏谋奏报，赣州、吉安、南安三府所属州县，有被水较重之处，现在灾民俱已照例赈济安顿，不至流移。"

3. 乾隆八年，江西省再次遭受特大洪灾

"南昌、饶州、广信、抚州、瑞州、袁州、赣州大饥。"南昌府府治南昌县"民饥，有食土者"。九江府府治德化县"正月，苦雨。谷价昂贵，人或掘土而食。巡抚陈弘谋乞籴川省，存活者甚众"。江西是著名的产米之区，南昌与九江均为该省商业繁荣之地，水运交通十分便利。府治所在地的百姓竟然"掘土而食"，可以想见灾情之重、粮价之昂。

（三）乾隆十二年至乾隆十三年的米价高峰

由图1、图2可以看出，乾隆十二年至乾隆十三年，苏州、汉口、安庆、南昌、杭州等地的米价有一个明显的上涨过程，究其原因，一方面是政府采买过多；另一方面是自然灾害和战争影响了粮食供给。

1. 自然灾害频发

一是乾隆十二年，山东有98个州县卫所遭受特大洪灾。清廷为了赈灾，将与山东毗邻的河南、直隶、安徽、江苏等省官仓的粮食调赴灾区，间接地促进了这些地区的粮价上涨。安徽"除不通水路之各府州属，仓谷难以拨运外。查有通水路之安庆、池州、太平、庐州等四府属并和州所贮仓谷，现存共三十余万石，此内酌拨二十五万石，飞饬碾米雇备船只，派府佐二员、佐杂四员押运趱行"。后来，为了降低运费和提高运输能力，安徽改运谷为运米。"照例以一米抵二谷计算，共该运米一十二万五千石。"安徽通水路的四府一州，所贮仓谷"共三十余万石，此内酌拨二十五

万石"。江苏"于现存数内就近通融计算，可于江（宁）、苏（州）、常（州）、镇（江）、淮（安）、扬（州）六府属拨运十万石，米麦兼动，谷以二石作一石折运，总期凑足十万石之数"。

二是乾隆十二年，江浙两省共有 28 个州县厅发生特大潮灾。这次潮灾异常严重，乾隆帝甚至还专门为此事赋诗一首，在该诗的序言中，再次说明了这次潮灾的严重性："乾隆丁卯七月望，苏松罹海潮之患。崇明、南汇为最重，连延数州县，漂室庐，溺老幼，不可胜计。"

"（乾隆十二年）九月初六日奉上谕：本年七月十四日，苏（州）、松（江）等处，猝被风潮。而崇明一邑，被灾为尤重。朕前据安宁奏报，深为悯恻。即降旨：谕令加意抚恤，并截留漕米，以备接济。又令大学士高斌，留南查办。月余以来，忧心未尝稍释。今续据安宁查报，崇明一邑，坍塌房屋，漂没人民甚多。似比非常之灾，朕览奏彷徨轸恻，寝食为之不宁。唯有速筹补救，庶灾黎得获安全。现据安宁奏报，已拨运仓谷二十万余石，并弛海口之禁。俾商贩流通，米价不致甚贵。则米粮一项，似可无虞。唯是房屋坍塌，灾民无栖身之所。况转瞬即届严冬，应速行给资修葺，并于常例之外，量为加增。俾得从容措办。至于来春播种，关系綦重，亟应借给籽种，及时耕作，亦令该督抚董率有司豫行经理。又思崇邑被灾既重，纵使赈恤多方，恐元气不能骤复。所有该县应征明年地丁钱粮，特沛殊恩，全行蠲免。至本年未完地丁，以及折征漕项，并历年带征、缓征银两，概予停缓。其绿、旗兵丁，朕已加恩一体查恤。但念伊等庐舍、人口同被灾伤，虽经安辑，未免拮据。着再加恩，各赏给一月钱粮，以资用度。至宝山、镇洋各处被灾，次于崇明轻重不等。其应如何赈恤加恩之处，着大学士高斌会同该督抚悉心酌议，无拘常例，妥协办理。"

对于这次潮灾，地方志中也有记载："（乾隆）十二年七月壬寅，飓风，海溢。常熟、昭文二县，淹没田禾四千四百八十余顷，坏庐舍二万二千四百九十余间，溺死男女五十三人。"张祥稳认为这次潮灾是乾隆朝"影响最大、危害最严重的一次。"

三是乾隆十三年，江南苏州、松江遭受水灾。这次水灾导致"目下二麦虽已登场，而收成只在六分上下，米粮价值，未能平减"。当地百姓采取阻止出粜和抢劫米铺等极端做法，一月之内发生了四起大规模群体性事件。

杭州的米价在乾隆十三年一度超过每石二两。杭州米价高昂的原因与江苏类似，也是由天灾加人祸所致。"（乾隆）十二年，杭州偏灾，赈如例。……（乾隆）十三年，浙江（杭州府）海宁县潮灾，免塘赋银米。""（乾隆）十二年五月十八日，（杭州府）昌化（县）大水，牛疫。（乾隆十二年）七月，（杭州府）海宁（州）大小山圩潮溢。（乾隆）十三年夏五月，（杭州府）富阳（县）大水过城，高三尺。（杭州府）临安（县）旱，米价每石三两。（杭州府）昌化（县）牛疫殆尽，夏饥，斗米三钱。"

2. 地方官应对无方

除了天灾之外，地方官应对无方，也是导致米贵的原因之一。

当时的署理江苏巡抚安宁为了平抑米价，于（乾隆）十二年冬月"传谕（苏州）城内绅士，劝其减价出粜，绅士畏惧，将所贮粮食悉行私卖，以致栈米所存无几，价值因而愈昂"。巡抚名义上是"劝"米商减价出粜，实则是逼迫米商限价售米。米商为了获得最大利润，只得"将所贮粮食悉行私卖"，结果导致有价无市，"栈米所存无几，价值因而愈昂"。这种违背市场规律的教训，值得后人吸取。两江总督尹继善是个市场观念颇强的大吏，故将巡抚安宁的这种不当之举如实向乾隆帝禀告。

浙江巡抚为了平抑粮价，在严禁屯户的同时，对米商正常的栈贮也一并禁止，这种违背市场规律的行为，使得米价居高不下。

"（乾隆十三年五月乙酉）又谕军机大臣等：近阅浙省奏报米价，较前增长，访求其故，因上年御史汤聘条陈严禁屯户，通行各省，而（浙江巡抚）常安奉行不善，以致于此。盖浙西一带地方所产之米，不足供本地食米之半，全借江西、湖广客贩米船，由苏州一路接济。向来米船到浙，行户揭贮栈房，陆续发粜，乡市借以转输，即客贩偶稀，而栈贮乘时出售，有恃无恐，是以非遇甚歉之岁，米价不至腾涌，向来情形如此。近因申囤户之禁，地方官并栈贮而禁之，商贩无停贮之所，本地无存积之粮。来船稍阻，入市稍稀，则人情惶惶，米价顿长数倍，近日为此说者颇众，看此情节，大概市井之事，当听民间自为流通。一经官办，本求有益于民，而奉行未协，转多扞格。"

从这道上谕可以看出，乾隆帝认为"市井之事，当听民间自为流通。一经官办，本求有益于民，而奉行未协，转多扞格"。以后，乾隆帝积极吸取教训，一方面灵活处理囤积；另一方面逐渐放松了对经济的干预。

3. 战争对长江流域粮价的影响

乾隆朝第一次金川之战，从乾隆十二年三月一直持续至乾隆十四年十月。这次战事很不顺利，乾隆帝甚至四次更换主帅，添派兵马，重臣讷亲、张广泗、庆复均被赐死。本来当时四川的交通就不发达，金川又是四川交通最不发达的地区之一。这次战事的粮草均在四川就地解决，这一方面使得四川的粮价上涨；另一方面也使得四川可供外运的粮食大为减少。当时四川采取了遏籴的措施，影响了长江中下游地区的粮价。

"其实此番用兵，不独川陕疲敝，即各省亦不免于骚动。直隶、河南、山西大兵经过，支应固属浩繁。至兵所不及，如江、浙米价昂贵，亦由川米不到。何况川、陕频年供亿，宁得谓凋敝不缘用兵。"

（四）乾隆十六年年至乾隆十七年的米价高峰

从图1、图2可以看出，乾隆十六年至乾隆十七年，长江流域又迎来一个新的米价高峰。这是长江流域尤其是浙江全省遭受特大旱灾所致。浙江旱情严重，金华、衢州等府的百姓甚至以石粉果腹，因此致病。乾隆十七年正月，乾隆帝特为此作诗一首——《御制命加赈浙省去岁被灾州县诗以示意·壬申》，具体如下。

> 两浙去岁灾，东较西为甚。
> 嗟嗟我黎民，啼饥缺餐饪。
> 石粉聊充饥，因以致病瘦。

金华、衢州山中有石可为粉，饥民有碾以充食而致病者。

"（乾隆）十六年，浙东五十四州县旱，截留漕粮并拨湖广仓米赈粜，缓征蠲赋。"实际上，受灾范围不仅局限于浙东，浙西杭嘉湖三府也受了灾。

"（乾隆）十六年，（杭州府）海宁（州）旱，螣。（杭州府）富阳县旱，无禾。七月，（杭州府）海宁（州）、（杭州府）富阳（县）、（杭州府）余杭（县）、（杭州府）临安（县）、（杭州府）昌化（县）及杭州卫旱。八月，（杭州府）仁和（县）场灶地虫灾，（杭州府）钱塘县灶地旱。"

"（乾隆十六年）五月十九日奉上谕：浙省温（州）、台（州）等属，米价昂贵。本地存仓米谷，不敷平粜之用，民食未免拮据。"

乾隆十六年，江苏也遭受旱灾，米价涨幅较大。乾隆十六年闰五月二十三日，两江总督黄廷桂奏称："苏（州）城米价每石增三四钱，……江宁、镇江二府属内，山田尚有待泽种植之处。"为了缓解灾情、平抑米价，清廷采取了大规模截漕和蠲缓田赋等措施。（乾隆十六年）十一月十三日奉上谕："今岁江、浙、湖南等省，前后降旨截留漕粮共一百四十六万石。又因江、浙、河南、山东等省均被偏灾，复将被灾州县新旧漕粮分别蠲缓。"

浙江急需米谷赈济，浙江巡抚永贵上奏："请于湖广两省中，拨谷碾米协济。"乾隆帝发布上谕："着照永贵所请。令楚省督抚等，酌量拨谷碾米二十万石。即着浙省委员，前至汉口接运赴浙，以备粜赈之用。"

乾隆十六年，湖南粮价也日渐增长。"惟缘湖南上年（乾隆十五年），秋收本不甚丰。今年（乾隆十六年）春夏，远近米价俱日渐增长。各属纷纷详请开粜。迨赴籴人多，又据详请不拘常例，粜济便民。现核各属报粜，共计四十余万石。又碾运兵米四万余石，又拨协安徽省粜济谷十万石。通计合省，现存谷六十余万石。是湖南应贮额谷七十万二千一百三十三石零，本年粜拨动用外，现已不敷定额约及十万石。其六十余万之内，除不通舟楫，不能外运之山陬各属，共谷二十余万石外；其通水次，可拨运之谷止三十余万石。所有前抚臣开泰奏准，额外备贮谷三十万石，已拨安徽省十万石，余二十万石亦在此通水次三十余万石之内。"

"本年（乾隆十六年）湖南地方五月以后，雨泽愆期，长沙等七县被旱成灾。此外，长沙府所属及衡、永、宝、郴、桂各府州，雨水多欠沾足。虽不成灾，收成亦歉。现在已粜之谷，买补必艰。将来赈恤平粜，正须于额谷及备贮谷内动拨接济。其辰、沅、靖州各属，地处苗疆，每年须于常平谷内碾运兵米，均未便拨运。惟岳、常、澧三属，尚可酌拨。但此三属，春夏米价亦昂。除平粜外，存谷不过数万石，不敷碾运。湖南米谷，商贩有出无入。小民一经乏食，筹办甚难。臣等身任地方，不得不详慎办理。第浙省既现需粜赈，自当仰体皇仁，速为拨协，未敢歧视。臣等悉心筹画，查湖南乾隆八年曾经钦奉谕旨，截留漕米十万，右协济两广。今协济浙省，钦奉谕旨：湖广两省碾米二十万石。是湖南应分办十万石。相应仰恳皇上天恩，将湖南长、衡、岳、澧四府州，岁运漕米内，截留十万石，以为浙省粜赈之用。"

（五）乾隆元年至乾隆十八年米价上涨的政治因素

第一，常建华先生对乾隆早期清廷处理粮价腾贵问题进行了深入研究。常建华认为，乾隆早期的粮价上涨，主要是高额仓储思想指导下的官方大规模采买造成的。清廷及时调整了仓储政策，"留纳官之米流通民间"。朝廷调控民食的手段由"广积粮"向"少积粮"转变，粮价逐渐得到控制。

第二，乾隆朝长江流域的粮价上涨主要集中在乾隆前期，乾隆中后期的涨幅不大。乾隆前期的粮价快速上涨，主要是政府采买过多、追求不切实际的高仓储额所致。乾隆十三年七月，清廷降低了仓储额度，将各省仓储额恢复至康熙、雍正年间旧额。

"命定直省仓贮额数。谕：米谷为民生食用所必需。朕夙夜筹维，一切农田水利，无不申谕有司加意经理。又蠲免米豆税银，数至巨万。所以为百姓谋朝夕者，纤细具备。而迩年以来，各省米价，不见其减，而日见其增。反复推究，莫知致此之由。常平积贮，所以备不虞。而众论颇以为采买过多，米价益昂。因思生谷止有此数，聚之官者太多，则留之民者必少，固亦理势之自然。溯查康熙、雍正年间，各省常平已有定额。朕以积贮为要，故准臣工奏请，以捐监谷石增入常平额。虽益仓储，实碍民食。朕既知初意之失，不可不为改弦之图。直省常平贮谷之数，应悉准康熙、雍正年间旧额。其加贮者，以次出粜，至原额而止。或邻省原额不足，即就近拨运补足。所需运价，照例报销。其如何彼此拨运，并查定原额，及原额存粜之法，着大学士会同该部，悉心查明，妥议具奏。"

第三，乾隆十七年七月，乾隆帝颁布上谕："（官府）动辄委员采买（米谷）之处，似可概行停止。官买少则市粜多，米价庶可望其渐平。"这标志着清廷在仓储管理上更加灵活务实，更加注重市场这个"看不见的手"的作用。

六 对第二时段粮价波动的分析

乾隆十九年至乾隆四十二年为第二时段，这一时段影响米价变化的主要因素是粮食收成、气候状况及战争。

由图3、图4可以看出，乾隆十九年至乾隆四十二年，长江流域的粮价总体较为平稳，呈现出缓慢上升的势头。其中，成都、重庆的米价明显上涨，涨幅约为三钱白银。在此期间，存在着乾隆二十年至乾隆二十一年、乾隆二十五年、乾隆三十年、乾隆三十四年至乾隆三十五年，以及乾隆四十年这些米价异常值期。乾隆中叶的米价异常，大多是天灾与战争并举所致。

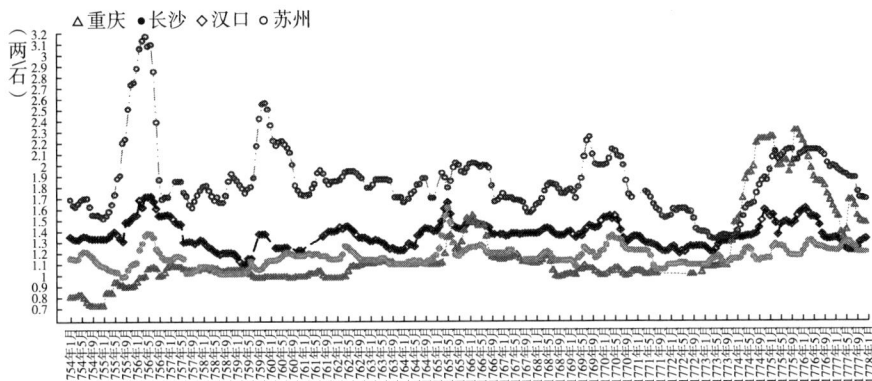

图3　乾隆十九年至乾隆四十二年重庆、长沙、汉口、苏州米价走势

注：重庆、长沙、汉口、苏州均为中米价格。

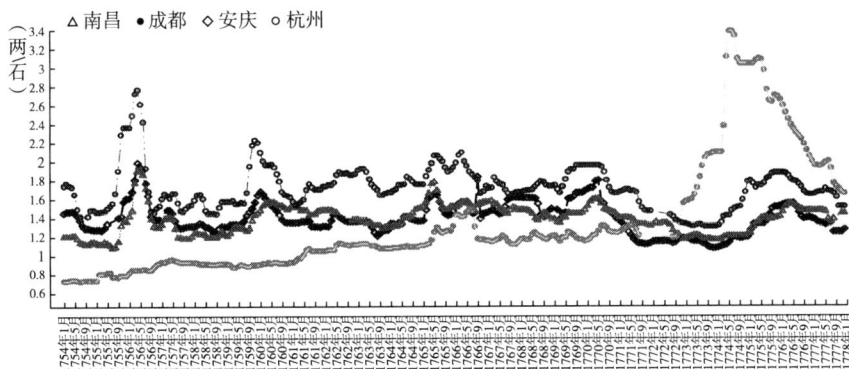

图4　乾隆十九年至乾隆四十二年成都、南昌、安庆、杭州米价走势

注：成都、南昌、安庆为中米价格，杭州为籼米价格。

（一）乾隆二十年至乾隆二十一年的米价峰值

第一，乾隆二十年至乾隆二十一年，苏州、汉口、安庆、南昌、杭州的米价有一个明显上涨的过程。这是天灾与战争同时发生的缘故。这两年江南连续遭受水灾、虫灾，部分地区瘟疫流行，导致粮价高昂。

第二，乾隆十九年，湖南收成很好，是"大有年"。因此，当清廷以"江淮各属秋潦成灾，诏截湖广漕二十万石备赈"时，湖南巡抚陈弘谋"请再动湖南溢额仓谷，碾米十万石运济平粜，得旨嘉奖允行"。乾隆二十年，湖南遭遇特大洪灾，"长沙自正月至五月，雨不止，城中夜闻鬼车鸣"。"湖南米谷，商贩有出无入。小民一经乏食，筹办甚难"，导致长沙米价上涨了约50%。

第三，乾隆二十年、二十一年，江南连续两年遭受特大水灾，造成粮价猛涨。"（乾隆）二十年，江南淮（安）、扬（州）、徐（州）水，按分数赈恤，设粥厂。是年，浙江杭州、湖州、绍兴府所属亦水，予赈如例。""（乾隆）二十年，杭州府所属州县水。（杭州府）临安（县）虫灾害稼，米价每石四两五钱。（杭州府）新城（县）大祲。秋，（杭州府）海宁（州）大风伤稼。"

第四，苏州除了遭受严重的水灾，还遭受了虫灾与地震。"（乾隆）二十年二月至四月，（苏州）雨，麦苗腐。六月大雨，蝗蝻生，伤稼。十二月庚子朔（初一日），地震。"乾隆二十一年，苏州"大疫，米价腾贵，贫民剥榆树皮为食"；"春，（苏州）米价每升粜至三十五文，草根树皮争啖无遗，饥死者甚多"。"（苏州府昆山县）春夏大疫。时承大灾之后，两邑令劝募设粥赈济，饥民就食者病毙，道相枕藉，槥不能给，以苇席掩埋之，入秋始止。""乾隆二十四年，今相国陈公（陈弘谋）抚吴，严谕各属粮从租办，勿令顽佃藉荒全吞（时又虫灾，较二十年稍轻），致业户赔粮，各业因得稍取粮资。二十六年亦如之（时遭水灾）。不然，佃且引二十年例不起租矣。君子所以贵平其政也。"

第五，"（乾隆）二十一年，……秋，上江洪水泛涨，至（杭州府）富阳县一尺有奇，田禾尽没"。杭州府临安县"大水，旋又大旱。自四月至九月不雨，成奇灾"。嘉兴府平湖县"春夏米贵，疫气盛行"。"（乾隆）二十一年，江南（徐州府）宿（迁县）、虹（县）、（徐州府）丰（县）、（徐州府）沛（县）等十六州县，山东金乡、鱼台等县水，各蠲免，按分数赈恤。是年，河南归德府之夏邑、商邱（丘）、永城、虞城等县并陈（州）、许（州）两府州属各县，亦以霪雨被水。"

第六，这两年灾荒在时人的笔记中也有所记载。"乾隆二十年，江以南虫荒，四府不登。……其次年春，瘟疫大作，死者枕藉。""乾隆二十年秋，（江南）虫灾，粒米无收。次年瘟疫时行，道殣相望，至八月始安，米价三十五文一升。"因连年歉收，农民购买力下降，导致商人的货物壅滞，长江沿线税关的税收也征不足额。

第七，"据委管（芜湖）关务安徽道王勍祥称，芜湖关税全赖下游江浙地方。年岁丰收货易销售，则上游江楚等省出产诸物，商贾源源贩运过关，税自丰盈。去秋，下江各属被灾较重，浙江杭、嘉、湖等处亦被偏灾，米价高昂，民间户口维艰，一切杂货物竹木停积难消，商贩不甚流通，以致盈余较上届短少等情，祥覆"。"缘（江西）土产桐茶油子，收成歉薄，价昂贩稀，又杉木木簰，俱运下江发卖。因江南岁歉之后，难以出售。前商羁守未返，续贩过（九江）关者因而稀少，并江南所产细茶，亦鲜有运贩到（九江）关。"

第八，清廷采取米粮免税、截漕、邻省协济等措施赈济灾荒，使得粮价逐渐回落。"乾隆二十一年正月初二日，奉上谕：上年江浙两省歉收，屡经降旨截漕赈恤，令该督抚等多方抚绥。惟是该省收成既歉，米粮市价自必昂贵。全赖商贩流通，源源枭运，以资接济。所有江浙二省，各关口应征米豆额税，俱着加恩，暂行免征，以广招徕。至秋收后照例输纳。"

截漕是赈灾和平抑粮价的常见之举。"（乾隆二十一年正月）初二日，奉上谕：上年江浙两省截留漕粮共一百一十余万石，原为地方赈恤之需。……所有江省截漕一百万石，浙省截漕十五万石，着交该处尽数赈枭拨用。""（乾隆二十一年正月）初二日奉上谕：江浙两省上年俱有被灾州县，屡经降旨该督抚等加意抚绥，并截留漕粮，多方赈恤。但念将来青黄不接之时，尚须平枭接济，以资口食。湖广素为产米之区，江西仓粮亦尚充裕。着令江西、湖南二省各拨米十万石，运交江苏。湖北省拨米十万石，运交浙江。以备平枭之用。"

第九，"（乾隆二十一年）十一月十六日奉上谕：今年江苏铜、沛等州县有被水成灾地亩，已令该督抚加意赈恤。恐将来仍有应行接济之处，自宜先期筹画。着于附近江省之安徽、浙江、山东、河南，酌拨银一百六十万两，于岁内委员运交江苏藩库，收贮备用。该部即遵谕行"。

由这两道上谕可以看出，清廷为了赈济灾荒、平抑粮价，截漕数百万石，拨银数百万两，赈济的力度是相当大的。但由于灾情严重，赈济并没有收到预期的效果。

第十，战争对乾隆二十年的粮价上涨影响颇大。乾隆十九年五月至乾隆二十四年七月，清廷平定了准噶尔与回部。这就是乾隆帝引以为豪的"西师"之役。"乾隆二十年平准、回两部，辟地二万余里，用兵五年，用帑银三千万余。""兵马未动，粮草先行"，"西师"之役历时五年，战场主要是在新疆、蒙古等边远地区。这就需要从内地的四川、湖广、江西、河南等地筹措大批军粮。其中，供应军粮最多的是四川，四川的粮食就近运至陕西。湖广的粮食经汉水逆流而上，运至陕西。河南与陕西接壤，也向陕西运去了不少粮食。各省运至陕西的粮食再转运至甘肃，最终到达前线。这使得四川、湖广、河南等省贩运至江南的粮食数量大为减少，刺激了江南的粮价上涨。

（二）乾隆二十五年的米价峰值

第一，乾隆二十四年至乾隆二十五年，长江流域连续两年遭受天灾。乾隆二十四年，"江北扬属一带既有被水偏灾，而江南之苏、松、常、镇、太仓等处因节届白露，天气忽热。苗节生虫，渐至枯萎。又八月初二、三等日风潮颇大，晚花、晚豆间被吹损，晚稻亦多偃伏，更为雨水浸伤，收成歉薄。"

第二，乾隆二十五年"（十月）乙酉，赈安徽宿州等十三州县卫本年水灾。……（十月）己亥，赈湖南常宁等十二州县卫旱灾。十一月癸卯，免江苏山阳等二十五州县卫本年水灾额赋有差"。据张祥稳统计，乾隆二十五年，江苏共有21县被水，安徽有16县被水，1县被虫；湖北有4县被水；湖南有7县被水，12县被旱；四川有9县被水。

总的来看，乾隆二十四年至乾隆二十五年，长江流域虽然连续两年遭受天灾，但都是局部受灾，粮价涨幅比起乾隆二十年要小得多。

（三）乾隆三十年的米价峰值

乾隆三十年，长江流域有一次明显的米价上涨，苏州、汉口、安庆、南昌、杭州、福州等府的米价上涨幅度从四钱至九钱不等。这主要是天灾与战争所致。

第一，乾隆三十年，四川遭受特大旱灾。重庆，"大祲"，重庆府江津县"岁大旱，民饥"。叙州府隆昌县"大旱，斗米制钱五百文。风丫口有白泥滑腻，饥民取食之"。资州内江县，"饥。邑西有泥，俗名观音粉，贫民采食焉"。嘉定府威远县，"饥。是年雨旸愆期，田泥坼裂，民荐饥。去城西三十余里小老君山麓出白泥，俗名观音土，饥民采食之，竟不饥"。

第二，乾隆三十年，两江被水，浙江被旱，湖南水旱交侵。"江南（安徽省）安（庆府）、（安徽省）池（州府）等五府属水，均蠲赈如例。……浙江天台、新昌、宁海等县旱，赈恤如例。"

"（乾隆）三十年乙酉五月，（长沙）米价陡贵，斗米三钱。"长沙府中米价格由乾隆二十九年的每石1.7两白银涨至乾隆三十年的每石2.1两白银。

"（乾隆）三十年乙酉，……（宝庆府）新化（县）大饥，衡阳（府）饥。"长沙府湘阴县，"大饥，斗米钱三百。（案：是时，岁屡丰，斗价以斗二百为率。）（乾隆）二十九年水灾，骤增至三百，遂为大饥"。

长沙府浏阳县，"大饥，斗米银四钱"。郴州，"郴县及州各县饥。斗米钱四百六零，民食蕉头、艾叶、葛根、蕨根、石蒜、树皮、木叶"。衡州府府治衡阳县，"饥，民有掘山中白泥，杂米以食"。永州府祁阳县，"春夏之交，阴雨连绵，秧苗间有冻损插补者。惟时江西、湖北等处赴粜于祁（阳县）者甚众"。常德府沅江县，"春夏两季大荒"。

第三，苏州府从乾隆二十七年至乾隆三十年，连续四年受灾。"（乾隆）二十七年七月，大风雨，积水经月，下田尽潦。（乾隆）二十八年五月甲申，地大震。（乾隆）二十九年正月丁巳，地震。五月己卯，地又震。（乾隆）三十年正月甲寅，地震。"乾隆三十年，苏州府吴江县"旱，王元文作《驱旱魃诗》：今年五月不雨至七月，原田坼如龟兆出，村村戽水力已殚"。

第四，从乾隆二十七年至乾隆三十四年，清朝与缅甸进行了长达七年的战争。这场战争清廷进行得极不顺利，四易主帅，重臣傅恒、明瑞、阿里衮、杨应琚、刘藻等均死于该役。由于战场主要在云南与缅甸交界处，交通不便，给运送军粮和其他各种军需物资造成了极大的困难。这使得云南、贵州、四川、湖南等省粮价逐渐上扬。

（四）乾隆三十四年至乾隆三十五年的米价峰值

乾隆三十四年至乾隆三十五年，苏州、汉口、长沙、杭州、安庆、南昌的米价有一个明显上涨的过程，这是主要是天灾所致。

第一，"（乾隆）三十四年己丑，（常德府府治）武陵（县）雨。自正月至五月，水涨，堤尽决。自六月晴，至九月大旱，陂塘尽涸。……九月，永州大雨雪。（宝庆府）新化（县）龙原蛟出，大水"。

第二，"乾隆三十三年上谕：高晋奏，上下两江地方，本年五、六月间，虽间得雨泽，未能一律普遍。近水低田尚可车引，高阜之区难于戽灌。时已及秋，不能赶种杂粮"。

"乾隆三十四年上谕：安徽上年得雨稍迟，间被偏灾。着加恩加赈。"从中可以看出，两江三省在乾隆三十三年遭受旱灾，

153

导致次年米价上涨。

第三，苏州府在乾隆三十三年遭受特大旱灾，次年又遭受特大水灾。"（乾隆）三十三年，自三月至八月不雨，东太湖涸。四月乙亥，雨雹。（乾隆）三十四年六月，雨，太湖溢，平地水数尺，漂没田庐，是岁饥。"

乾隆三十五年，"浙江十四州县灾，加赈亦如之"。杭州府在"（乾隆）三十四年夏，霉（梅）雨淹浸（杭州府）仁和（县）、（杭州府）钱塘（县）、杭州卫下田。（乾隆）三十五年七月，大风雨，山水江潮并至，（杭州府）仁和（县）、（杭州府）海宁（州）低田被淹"。

（五）乾隆四十年的米价峰值

第一，乾隆四十年，长江流域各府米价暴涨，这主要是天灾与战争所致。乾隆三十八年，安徽遭受特大洪涝灾害，收成歉薄。"乾隆三十九年上谕：上年安徽省雨水过多，夏麦、秋禾两被灾伤。"乾隆四十年，浙江、安徽、江苏等省遭受特大旱灾。杭州府"六月旱，九月兼旬不雨"。"（乾隆）四十年，江苏句容等三十州县卫、安徽定远等十二州县卫……旱，各按灾蠲免，加赈、展赈有差。"

第二，乾隆四十一年正月"初二日奉上谕：昨岁安徽、江苏地方，七八月间偶有雨泽愆期之处，以致上江之庐凤等属，下江之句容等属，高阜田亩，间被偏灾。……安徽被旱成灾八九分不等之定远、泗州、盱眙、天长、五河、滁州、来安等七州县，均系积歉之区，无论极次贫民，各加赈一个月。其庐州、凤阳、长淮、泗州、滁州等五卫，被灾屯户各随坐落之州县，一体赈给。江苏被灾较重之句容、江浦、六合、宜兴、荆溪、丹阳、金坛、溧阳、甘泉、东台等十县，及次重之上元、江宁、溧水、高淳、武进、阳湖、无锡、金匮、江阴、丹徒、阜宁、盐城、高邮、泰州、江都、仪征、兴化、宝应十八州县，并镇江、扬州二卫均勘实成灾七、八分之极贫户口，各加赈一个月"。

第三，第二次金川之战，从乾隆三十六年一直持续至乾隆四十一年二月，此战历时五年，清军折损温福等大将，军费开支高达7000余万两白银。"乾隆二十年平准、回两部，辟地二万余里，用兵五年，用帑银三千万余。两金川地仅千里，不乃准、回两部十之一二，而用兵亦五年，用帑银至七千万，功半而事倍者，则以天时之多雨、久雪，地势之万夫莫前，人心之同恶誓死，兼三难而有之。"

清廷为了平定金川，调集大军，导致四川的粮价猛增。为了尽量减轻因筹措军粮对四川民食的影响，四川巡抚采取了遏籴的办法，禁止从夔关出口粮食。这是长江流域各省粮价上涨的重要外部因素之一。

第四，乙酉，（四川总督）桂林奏言："窃照川省三路合攻小金川。添兵、进兵数日多，粮运日急。若不通盘筹画，难以办理裕如。现在附近三路之各州县，均已碾办仓谷，运送军营。其所派远处州县，如川东之重通，始得从容转运。如川西之重庆、夔州，及川北之保宁、顺庆等处，各距省（城）一二千里，派拨米石必须运至省城，再行分解。不特运价不赀，亦且行期甚缓。查成都、嘉定二府，素称产米之乡。今岁秋收丰足。若于此二处购买，即可指日办足。当令两司飞饬远处派米州县：不必碾动仓粮。按照派定米数，前赴成（都）、嘉（定）所属各处采买，雇夫运送。既可节省脚价，并无庸买补还仓。且可于采办之处，即行起运，更为迅速。至南路一带，自邛州以南，山多路险，人户稀少。由清溪以至打箭炉，皆小土司所管，更属荒僻。官兵、夫役络绎载途，觅食为艰。现饬建昌道白瀛：于最近之清溪、荣经两县，碾动仓米，分贮各站。并于续派米粮内，酌量截留，以备支发各夫口粮，无庸另支米折。则夫役口食有资于转运，实多裨益。其巴朗拉、尧碛两路，俱系近边僻壤，约署相同。亦分饬两路粮员：体察情形，画一办理。"

第五，甲申，（四川总督）文绶奏言："现在大兵乘胜深入，军粮甚关紧要。前运未竣，后运即须采办，方能贩运裕如。今岁川省秋成，原属丰收。但频岁以来，办米至二百余万石。为数繁多，又均于附近省城采买，民间盖藏渐少，市价日昂，未免有妨民食。臣与司道等悉心筹酌，查下游嘉定、泸州、叙州、重庆一带均属产米之区，具（俱）通水路。应请于此数处，再采买米二十万石，按照市价运贮省城。听候拨用。虽目下功在垂成，自可无须全用。而将来大兵凯旋时，十余万官兵、丁役、站夫，支用浩繁。正可即将此项米石供支。即或支用之外，尚有余粮，并可补还各属借用仓储缺额之数。""奏入。上是之。"

七　对第三时段粮价波动的分析

乾隆四十三年至乾隆六十年为第三时段，这一时段影响米价变化的主要因素是粮食收成与气候状况。

由图5、图6可以看出，乾隆四十三年至乾隆六十年，长江流域的粮价总体较为平稳。乾隆四十三年，米价急剧上升；至乾隆四十四年，米价达到峰值，之后逐渐下降；至乾隆五十年，米价再度达到新的峰值，之后米价逐渐下降；乾隆晚期，米价较为平稳，呈现出缓慢的下降趋势。乾隆四十三年至四十四年和乾隆五十年至五十一年的两个米价异常值，主要是天灾所致。

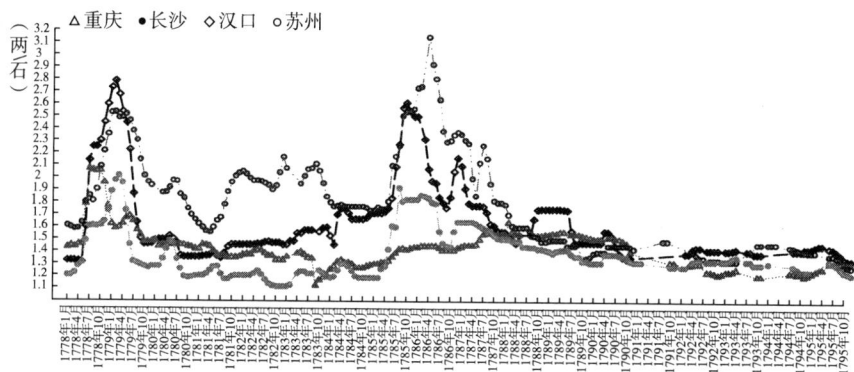

图 5　乾隆四十三年至乾隆六十年重庆、长沙、汉口、苏州米价走势

注：重庆、长沙、汉口、苏州均为中米价格。

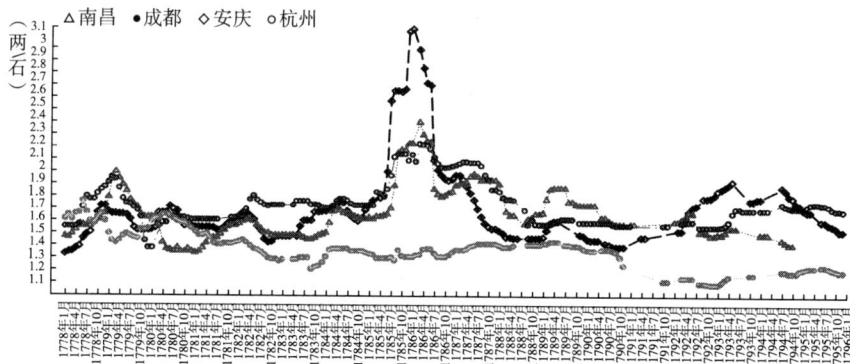

图 6　乾隆四十三年至乾隆六十年成都、南昌、安庆、杭州米价走势

注：成都、南昌、安庆为中米价格，杭州为籼米价格。

（一）乾隆四十三年至四十四年的米价峰值

第一，乾隆四十三年至乾隆四十四年的米价上涨，主要是乾隆四十三年的特大旱灾所致。此次旱灾"以河南为中心，其地理范围主要包括江苏中北部、安徽北部、河南全省、甘肃中东部、湖北大部、湖南和广西北部地区，被旱州县厅共218个"。

乾隆四十三年，湖北先被旱，复被水。"（乾隆四十三年十一月）十一日奉上谕：本年湖北汉阳等各府属先被旱灾，又因汉江盛涨被淹，灾分较重。……灾后贫民盖藏鲜少，其补种之秋苵杂粮收成，亦属有限。……着加恩将成灾有漕之江夏、武昌、嘉鱼、汉阳、黄陂、孝感、黄冈、潜江、天门、荆门、安陆、云梦、应城、应山、江陵、公安、石首、监利、松滋、咸宁、蒲圻、大冶等二十二州县，本年应完漕粮正耗米石、水脚及随漕银两，均缓作两年带征。"

第二，"（乾隆四十三年）十二月二十日奉上谕：本年安徽各属被灾较广"。

湖南长沙府府治长沙县从乾隆四十三年至四十五年，连续三年受灾。"（乾隆）四十三年戊戌，（长沙县）大旱，早、中二稻无收，蠲免地丁钱粮，赈恤饥民。""（乾隆）四十四年己亥，（长沙县）虫食苗心，岁歉。""（乾隆）四十五年庚子，（长沙县）自九月不雨，至次年三月，竹木皆枯，幸不伤稼。"

乾隆四十三年，"湖北今夏得雨稍迟，米价渐长。……江南向每仰给川楚之米，今岁亦间有偏灾"。

第三，"（乾隆四十三年）八月初九日，奉上谕：前据三宝、陈辉祖奏'湖北今夏得雨稍迟，米价渐长，遇有川米过境，催截运售'等语。此非遏籴而何？朕以该督等为楚省民食计，则得矣！不知江南向每仰给川楚之米，今岁亦间有偏灾，更不能不待上游之接济。且楚米既不能贩运出境，若复将川米截住，不令估船运载，顺流而下，则江南何所取资？该督抚止就本省筹核，所见殊小。岂朕一视同仁之意？随即传谕训饬：如川省米船到楚，听其或在该省发卖，或运赴江南通行贩售。总听商便，勿稍抑遏。嗣又据文绶因楚省有买川米之咨，奏称：'川西、川南虽获丰收，恐商贾纷集争籴，或致米价腾踊，拟将水次州县各仓内，拨二三十万石，碾米运楚应用'等语。名为设法调剂，实欲藉此塞责，禁止商籴也。所见与三宝等相同。随即饬令：不必将仓谷碾米运楚，听商贩源源籴用，经关验放，不得稍有留难。……如川省米船运载流通，固属甚善。但恐川船到楚，仅敷该省之用，不能分运，则江南粮价或致增长，深为厪念。着传谕文绶：将拟拨楚省之仓谷二三十万石，即速就各水次碾米，运赴江南备用。并谕萨载等：酌于何处接运，分拨需米之各地方，随时出粜，以平市价，而裕民食。一面咨照文绶办理，一面奏闻。至川省动拨仓谷，俟明岁谷贱时再行买补。该督抚速为遵照妥办"。

（二）乾隆五十年至乾隆五十一年的米价峰值

乾隆五十年至乾隆五十一年，长江流域各府米价均明显上涨。这主要是乾隆五十年的特大旱灾所致。

第一，乾隆五十年的旱灾"是乾隆时期旱灾最严重的一年，全国至少有336个州县厅遭遇次灾，其主要分布在直隶、山东、河南、江苏、安徽、浙江、湖南、湖北等8省"。其中，江苏有56县被旱，安徽有51县被旱，山东有50县被旱，河南有65县被旱，浙江有17县被旱，湖北有49县被旱，湖南有10县被旱。

第二，乾隆五十年的旱灾是乾隆朝最严重的一次，在时人笔记、文集、地方志中均有记载。

"（乾隆）五十年乙巳，（长沙县）四月至七月不雨，民间掘井，车灌或以桶汲浇禾，得收获，米贵。"

"（乾隆）五十年，江浙秋旱成灾，西湖浅涸。仁和朱文藻《苦旱诗》自注云：今岁入梅以前，久不雨，西湖涸尽，但见葑泥坼裂如龟纹。又云：榆树剥皮，葛根舂粉以充食。老鸦蒜浸去苦汁，杂米煮食之，又由粉俗号狼其粉，饥民成群搜掘为食。"

"（乾隆）五十年大旱，（苏州府）河港涸，蝗螽生，岁大饥。"

第三，"乾隆乙巳，（江南）岁大旱"。"乾隆五十年，江南旱。其次年三月，米至石五千文，饥民载道。吾乡斗山田中，忽生一种黑土，其色微黄而带白星，可以做饼煮粥，颇清香，食之亦饱。一时哄动，近乡居民来取土者，日以万计。同时安徽太和、宿松两县地方，亦有掘蕨得米者，其色纯黑，至数万石，活人无算。"

乾隆五十年，安徽"宁国、池州、太平、凤阳、颍州、滁州、广德、六安、泗州各府州属，俱大旱"。

乾隆五十年，"浙江杭、嘉、湖三府属夏秋缺雨，粮价增昂。（帝）严饬川、楚等省毋许截留遏籴，商贩得以流通"。这对缓解江南的粮价上扬做出了积极贡献。但由于这次旱灾是全国性的，所以当时各府米价仍然普遍猛涨。

第四，"乾隆五十年，江南旱魃为虐，几至赤地千里，较之（乾隆）二十年尤甚，与康熙四十六年仿佛。（乾隆）二十年，不过苏属偏灾，尚有产米之区源源接济。今则两湖、山东、江西、浙江、河南俱旱。舟楫不通，贫民在在失业。米贵至四、五十文一升，肉价每斤一百五六十文。其他食物，或贵至二三倍。以致死亡相望，白日抢夺。中丞闵公鹗元劝绅士捐米赈粥。齐盘、葑门、王路庵、木渎各设一厂。每厂日有万余人，死者日各有千人。至五十一年三月停厂，物价渐平，民心稍安。时钱串九十，此自康熙四十五年以来未有之奇荒也。是年太湖水涸"。

"国家休养生息百七十余年，东南之民，老死不见兵革。西北虽偶被兵燹，然亦不为大害。其受水患者，不过偏隅。至于大旱，四十余年之中，惟乾隆五十年、嘉庆十九年，两见而已。"

从以上对这次旱灾的记录可以看出，此次旱灾极其严重，甚至是"四十余年之中"，仅"两见而已"中的一次。"饥民载道"，"太湖水涸"，百姓"死者日各有千人"，不得不"日以万计"的以土为食，导致乾隆五十年、乾隆五十一年长江流域的粮价飞涨。

第五，由于浙江收成歉薄，清廷不得不将乾隆五十年的田赋蠲缓。"乾隆五十一年正月初三日，奉上谕：上年浙西杭、嘉、湖三府属之仁和等十七州县，并杭严、嘉湖二卫，得雨较迟，收成歉薄。……着再加恩将杭、嘉、湖三府属之仁和、钱塘、海宁、余杭、临安、于潜、嘉兴、秀水、海盐、石门、桐乡、乌程、归安、长兴、德清、武康、安吉等十七州县并杭严、嘉湖二卫再行缓征，至秋后按例征收。并查明实在贫民，酌借口粮籽种，以资接济。"

由图5、图6可见，乾隆五十一年至乾隆六十年，长江流域的粮价总体较为平稳。这是由于乾隆朝最后十年，长江流域粮食收成不错，国内政局也较为安定。

八　乾隆朝长江流域粮价统计分析

为了衡量整个长江流域的市场整合程度，我们对长江流域粮食的主要流通枢纽城市成都、重庆、汉口、长沙、江宁、苏州、杭州、安庆、南昌九府的米价进行了统计分析。

为了使结论更稳健，我们分别采用变异系数、相关系数、价格差相关系数的分析方法来衡量成都、重庆、汉口、长沙、江宁、苏州、杭州、安庆、南昌的市场整合程度。考虑到数据的质量和可得性，我们的分析从乾隆十八年二月开始，至乾隆五十九年十月结束。对于缺失值，采用三次样条插值法补齐。长江流域九府米价均值、标准差、变异系数如表1所示。

表1　长江流域九府米价均值、标准差、变异系数

单位：两/石

品　　种	均　　值	标准差	变异系数
成都中米	1.33	0.47	0.35
重庆中米	1.27	0.31	0.24
汉口中米	1.47	0.26	0.18
长沙中米	1.25	0.17	0.14
江宁中米	1.65	0.34	0.21
苏州中米	1.83	0.34	0.18
杭州籼米	1.71	0.21	0.12
安庆中米	1.51	0.27	0.18
南昌中米	1.48	0.21	0.14

从表1可以看出,长江上游成都、重庆的米价最为低廉,均值分别为1.33、1.27两/石;长江中游的长沙、汉口、安庆、南昌的米价相对较高,均值分别为1.25、1.47、1.51、1.48两/石;长江下游的江宁、苏州、杭州的米价最高,分别为1.65、1.83、1.71两/石。湖南在清代大量围湖造田,粮食产量有很大提高,因此长沙在长江中游的米价最低。

长江上游、中游、下游中米的价格差,与粮食从长江上游至中游,再至下游的流向是一致的。长江上游成都、重庆的变异系数最高,其中,成都的变异系数又高于重庆的变异系数。这表明相对而言,长江上游粮食的市场化程度最低,其中,成都的市场化程度又低于重庆。因为一般情况下,长江上游往长江中下游输出粮食,罕有粮食从长江中下游逆流而上。成都又在重庆上游,成都的粮食可以顺流而下抵达重庆,重庆的粮食很少溯江运至成都。故长江上游粮食的市场化程度最低,其中成都的市场化程度又低于重庆。

长江中下游七府米价的变异系数比较接近。这表明长江中下游粮食的市场化程度相对较高,并且粮食市场的运行效率较高。长江中游的湖南、湖北、江西、安徽等省粮食产量较丰,汉口还有来自河南的粮食。特别是通过围湖造田,湖南的粮食产量在清代有了很大的提高。长江中下游水网密布、运输条件优越,也是该地区粮食市场整合程度相对较高的原因之一。

从表2可以看出,米价相关系数在0.8以上的有苏州与江宁(0.85)、长沙与汉口(0.84)、成都与重庆(0.83)、长沙与南昌(0.82)、苏州与杭州(0.80)。这一方面表明长江上游、中游、下游形成了各自的区域米市;另一方面表明苏州在江南米市的中心地位。

米价相关系数在0.7~0.8的有江宁与汉口(0.75)、杭州与江宁（0.73）、安庆与南昌（0.73）、安庆与江宁（0.71）、南昌与汉口（0.71），表明长江中下游的粮食市场化程度较高。

米价相关系数在 0.6～0.7 的有长沙与安庆（0.69）、安庆与汉口（0.67）、南昌与江宁（0.64）、江宁与长沙（0.61）。米价相关系数在 0.5～0.6 之间的有安庆与杭州（0.56）、苏州与汉口（0.52）、杭州与南昌（0.52）、苏州与安庆（0.50）。米价相关系数在 0.4～0.5 的有长沙与重庆（0.45）、苏州与南昌（0.44）、杭州与汉口（0.43）、重庆与汉口（0.41），表明长江上游与中游、长江中游与下游之间的粮食市场化程度低于各自内部的粮食市场化程度，处于中等水平。

其余地区的米价相关系数均在 0.4 以下，表明长江上游与长江下游之间的粮食价格相关程度较低。

表 3 中，米谷价格差相关系数在 0.5 以上的有苏州与江宁（0.69）、苏州与杭州（0.55）、江宁与杭州（0.50），表明长江下游粮食的市场化程度最高。

米谷价格差相关系数在 0.4～0.5 的有长沙与汉口（0.47）、南昌与长沙（0.46）、南昌与安庆（0.45）、南昌与杭州（0.43）、安庆与江宁（0.41），表明长江中游内部、长江中游与长江下游粮食的市场化程度较高。

米谷价格差相关系数在 0.3～0.4 的有南昌与江宁（0.38）、南昌与苏州（0.36）、成都与重庆（0.36）、南昌与汉口（0.35）、汉口与江宁（0.35）、安庆与杭州（0.33）、长沙与安庆（0.33）、安庆与苏州（0.32）、苏州与汉口（0.31）、长沙与江宁（0.31）、长沙与杭州（0.31），表明长江上游内部、长江中游内部、长江中游与长江下游粮食的市场化程度较高。

表 2　长江流域九府米价相关系数

府	成都	重庆	汉口	长沙	江宁	苏州	杭州	安庆	南昌
成都	1								
重庆	0.83 (0)	1							
汉口	0.11 (0)	0.41 (0)	1						
长沙	0.14 (0)	0.45 (0)	0.84 (0)	1					
江宁	0.16 (0)	0.34 (0)	0.75 (0)	0.61 (0)	1				
苏州	0.02 (0.6)	0.12 (0.01)	0.52 (0)	0.35 (0)	0.85 (0)	1			
杭州	-0.11 (0.02)	0.04 (0.4)	0.43 (0)	0.37 (0)	0.73 (0)	0.80 (0)	1		
安庆	-0.14 (0)	0.12 (0.01)	0.67 (0)	0.69 (0)	0.71 (0)	0.50 (0)	0.56 (0)	1	
南昌	-0.02 (0.68)	0.32 (0)	0.71 (0)	0.82 (0)	0.64 (0)	0.44 (0)	0.52 (0)	0.73 (0)	1

表 3　长江流域九府米谷价格差相关系数

府	成都	重庆	汉口	长沙	江宁	苏州	杭州	安庆	南昌
成都	1								
重庆	0.36 (0)	1							
汉口	0.02 (0.7)	0.26 (0)	1						
长沙	0.09 (0.05)	0.16 (0)	0.47 (0)	1					
江宁	0.06 (0.18)	0.17 (0)	0.35 (0)	0.31 (0)	1				
苏州	0.08 (0.09)	0.08 (0.07)	0.31 (0)	0.27 (0)	0.69 (0)	1			
杭州	0.07 (0.11)	0.15 (0)	0.25 (0)	0.31 (0)	0.50 (0)	0.55 (0)	1		
安庆	0.03 (0.49)	0.12 (0.01)	0.28 (0)	0.33 (0)	0.41 (0)	0.32 (0)	0.33 (0)	1	
南昌	0.01 (0.77)	0.04 (0.43)	0.35 (0)	0.46 (0)	0.38 (0)	0.36 (0)	0.43 (0)	0.45 (0)	1

米谷价格差相关系数在 0.2 ~ 0.3 的有安庆与汉口（0.28），长沙与苏州（0.27），重庆与汉口（0.26），汉口与杭州（0.25），表明长江上游与长江中游之间、长江中游内部、长江中游与长江下游粮食的市场化程度较高。

其余地区的米谷价格差相关系数均在 0.2 以下，表明长江上游与长江下游之间的粮食市场化程度最低。长江就像一条纽带，将长江上游、中游、下游有机地联系在一起，形成了长江流域的粮食市场网络。但长江流域各区域内部及各区域之间的粮食市场整合程度不尽相同。由长江流域各府米价的均值可以看出，从长江上游至长江中游，再到长江下游，存在粮食价格差，这是长江流域粮食流通的前提。

由长江流域各府米价的变异系数分析可知，长江上游成都、重庆的变异系数最高，其中成都的变异系数又高于重庆。这表明长江上游粮食的市场化程度最低，其中，成都的市场化程度又低于重庆。因为粮食的流向一般是从长江上游至长江中下游，相反的流向很少出现。重庆位于成都下游，成都的粮食可顺流而下直抵重庆，反之则较困难。

由价格相关系数及价格差相关系数分析可知，长江下游内部的苏州、南京、杭州三府的粮食市场整合程度最高。长江中游内部的长沙与汉口的粮食市场整合程度次之，长江上游内部的成都与重庆的粮食市场整合程度再次之。长江中游与长江下游的粮食市场联系相当紧密，高于长江上游与长江中游的紧密程度，更远高于长江上游与长江下游的紧密程度。

（整理人：程清洁）

南京国民政府时期国营煤矿事业经营的典型

——以建设委员会与淮南煤矿为例的考察

谭备战[*]

　　20 世纪 20～30 年代，中国出现所谓"黄金十年"的迅速发展时期，该时期所取得的建设成就为稍后八年抗战奠定了一定的物质基础。在抗战前的十年间，南京国民政府有多个负责国家经济建设的机构，如建设委员会、全国经济委员会、国防设计委员会（1935 年后整改为资源委员会）、实业部等。上述各机构中，资源委员会因归要害部门——军事委员会领导而发展最快。建设委员会是为实现孙中山先生的"实业计划"而成立的，因而在其成立初期发展颇快，影响亦较大。可是国内外对建设委员会的研究极其薄弱，对其下属企业淮南煤矿的研究更属寥寥。[①] 本文拟以建设委员会创办的一个比

---

[*]　谭备战，河南中医学院思政部教授。

[①]　目前关于安徽淮南煤矿的研究，大陆还不多见。只有台湾王树槐先生著有《张人杰与淮南煤矿，1928～1937》，台湾《中央研究院近代史研究所集刊》1988 年第 17 期。但是王树槐先生一文是从张静江与淮南煤矿的发展角度来论述的，本文拟从建设委员会对淮南煤矿的开发和经营措施，以及对安徽与淮南城市的深远影响角度来论述。

较成功的国有煤矿企业——淮南煤矿的发展为例，分析在当时的历史环境下，淮南煤矿顺利发展的原因及其对皖北经济的发展和淮南城市的形成等各方面的深刻影响。不当之处，敬请各位专家学者不吝赐教。

一 淮南煤矿开发之缘起

淮南煤矿是建设委员会自主开发经营的国营煤矿。该会的组织法规定："建设委员会于调查设计或试办事业有必要时，得设附属机关。"① 因此建设委员会在主管全国电气事业之外，还经营了浙江长兴煤矿、安徽淮南煤矿等一系列企业。本文所论及的淮南煤矿即属建设委员会自主开发经营的国营企业。该企业在资金筹措或企业管理等方面，均为当时国营事业的经营模范。淮南煤矿开发的缘起为何？综合时局等客观因素，约有以下几个方面的原因。

（一）20 世纪 20 年代末至 30 年代初，建设委员会为挽回国家利权、抵制外煤，必须开发国营煤矿

1927 年 4 月，南京国民政府建立后意欲统一全国，日本却以控制中国的能源，主要是煤炭事业的发展为目的而阻止南京国民政府的北伐。因此，全国商联会呈文国民政府，请各省市附属机构一律采用国煤以挽回利权。实际上，当时国煤的产销所占比重甚小，处于非常不利的境地。根据建设委员会的调查："吾国煤焦

① 《建设》（2）（法规），1929 年第 1 期。

之产集中于北省，用煤则集中于南省沿长江各埠，岁耗煤 350 万吨，中仰给于日本者 150 万吨，开滦 80 万吨，抚顺 60 万吨，安南 20 万～30 万吨，余则取给于国矿，其数至渺也。"[①] 我国煤炭市场几乎全为洋煤所占，国煤市场极为狭小。因此，1928 年 7 月 7 日，建设委员会委员长张静江认为应尽力开发我国南方的煤田："国内煤田可供开采者甚多，现仅北部煤矿开采比较发达，南部煤田多未开发，以致外煤充斥市场，任意操纵，故发展煤业，应以开采南方煤矿为先务。"[②] 而建设委员会"为救济煤荒，抵制输入起见，除办理长兴煤矿外，复向农矿部领照，开采皖北怀远县煤田，定名为淮南煤矿"[③]。说明建设委员会决定自主开发淮南煤矿，以挽回国家民族利权。

（二）京沪杭一带能源需求的紧张形势，亦迫使南京国民政府迅速开发淮南煤矿

"近年来，东南长江流域，因工商业逐渐繁盛，人口又多集中城市，煤之销量，愈益增多，而北方华资各矿，适因内战频仍，不能南运，以应需求。"[④] 1928 年 12 月 29 日，张学良宣布"遵守三民主义，服从国民政府，改易旗帜"，中华民国至此完成了"统

---

① 《建设委员会创办淮南煤矿述略及有关文件》，建设委员会档案，全宗号 46，案卷号 762（略写为建委会档案，46/762，下同），中国第二历史档案馆藏。本文所引建设委员会档案均来源于中国第二历史档案馆，以下不再一一注明。

② 中国国民党中央委员会党史史料编纂委员会编《张静江先生文集》，（台北）中央文物供应社，1982，第 120 页。

③ 《建设委员会自十九年三月至九月政治报告书》，《建设委员会公报》（11），1930 年 11 月，第 51 页。

④ 《建设委员会淮南煤矿局事业报告》（1933 年 12 月），建委会档案，46/343。

一"。但实际上，中央政府对某些地区，尤其对一些能源丰富的省区，如山西、山东及东北地区等仍鞭长莫及。1931 年日本发动"九一八事变"后，此种情形更加明显，东北煤炭产业已经为日本控制，日本并有进一步掠取华北之意。京沪杭地区的能源供应即显紧张，因此淮南煤矿的开发已成为南京国民政府解决京沪杭能源问题的主要举措。该矿不但储量非常丰富、煤质优良，而且距京沪杭较近，供应方便。故在"救济国煤"的号召下，南京国民政府对淮南煤矿寄予厚望，认为如能每天出煤 600～700 吨，则在一定程度上可以大大缓解京沪杭一带的煤荒。①

（三）建设委员会两个附属电厂的经营发展亦需大量的燃料供应

由于建设委员会主要管理全国的电力工业，为在全国树立电力工业的模范，必须办理好该会所经营的两个电厂，即首都电厂和戚墅堰电厂。随着两个电厂的迅猛发展，燃料供应问题益显紧张。由于此时浙江长兴煤矿的原来业主对建设委员会将该煤矿收归官办表示强烈不满，多次向地方政府及中央政府进行申诉，要求收回长兴煤矿的开采权，而当时南京国民政府对民营企业亦表支持，因此对长兴煤矿的发展，建设委员会不抱太多希望，认为必须自主开发一个产权属于自己的煤矿，才不致因燃料的供应而影响两个电厂的正常发展。正是在上述多种因素的影响下，建设委员会成立不久即对淮南煤矿矿区进行勘探、开发，并通过良好

① 中国第二历史档案馆编《中华民国史档案资料汇编》第 5 辑，第一编"财政经济（六）"，江苏古籍出版社，1994，第 469 页。

的经营管理，使其成为当时国营煤矿事业经营的典范。

二　淮南煤矿的开发与经营

1928 年春，建设委员会委员长张静江派人至苏、浙、皖、赣、晋等省份实地勘测煤矿，经过多方勘测，发现安徽怀远县西南舜耕山一带煤矿藏量十分丰富，而此处实际上已有大通煤矿①正在开采。是年秋，建设委员会向农矿部领取执照，划定矿区。翌年春，为确定采矿范围和开采量，特聘请德籍煤矿顾问凯伯尔（G. Keiper）参与详细勘测，以便尽快开采。② 凯伯尔勘测调查后认为："就地质方面言，该煤层颇适宜于扩大开采；就煤样化验结果言，大部煤质亦佳；至采矿上亦无困难"。③ 最后勘定的矿区具体范围在安徽寿县、怀远、凤台三县交界处，并在舜耕山与上窑村一带划定四个矿区：九龙岗——54799.50 公亩；洞山——58175.26 公亩；长山——50064公亩；上窑、新城口——63963.34 公亩。④

在经过详细勘测、选定矿区后，1929 年 5 月，建设委员会取得

---

① 安徽大通煤矿，1911 年由私人开办经营，历年亏损；1919 年，曾经邀请中兴煤矿联合经营；1922 年改组为大通保记公司，系租办性质，因经营得力，获得迅速发展；1929 年易名大通公司，经营逐渐赢利。参见《中国矿业纪要》（第四次），1932，第 341 页。

② 孙昌克：《淮南煤矿创办经过》，《矿冶》第 6 卷第 19 期，1933 年 2 月，第 2 页。

③ 〔德〕凯伯尔（G. Keiper）：《安徽舜耕山煤田视察报告》，建委会档案，46/772。

④ 黎叔翎：《淮南煤矿经济状况》，《矿业周报》第 345 号，中华矿学社，1935 年 8月 7 日，第 519 页。

九龙岗、洞山与上窑三个矿区的采矿权。翌年 2 月，派矿业专家孙昌克、唐景周成立淮南煤矿筹备处，开始办理购地建矿开工事宜。首先在怀远、凤台与寿县三县交界处，距淮河南岸洛河镇 17 里的九龙岗矿区，购地约 800 亩，先行开采。1930 年 3 月 24 日，为加快开矿进程，建设委员会公布了淮南煤矿局章程。3 天后，筹备处迅速改组为淮南煤矿局，于九龙岗矿区正式成立。首任局长为张景芬（不久由孙昌克继任），副局长为唐景周、程宗阳（兼工务课长），下设总务、工务两课。为加强管理，淮南煤矿局局长、副局长与会计人员均由建设委员会任命。课长由局长呈请建设委员会委任，其余人员由局长任命，并报建设委员会备案。此后，淮南煤矿局的组织机构随着淮南煤矿的发展与时局变化有所变动，但大致如此。4 月 14 日，九龙岗东矿 1 号、2 号井破土动工，5 月 14 日，西矿 3 号、4 号井亦开工建设。12 月，西井在距地面 50 公尺处发现煤层。1931 年 7 月，东井在深 100 公尺处发现煤层。[①] 经过全局上下的一致努力，1932 年 1 月开始销煤。由于销路甚好，产煤量亦迅速增加，由开始时的日产 80 吨至增至 1932 年 10 月的 200 吨。淮南煤矿经过近三年的投资，至 1931 年冬已达 150 万元，在产量上也已成长为华东地区唯一的大煤矿。[②] 淮南煤矿在出煤后，制约发展的最大障碍便是运输。为销售需要，1931 年 3 月，在淮南煤矿未出煤时即筹建了矿区至洛河镇的轻便铁道，但此举根本无法满足淮南煤矿急剧发展的需要。为打破制约淮南煤矿发展的运输瓶颈，建设委员会不惜借贷巨资筹建淮南铁路。1935 年底该铁路筑成，淮南煤矿此后得到迅速发

---

① 《建设委员会创办淮南煤矿述略及有关文件》，建委会档案，46/762。

② 中国国民党中央委员会党史史料编纂委员会：《张静江先生文集》，中央文物供应社，1982，第 135 页。

展，至 1936 年，年产量已达 584000 吨。关于抗战前淮南煤矿的具体产量，可参见表 1。

表 1　1931～1936 年淮南煤矿年产量统计

单位：吨

年　份	1931	1932	1933	1934	1935	1936	总　计
全年产量	30995	66973	164812	217700	290480	584000	1354960

资料来源：王德滋《淮南煤矿概况》，淮南市政协文史资料研究委员会编《淮南文史资料》，1983 年内部发行，第 5 页。

表 1 显示，1931 年淮南煤矿产煤仅 30995 吨，而至 1933 年时，已达到 164812 吨，增长 4 倍之多。而在淮南铁路建成之后，由于制约淮南煤矿发展的运输问题得到彻底解决，故至 1936 年产煤量便迅速增至 584000 吨，增速甚为明显。

在淮南铁路筹建之后，制约淮南煤矿迅速发展的主要因素已经不再是运输问题，而是安全和销售问题。为更快更好地经营发展，淮南煤矿针对上述两个问题，采取了如下措施。

（一）利用地方军警力量，以策安全

淮南煤矿位于安徽中北部，当地民风彪悍，民众与政府的矛盾时有发生。在淮南煤矿初开发时，即与当地居民发生过冲突。1930 年春末，因当地周家圩居民认为打井挖煤破坏地方风水，多次阻挠，屡次在夜间掩埋淮南煤矿局开凿的新井。为此，局长唐景周多次向地方政府请兵弹压。淮南煤矿位置偏僻，运兵亦属不易，建设委员会便建立矿警队，有时也会利用当地驻军力量以保护其发展。

1930 年 2 月，建设委员会在淮南煤矿刚刚建立时，即在徐州一带招考矿警 60 名，并在怀远县训练。但初期矿警队规模较小，不敷应用。1934 年 3 月 5 日，建设委员会令淮南煤矿局警务处督察员章鉴三"携带本会护照，前赴杭州、绍兴一带，招募警士 40 名，带矿训练，补充警力，保卫矿区"。[①] 随着矿警人数逐渐增多，为加强管理，1934 年 3 月 16 日，淮南煤矿局公布了《建设委员会淮南煤矿局警务处组织章程》，设警务处主任一名，"承局长副局长及淮南铁路工程处总工程师之命，处理全处事务并监督指挥矿警队及路警队"。[②] 4 月 5 日，淮南煤矿局任命何冰忱、沈荣堂分任矿警队第一、第二分队长，章鉴三为警务处督察，彭馥为特务长，于兴仁为警务处书记。[③] 淮南煤矿矿警人数较其他煤矿多，占工人总数的 16%，[④] 主要是因为该矿处在皖中北部，常有土匪出没，故建立了警员甚多的矿警队以策安全。

除淮南煤矿局建有矿警队外，建设委员会委员长张静江还多次致函军事委员会要求保护淮南煤矿的安全。1933 年 1 月，局长程志颐呈文建设委员会，申明淮南煤矿"地处僻野，为皖北股匪出没之所，当此寒冬宵小滋生、地方不靖之际，深恐警力淡薄，防卫难周"，因此请求委员长张静江向军事委员会要求在淮南煤矿遇到紧急事件时，调集军队保护。为此，张静江致函军事委员会说明淮南煤矿"属本会主办国营事业，矿区僻在皖北山乡，如遇匪警，非有军

---

① 《公函浙江省政府》（1934 年 3 月 5 日），《建设委员会公报》（39），1934 年 4 月，第 105 页。

② 《建设委员会淮南煤矿局警务处组织章程》，《建设委员会公报》（39），1934 年 4 月，第 136 页。

③ 《令淮南煤矿局》（1934 年 4 月 5 日），《建设委员会公报》（40），1934 年 5 月，第 16 页。

④ 巫宝三主编《中国国民所得（一九三三年）》（下册），中华书局，1947，第 29 页。

队协助防御不足以策安全"。^① 该矿的一些地方煤厂亦面临着不安全因素，如蚌埠煤厂即受到威胁。"深恐当地码头工人把持阻挠、借端生事，……为维护国营建设事业起见"，张静江特致函陆军第 47 师司令部，要求"于必要时派队到厂弹压以免纠纷"。^② 这说明淮南煤矿得以稳定发展的一个很重要的原因是它不但有矿警队，而且还充分利用了地方军队的力量以策安全。

（二）各地广设煤厂，扩大销量

淮南煤矿在解决安全生产的同时，在全国各地广设煤厂以扩大销量。这在国营煤矿事业的经营策略上十分重要，加快了淮南煤矿的发展。1931 年 6 月 22 日，在淮南煤矿未曾正式开始售煤之前，建设委员会即颁布了《建设委员会淮南煤矿销煤章程》以规范煤炭销售。该章程第一条规定，销售分为"包销""分销""工厂用煤""零售"四种方式，前三种方式的销售均需与建设委员会事业处矿业室订立合同，期限为一年，期满后视销售的业绩决定是否续订。1932 年 6 月，建设委员会为扩大销路，在淮南煤矿局总务课内设立煤务股，在矿上设立矿厂门市，还积极在全国各地广设煤厂，如洛河、蚌埠、浦口、上海与武汉等地均设有煤厂，在怀远、蒙城、涡阳、临淮、江阴与无锡等处，亦设立分销处。煤厂的广泛设立，为淮南煤矿的快速发展提供了良好的发展空间。为加强对各地煤厂的销售和管理，1934 年 2 月 27 日，建设委员会颁布了《建设委员会淮

---

① 《公函军事委员会》（1933 年 1 月 31 日），《建设委员会公报》（27），1933 年 3 月，第 154 页。

② 《公函陆军第 47 师司令部》（1931 年 11 月 7 日），《建设委员会公报》（20），1932 年 2 月，第 156 页。

南煤矿局煤厂组织章程》。该章程对煤厂主任及会计人员管理颇为严格，要求煤厂"均须遵照建设委员会直辖机关会计人员、金钱物料出纳人员保证规则之规定，觅具殷实铺保，由局长核准，呈报建设委员会备案"，[①] 方可设立煤厂。不但如此，对于各地煤厂或分销处，销煤数量亦有严格规定："包销合同至少每月 500 吨，分销及工厂用煤至少每月 300 吨，按月认定销额，不得短少"，[②] 此举大大促进了淮南煤矿的销量。

淮南煤矿首先设立洛河煤厂。1931 年 4 月，淮南煤矿局任命总务课事务股股长罗肇兴为洛河煤厂主任，负责设立煤厂。由于洛河临近煤矿，赢利不多，"惟附近砖窑、石灰窑尚有相当销路。每年秋季因怀远、凤阳、定远诸地烟草收获，植烟农需煤烤烟，以是销煤畅旺"。[③] 说明洛河煤厂赢利不多且受季节变化较大，只有秋季烤烟时用煤较多，故秋季销量较好。同年 10 月，蚌埠亦设煤厂，以总务课文书股股长梅禹为煤厂主任。但是蚌埠煤厂初期面积较小，无法满足运营的需要，至 1933 年时堆煤已达 2 万余吨。张静江提出"为预防危险起见，实有扩充厂址之必要"，为此致函津浦铁路管理委员会，要求租用煤厂周围空地，"以利国营矿业之运输"，[④] 并派罗肇兴、梅禹及建设委员会科员叶斐同去蚌埠解决煤厂面积狭小问题。此时，因淮河和涡河流域的煤业销售不甚景气，淮南煤矿"鉴于内

---

① 《建设委员会淮南煤矿局煤厂组织章程》，《建设委员会公报》（38），1934 年 3 月，第 121、122 页。

② 《建设委员会创办淮南煤矿述略及有关文件》，建设委员会档案，46/762。

③ 淮南煤矿局：《淮南煤矿六周年纪念特刊》，1936 年 6 月，第 80 页。

④ 《公函津浦铁路管理委员会》（1933 年 6 月 6 日），《建设委员会公报》（30），1933 年 7 月，第 94 页。

部竞销之无益，在此百业凋敝之秋，商矿尤赖维护"，便与临近的大通煤矿联合销售。1933 年 6 月 11 日，两矿在蚌埠正式组设联合营业处，商议"凡淮、涡流域两矿所销煤斤，根据两矿产量每月平均分摊"，[①] 实行联合销售。这样便减少了许多不必要的竞争，达到了双方共同发展的目的。

1931 年 11 月 23 日，淮南煤矿为扩大长江流域的销售，特在南京浦口设立煤厂，建设委员会派本会秘书兼设计委员林士模与津浦铁路车务处协商，租用浦口码头第三号码头大约 34 亩的货栈旧址作为煤厂。翌年 1 月，浦口煤厂建成，邱海琴被任命为主任，自此淮煤始由津浦路运至长江流域。由于南京一带用煤量较大，因而浦口煤厂销量甚大，只是利润甚低。淮煤"向系运由浦口转销沿江各地，浦口煤厂实握该局营运枢纽，常川存煤在数千吨至 1 万吨，关系异常重"。[②] 根据各地销煤情况的统计，"至各处销额最大者，当推浦、沪两处。计占销售总额之半数以上，而利益之微，亦以浦厂为最"。兹以 1932 年和 1933 年淮南煤矿各煤厂的销售为例，说明淮煤的销售情况（见表 2）。

表 2　1932 年与 1933 年淮南煤矿各煤厂销售情况表

单位：吨，元

年　份	销售处所	销煤吨数	共收煤价
1932	矿　山	2315.10	16596.05
	洛河煤厂	12362.56	106145.79
	蚌埠煤厂	8014.35	75065.41
	浦口煤厂	70866.25	709448.25
	合　计	93558.26	907255.50

① 淮南煤矿局：《淮南煤矿六周年纪念特刊》，1936 年 6 月，第 84、95、95 页。

② 《公函津浦铁路管理委员会》（1932 年 10 月 7 日），《建设委员会公报》（25），1932 年 12 月，第 254 页。

续表

年　份	销售处所	销煤吨数	共收煤价
1933	矿　山	1857.97	11219.10
	洛河煤厂	25717.18	200149.35
	蚌埠煤厂	6167.61	52048.54
	浦口煤厂	165238.77	1490618.12
	合　计	198981.53	1754035.11

资料来源：《淮南煤矿概况，1935 年》，资源委员会档案；中国第二历史档案馆编《中华民国史档案资料汇编》（第5辑），第一编"财政经济（五）"，江苏古籍出版社，1994，第 902 页。

从表 2 可知，浦口煤厂的销售吨数在 1932 年与 1933 年均为最多，分别占整个淮煤销售量的 75.7% 与 83.0%，而销售收入则分别占整个淮煤销售收入的 78.2% 与 85.0%。虽然利润较低，可是浦口煤厂销量甚大，故而也给淮南煤矿带来了较高的效益。

1934 年 9 月，为在上海、无锡等重要工业城市占领煤炭市场，淮南煤矿设立了上海煤厂，只因此时淮南铁路未曾筑成，运费高昂，每吨亏耗高达一角左右，但为占领上海市场不得如此。考虑到等至"淮南路成，运达长江流域煤斤，每吨成本仅五元上下"的美好前景，"加以本矿煤质优良，销路之畅，利益之优，当毋待言"，[①] 淮南煤矿不但不会退出上海市场，相反还会扩大在上海的经营。在筹备上海煤厂的同时，淮南煤矿亦积极筹备无锡煤厂。1933 年 7 月 11 日，建设委员会致函京沪杭甬铁路管理局，要求租用无锡车站大通煤厂西北角的一处空地作为煤厂，租价为每亩每月 25 元，租期为 3 年，并派时任淮南煤矿局营业股股长梅禹前往

---

① 《公函京沪沪杭甬铁路管理局》（1933 年 7 月 11 日），《建设委员会公报》（43），1934 年 8 月，第 98 页。

协商。① 经过近一年的筹备，1934 年 11 月无锡煤厂正式成立。至此，长江下游一带各口岸与南方的广州等地，均已有淮煤销售。"唯武汉方面，尚付阙如，为扩充业务起见，特设立淮南煤矿驻汉分销处"，1936 年 7 月开始在汉阳铁厂码头辟地设立煤厂，此后淮煤亦在华中开始销售。

通过几年的努力，淮南煤矿的煤厂几乎覆盖了整个长江中下游地区，并延伸到广州等地，从而刺激了淮南煤矿的产量增长，从而使淮南煤矿成为全国著名的大矿。但在淮煤销售中，也出现了假冒淮煤销售的不正常现象。据无锡煤厂"同丰余"煤号（该煤号包销淮煤）经理沈荣辅的报告，南京"华兴号"煤号虽与淮南煤矿局签有包销淮煤的合同，却以次充好，并超出销售范围向无锡境内申新纱厂等工厂推销劣煤达 4500 吨，严重侵犯了"同丰余"煤号在无锡境内独家销售淮煤的权益，也破坏了淮南煤矿的良好信誉。因此，沈荣辅立即向淮南煤矿举报，并要求就此事调查、制止。建设委员会令设计委员兼事业处矿业科营运股股长郑达宸至无锡实地调查，在核实后，建设委员会立即采取有效措施，制止了这种不正当的竞争行为，② 维护了淮南煤矿的整体利益。

淮南煤矿经过 6 年艰苦经营，至抗战前产量已占全国煤矿总产量的 1.71%，发展可谓迅速。淮南煤矿作为一个国营的煤矿事业，在大多数国营事业经营不佳的情况下，能够顺利发展壮大，原因究竟为何？这也是我们即将探讨的问题。

---

① 《公函财政部》（1936 年 7 月 16 日），《建设委员会公报》（67），1936 年 8 月，第 157 页。

② 《建设委员会训令》（1932 年 6 月 17 日），《建设委员会公报》（23），1932 年 8 月，第 142 页。

三 淮南煤矿顺利发展的原因

1936 年 6 月，淮南煤矿局在编辑《淮南煤矿六周年纪念特刊》时，曾总结了该局顺利发展的原因，即煤质好且善于推销、安全亦无事故、管理良好、忠于"忠勇勤廉"的会训。[①] 其实发展原因并非如此简单，由于当时矿业的管理均有许多弊端，如"1、自企业本身言，无强大规模，无科学管理。2、自企业关系言，无建设计划，无实际联络。3、自企业者个人言，有时无远见，无恒心，贪厚利。4、自经理者个人言，有时不为通盘计，缺乏责任心"。[②] 然而这些弊端在淮南煤矿中却绝少出现，虽然是国营工业，却能够健康发展。其发展原因可以从以下几个方面进行分析。

（一）储量丰富，煤质优良

曾任淮南煤矿局长的孙昌克认为："淮南煤田虽近长江，而地层整齐处与北方煤田同，殆北方系煤田之南极，北系煤田至此而尽，实长江附近所仅见也。"可见淮南煤矿是南北煤田的交汇处。至于储量，按照孙昌克的统计，约有以下五种说法：①1917 年，地质调查所刘季辰、赵汝钧估计为 2560 万吨。②1923 年，地质调查所王竹泉认为是 5420 万吨。③开办淮南煤矿前，建设委员会派一些煤矿专家前往查勘，估计储量约为 72300 万吨。④1931 年，

---

① 淮南煤矿局：《淮南煤矿六周年纪念特刊》，1936 年 6 月，第 99 页。
② 陈真主编《中国近代工业史资料》（第 4 辑），生活·读书·新知三联书店，1961，第 99、100 页。

淮南煤矿局经德国矿师凯伯尔调查，估计储量约为 30000 万吨。⑤ 1932 年，经中央研究院地质研究所叶良辅、喻德渊两人的调查，估计储量约为 5400 万吨。①

不论上述五种说法中何种说法更为准确，其储量极为丰富则是不争的事实。而煤质也为全国首选，大通煤矿及建设委员会多次化验的结果表明，淮煤"灰分在 18% 以下，间有在 10% 以下者，固我国市场上第一等煤也"。② 由此可知，储量丰富与煤质优良，是淮南煤矿日益发展壮大的重要原因之一。

（二）管理科学，制度化运营

淮南煤矿是建设委员会自主开发经营的煤矿企业，在人才引进及业务管理方面均竭尽所能予以支持，以便办成国营煤矿企业的典型。张静江本为经商奇才，具有浙商所具有的敏锐眼光与冒险进取精神，"浙人性机警，有胆识，具敏活之手腕，特别之眼光。其营业之商业，不墨守成规，而能临机应变"。③ 张静江对淮南煤矿的经营管理就是如此，不但管理层任用的人员均为相关专家，而且采用建设委员会所属企业内部均实行的统一会计制度与集中购料制度。这使淮南煤矿的财务管理做到了财政分开，减少了浪费，杜绝了贪污，从而避免了当时国营企业的一系列通病。张静江为建设委员会确定的会训是"忠勇勤廉"，即要求建设委员会的职员均要忠于国家与民族，勇于任事，勤恳能干，清正廉洁。"忠勇勤廉"的会训使建设委员会各个附属企业的贪污现象十分稀

---

① 孙昌克：《淮南煤矿之矿量问题》，《建设》1934 年第 4 期，第 59 页。

② 《淮南煤矿局概况》，建委会档案，46/766。

③ 王孝通：《中国商业史》，商务印书馆，1936，第 22 页。

少，这在当时国民政府的各类政府事业单位中不多见。

为规范管理，建设委员会制定了一系列的规章制度，其中组织人事的管理颇为完备和先进。1931年6月22日，建设委员会颁布了《建设委员会淮南煤矿局组织章程》，后又六次修正、补充，以便更好地促进企业的运营发展。对办事规章亦要求严格，制定了《淮南煤矿局办事细则》。1934年4月26日，颁布《警务处细则》，以规范对警员的管理。对于监工，管理亦较为严格，颁有《监工细则》与《监工任用暂行规则》，将监工分为三个等级，即监工、副监工、试用监工。为加强对工人的管理，建设委员会制定了《淮南煤矿局工人管理规则》，将工人分为"里工"与"外工"两种。一系列规章制度的制定，使淮南煤矿运营发展做到了有章可循，这和当时其他国营企业混乱的管理状况相比，无疑是一种惊人的进步，也是其顺利发展的重要原因之一。

（三）科技兴矿，提高文化素质

淮南煤矿十分注意提高职工的文化素质。为达到科技兴矿的目的，淮南煤矿采取了一系列措施。如采用初中毕业生代替工头，1934年2月，为改进工人管理、提高工作效率，淮南煤矿招用初中毕业生担任监工以代替工头，同时裁减工头工资抵补监工工资，以此迫使工头离开煤矿。1934年7月7日，《建设委员会淮南煤矿局监工任用暂行规则》颁布，"以强健耐劳、品行端正、从初中毕业或相当程度者为合格"监工，[①] 说明监工学历至少是初中毕业。

---

① 《建设委员会淮南煤矿局监工任用规则》，《建设委员会公报》（43），1934年8月，第121页。

管理者文化层次的提高，为其发展提供了一定的科技基础。

为提高职工文化素质与彻底解决矿上职工子女上学难的问题，1934 年 2 月，淮南煤矿开始创办职工子弟小学，办学经费从"改良职工生活基金项目下拨开办费 200 元，并自本年 2 月起，月拨该校经常费 60 元"。① 翌年，又利用该校的基本教学设施，创办了工匠艺徒补习班，充分"利用晚间余暇，授以应用技能，办理成绩良佳"。② 此举逐渐提高了职工的文化素质，无形中提升了淮南煤矿的科技含量。在科技文化水平提高的作用下，淮南煤矿获得了较快的发展。

（四）属于国营事业，各项税收均获一定程度的减免

淮南煤矿的顺利发展，除上述原因之外，还得益于它属于国营事业，因而获有一些免税特权。1932 年 11 月，安徽大通的征税专员王鸿宾在大通煤矿征收矿税时，发现淮南煤矿的产额颇大，营业日佳，赢利亦较多，便要求财政部向该煤矿征收矿税。张静江闻讯后，即致函财政部说明淮南煤矿自"开发以来，阅时三载，投资已逾百万，因本会应领建设经费，贵部迄未照案拨发，所有投资均系向银团息借而来"，况且当时淮南煤矿发展受挫，"近数月来，因煤市衰落，津浦路车辆缺乏，运路阻滞，该矿营运方面大受打击，经济周转益感困难，本会鉴于该矿目前危机情形，已饬令裁汰职工，减低产额，厉行紧缩，以资救济"，因此现在产销不佳，"每日产额暂定 100 余吨，以供给矿山自用及本会各电厂之用

---

① 《令淮南煤矿局》（1934 年 2 月 21 日），《建设委员会公报》（38），1934 年 3 月，第 88 页。

② 淮南煤矿局：《淮南煤矿六周年纪念特刊》1936 年 6 月，第 276 页。

为度，所有局厂存煤，因无法运销以划作担保品向银团继续举债，藉供矿局工程上必要开支，该矿运销困难，营业停顿，已属难于支持，万难再增担负"，请求财政部"顾念国营事业创办之艰难与该矿目前所处之危境"而免税。① 实情亦是如此，因为建设委员会虽然为政府事业机构，但自其成立时财政部一次性拨给国币 10 万元作为建设资金之外再无拨款。翌年实业部又要求淮南煤矿缴纳矿税，对此张静江又致函实业部，说明办理该矿目的"为树立国营矿业模范，求以廉价国煤，促进工商业之发展，与商办各矿性质、旨趣均不相同"，况且近"三年以来，仅开发九龙岗一区投资已逾 160 万元，财部无款可拨，该矿经费纯系贷款维持"，② 请求实业部将矿税以记账方式缴纳，从而免除了淮南煤矿矿税的征收。

免缴印花税亦给淮南煤矿的发展提供了便利，但引起了附近煤矿的极大不满，并开始效仿，也抵制缴纳印花税。为此，安徽省印花烟酒税局开始向淮南煤矿征收印花税。1933 年 8 月 3 日，为减免印花税，张静江致函安徽省政府解释缘由："本会办理淮南煤矿历年投入巨资，纯以实行实业计划，树立国营矿业基础，以廉价燃料促进工商业发展及供给本会各厂自用煤为主旨，与普通商矿性质截然不同"，③ 又以江、浙两省对首都电厂、戚墅堰电厂和杭州电厂的运煤车辆从不贴印花为例，说明安徽亦不应向淮南煤

① 《公函财政部》（1932 年 10 月 26 日），《建设委员会公报》（25）1932 年 12 月，第 255~256 页。
② 《公函实业部》（1932 年 6 月 29 日），《建设委员会公报》（30），1933 年 7 月，第 99~100 页。
③ 《公函安徽印花烟酒税局》（1933 年 8 月 3 日），《建设委员会公报》（32），1933 年 9 月，第 73 页。

矿征收印花税，以支持国营事业的发展。淮南煤矿不但免交印花税，其他特税亦是全免。1932 年 5 月 23 日，张静江致函安徽省政府说明"淮南煤矿局系属国营事业，……该局在京沪及皖北各县采购面粉及各种材料，系供矿局自用，并非营业性质，自可免征特税"。① 淮南煤矿利用其系国营企业而享用一系列的特权，豁免了许多应该缴纳的税收，减轻了大量的成本负担，自然更有利于自身的发展。

(五) 修筑淮南铁路，减少运输费用

建设委员会为加快淮南煤矿的迅速发展，与津浦铁路管理委员会协商要求降低淮煤运费。1934 年 4 月 23 日，张静江致函铁道部，要求减低蚌埠至浦口段的运煤价格，因津浦路上所有运煤价格唯"由蚌埠至浦口一段为特高"，淮煤运价为每公里九厘八毫以上，而路途较远的枣庄煤矿的煤炭运至浦口的价格仅为每公里五厘二毫，与淮南煤矿相差甚远。因此，张静江认为"淮南煤矿与津浦铁路同属国有事业"，且 1935 年淮南煤矿局"尚拟提油炼焦，以期于国防及重工业有所辅助"，② 要求津浦铁路降低淮煤运价至每公里六厘。此运价与枣庄煤矿的五厘二毫相比，虽仍有差距，但淮南煤矿局已感满意。作为回报，淮南煤矿局为津浦铁路职工每月提供 1000 吨低价淮煤。1935 年底，建设委员会投资修建的淮南铁路通车，淮煤直接运

---

① 《公函安徽省政府》(1932 年 5 月 23 日)，《建设委员会公报》(23)，1932 年 8 月，第 133 页。

② 《公函铁道部》(1934 年 4 月 23 日)，《建设委员会公报》(40)，1934 年 5 月，第 96～97 页。

至芜湖裕溪口码头，然后顺江而下至南京、无锡、苏州和上海，抑或逆江而上至武汉，再由京广线北上或南下。运输条件的改善使运费迅速下降，淮南煤矿亦因此而获得了迅猛发展。因为当时"运费高昂是中国煤矿业不能发展的一个原因。历年交通事业的开发，主要出于军事上的便利之外，简直很少能给煤业运输上以低费运输的便利"。^①但淮南煤矿是例外，因为淮南铁路是运煤专线（虽然还有其他方面的业务，但是运煤是其主要任务），故在运煤方面提供了极大的便利。

由上可知，在抗战之前，淮南煤矿从一个新开发的煤矿一跃成为华东地区最大的煤矿，主要是依靠政治的力量、技术与经营方面的进步，而后者的比重似乎要大一些。

四　淮南煤矿的深远影响

淮南煤矿的开发及经营，对 20 世纪 30 年代的国煤生产和安徽地方经济的发展，尤其是淮南城市的形成，有着十分深远的影响。

首先，淮南煤矿是中国工程技术人员开发设计的，经过短短六年的经营管理，就发展成抗战前经营较好的国营煤矿之一。淮南煤矿"尽管所用设备如锅炉、绞车、水泵、水管、钢丝绳、铁轨等，无一不是搜集来的外国制造的旧货（这些东西当时国内不能生产）"，但它毕竟"是由中国自己的工程技术人员从凿井到出

---

① 朱楚辛：《中国煤矿和矿业会议》，《申报周刊》第 23 卷第 3 期，1936 年 6 月 14 日，第 2 页。

煤独立完成的"。① 关于淮南煤矿的迅猛发展情况，从抗战前其产量与全国煤炭产量的对比中可看出。

表4　淮煤产量与全国煤炭产量比较

年　份	淮煤产量（吨）	全国煤炭产量（一）（万吨）	淮煤产量占全国煤炭产量（一）比重（%）	全国煤炭产量（二）（万吨）	淮煤产量占全国煤炭产量（二）比重（%）
1931	28211	2109.3	0.13	1994.8	0.14
1932	67042	2021.3	0.33	1904.9	0.35
1933	165611	2207.5	0.75	2090.4	0.79
1934	217671	2580.1	0.85	2428.7	0.90
1935	290471	3009.3	0.96	2569.9	1.13
1936	502209	3379.4	1.49	2936.8	1.71

注：全国煤炭产量（一）取自严中平等《中国近代经济史统计资料选辑》，中国社会科学出版社，2012；全国煤炭产量（二）取自 Tim Wright, *Coal Mining in China Ecomon's and Society, 1895 - 1937*（Canbridge University Press 1984），p.10。

资料来源：王树槐《张人杰与淮南煤矿（1928~1937）》，台湾《中央研究院近代史研究所集刊》1988年第17期。

从表4可知，淮煤产量占全国煤炭产量的比率是比较低的，至1936年仅为1.49%或者1.71%。但如从1931~1936年全国煤炭产量与淮煤产量增长情况看，其增长甚为迅速。因为全国此时产量增长十分缓慢，如1936年产量仅是1931年产量的160%或者147%，而淮煤产量增长了约17倍，所占比率亦由0.13%或0.14%增至1.49%或1.71%。在当时全国的煤矿中，增长率之高

① 潘企之：《淮南煤矿和官僚资本》，《淮南文史资料选辑》（第1辑），1983，第22页。

是绝无仅有的。经过 6 年的开发与经营，已经"养社会数千之工人，抵一部分洋煤之进口"①的淮南煤矿，已经发展成华东地区最大的煤矿，为江浙一带的经济发展提供了极为重要的能源。

其次，淮南煤矿的开发对我国电力工业的发展起着非常重要的推动作用。众所周知，中国电力工业发展起步较晚，所需燃料又十分紧张。而建设委员会又主持全国的电力工业，自然对全国各地电厂的燃料供应颇为关心，以符建设委员会创办时所提出的"民生主义"宗旨。而张静江经营国有企业的思路与其他官僚的思路大为不同，比如燃料供应一项，无论是首都电厂与戚墅堰电厂用煤，还是别处电厂用煤，均注意及时供应。1936 年 12 月 28 日，因煤荒严峻，全国民营电业联合会江苏分会请求张静江通知淮南煤矿尽量供给江浙一带电厂的用煤。张静江"令饬淮南煤矿局于可能范围内尽量设法供给"，并说明"各电厂如有需要，可径向各地包销煤号或该局南京下关办事处接洽"，②以免电厂无煤而导致停电，造成工业生产的停顿与人们生活的不便。

最后，淮南煤矿开发与经营的最大影响，则是推动了安徽中北部经济的发展和直接促成了淮南城市的形成。在淮南煤矿和大通煤矿没有开采前，淮南煤矿区"是一片人烟稀少的、土质瘠薄、农业生产极不发达的地区"。③虽在淮南煤矿开采前已有大通煤矿，但因大通煤矿属私人企业，发展乏力。而淮南煤矿开采后，经过

---

① 《建设委员会创办淮南煤矿述略及有关文件》，建委会档案，46/762。

② 《令淮南煤矿局》（1936 年 12 月 28 日），《建设委员会公报》（72），1937 年 1 月，第 182 页。

③ 程华亭口述、张景周整理《我所知道淮南煤矿的缘起》，《淮南文史资料选辑》（第 7 辑），1987，第 4 页。

短短 6 年时间的发展，至抗战前与大通煤矿一起"成为黄河以南最大的煤矿"。① 该矿的迅速发展对推动当地经济发展的作用是极其明显的。淮南煤矿使煤矿附近各村镇之间的经济联系得到了加强，带动了地方经济的迅速发展。如"昔为荒辟之区"的田家庵，因"煤斤循此地出口，遂渐繁盛"，而成为淮南铁路"北端之起点，淮北各地货物之出入，或将集中于此，……现有人口约 6000 余人"。田家庵从一个荒芜之地，发展成一个具有 6000 余人的市镇，发展速度可谓飞快，并且"来日之发展，殊未可限量"。② 再如淮南煤矿局所在地九龙岗，发展则更为迅速，九龙岗"前为三五家村，自本局创立后，人口渐众"，至 1936 年时，"则熙熙攘攘，已呈市镇之雏形焉，人口约一万一千余人"。至淮南铁路筑成后，淮南煤矿附近各村庄已经连在一起，逐渐形成一个以煤矿开采为主导产业的新的城镇。因此，淮南煤矿的成功开发，"对东南沿海和长江中下游民族工商业的发展，有举足轻重的影响"。③ 从此，在安徽中北部的版图上，又多了一个新兴的现代化工业城市——淮南。

五　结语

综上所述，淮南煤矿经过短短 6 年开发经营后迅速发展壮大，

① 方传政：《宋子文财团与淮南煤矿》，《淮南文史资料选辑》（第 7 辑），1987，第 2 页。
② 淮南煤矿局：《淮南煤矿六周年纪念特刊》，1936 年 6 月，第 102 页。
③ 方传政：《宋子文财团与淮南煤矿》，《淮南文史资料选辑》（第 7 辑），1987，第 2 页。

至抗战前夕已发展成华东地区最大的煤矿，在一定程度上缓解了
20世纪30年代京沪杭一带能源供应的紧张局面。淮南煤矿的开发
经营与淮南铁路的建成，直接推动了皖中、皖北一带经济的迅速
发展，促进了安徽内陆腹地的经济开发，加强了皖北各地区之间
的经济联系和人员交往，淮南城市亦随之逐渐形成。实际上，上
述一切均应归功于20世纪30年代建设委员会对淮南煤矿的开发与
经营。由此也可看出，当时的国营事业如经营得当、管理适宜，亦
能顺利发展，进而推动地方经济迅速发展。遗憾的是，南京国民
政府统治时期经营良好的国营事业并不多，而淮南煤矿只是其中
很有代表性的典型而已，因此，淮南煤矿局的经营与管理模式值
得我们深入研究。

（整理人：郭益蓓　孙静冬）

南京国民政府对西北电力工业的开发与建设

——以建设委员会创办西京电厂为例的考察

谭备战*

20 世纪 30 年代前期，南京国民政府为了能够建立稳固而繁荣的西北国防根据地，发动了一场轰轰烈烈"开发西北"运动。主持全国电气事业发展的南京国民政府建设委员会（以下简称"建委会"）在中央政府"开发西北"的号召下，筹建了中西部的部分电厂，如洛阳电厂、西京电厂等。本文拟以建委会与陕西省政府联合筹建西京电厂为例，探讨南京国民政府对陕西电力工业的开发建设情况。另外，通过对西京电厂发展历程的分析，可知直至抗战前夕，南京国民政府对国有工业的发展所持态度以及建委会对西北电力工业建设的关注程度和为建设电厂所做的艰辛努力，而西北工业发展的艰难亦可由此窥知。毋庸讳言，探讨该问题在一定程度上亦具有某种现实意义。截至目前，学术界对西北地区开发的学术研究十分活跃，然论及南京国民政府开展西北电力工业的论述不多，更无论及陕西西安电厂（时称西京电厂）之论文。

---

* 谭备战，河南中医学院思政部教授。

本人不揣浅陋，根据掌握的档案资料，对该问题做了梳理，以期抛砖引玉，求教于方家。

一 筹办西京电厂的历史背景

1927 年 4 月 18 日，以蒋介石为首的国民政府于南京建立。翌年 2 月 1 日，中国国民党中央政治委员会召开第 127 次会议，孙科、张静江、胡汉民、李煜瀛、谭延闿及蒋介石等 17 人，应国内要求加强国家建设的呼声，在会上提议立即设立一个负责国家全面经济建设的机构，遂定名为"中华民国建设委员会"，以便按照孙中山先生的建国大纲与实业计划进行国家建设。[①] 是月 18 日，是南京丁家桥中国国民党中央党部召开了建委会成立大会，指出该会"仰体总理为建设而革命之精神，秉承国民政府所付予之职责，依据总理建国方略、建国大纲及三民主义，计划全国建设，经营国营事业，并指导各省建设之实施"，[②] 从而正式宣告建委会成立。建委会委员们一致推选被孙中山称为"革命圣人"的张静江为该会主席（1929 年后改称委员长，为国民政府特任职）。根据建委会组织法，其职权如下："一、建委会根据总理建国方略、建国大纲、三民主义研究及计划关于全国之建设事业；二、水利电气及其它国营事业，不属于各部主管者均由建委会办理之；三、民

---

① （上海）《中央日报》1928 年 2 月 2 日。
② 《建设委员会自十九年三至九月政治工作报告书》，《建委会公报》（11），1930年 11 月，第 43 页。

营电气事业之指导监督改良属于建委会。"①

  建委会自成立后始终关注全国电力工业的发展。在中国国民党历次代表大会上,建委会的主要领导人多次提出关于全国电气事业建设蓝图的提案。如1929年6月,建委会委员长张静江在中国国民党三届二中全会的提案中认为,电气事业"实较铁道尤为重要,盖电气则可以解决民生衣食住行四大问题之全部,诚应为建设之中心也"。②在1930年2月25～27日的建委会大会上,建委会副委员长曾养甫亦提出"积极发展电气事业以促进全国农工电气化案",曾认为"我国农工凋敝,生产落后,补救之方",则是大力发展电气事业,作为中央政府,则"亟宜确定发展电气事业方针,积极进行,以达农工电气化之目的"。③尤其针对中国电力工业分布极为不均的实际情况,张静江多次向中央政府提议,加强对西北部电力工业的投资,推动西北工业的发展,尤其是中央政府将西安定为陪都后,对西安电力工业的建设更为关注。西京电厂向建委会申请注册的说明书所载,在西安建设电厂极符合创设电气事业的主旨:"一、西安离海岸甚远,火油甚昂,创设电厂,用以塞漏卮,且灿烂城市;二、政府开发西北创设电厂用以扶助工业。"④而当时西安的发展情况如何呢?

  西安自西周以来,一直是中国西北的政治、经济和文化中心。

---

① 《建设》(2)(法规),1929年第1期,第1页。
② 中国国民党中央委员会党史史料编纂委员会:《革命文献》(26),(台北)中央文物供应社,1963,第108页。
③ 《建设》(7)(会议纪录),1930年第4期,第62页。
④ 《建委会关于西京电厂注册事宜》,建设委员会档案,全宗号46,案卷号556(略写为建委会档案,46/556,下同),中国第二历史档案馆藏。

南京国民政府建立之初，由于各地军阀拥兵自重，中央政府对西北经营较少。但是为开发西北亦相继派出西北科学考察团、西北实业考察团等进行实地考察。1930年，建委会为响应政府"开发西北"而出台了《西北建设计划》。1931年5月，国民会议第七次大会通过了《开发西北办理工赈，以谋建设而救灾黎案》等。但此时由于中国国民党事实上将主要的人力、物力和财力集中用于剪除异己和"围剿"南方的工农红军，未将开发建设西北作为工作的重心，因此开发建设西北的种种计划和决议仍为一纸空文，毫无社会影响。但在1932年上海"一·二八事变"后，许多爱国人士，如胡应连、马鹤天和郭维屏等人均发出了"开发西北"的呼声。政府亦再派军政要员远赴西北实地考察，中央要员如宋子文、蒋介石和孔祥熙等，地方要员如邵元冲等均发表了关于"开发西北"的言论，从而为"开发西北"制造了积极有益的舆论。翌年3月，中国国民党二届四中全会正式通过了"以洛阳为行都，以长安为西京"的决议。[①] 5月，成立了以张继为委员长的西京筹备委员会和以褚民谊为主任的该会驻京办事处，公布了《西京筹备委员会组织章程》，确定每月拨款3万元作为办公费用。[②] 为建设好西京这一西北政治、经济与文化中心，经宋子文提议，由西京筹备委员会、全国经济委员会与陕西省政府合组西京市政建委会，合力进行西京市政的规划和建设工作。由于中央政府已将西京市政建设作为建设西北的重要起点与策源地，故有关"开发西北"的中央决议案此时亦纷纷出台。1932年12月19日，中国国

---

① 中国国民党中央委员会党史史料编纂委员会：《革命文献》（89），（台北）中央文物供应社，1963，第1页。

② 《中华民国国民政府公报》（洛字第7号令），1932年5月3日，第3页。

民党第四届中执委第三次常务会议通过了由行政院秘书长诸民谊等人提出的《开发西北案》，决定设西北拓殖委员会，由行政院直辖。西北拓殖委员会之下，分设国道局、劝业局、采矿局、垦殖局，从事有关西北铁道、实业、内政、水利等方面的开发。其他如《关于开发西北之各种决议应即速实行案》《西北国防经济之建设案》《拟请提前完成陇海线西兰段铁路以利交通而固边防案》《促进西北教育案》等亦纷纷出台。为加快西京建设，1932 年 11 月 17日，中国国民党第四届中执委第四十七次常务会议通过了由蒋介石等人提的《切实进行长安陪都及洛阳行都之建设事宜案》，决定将长安（西安）改为行政院直辖市，其市区应根据陪都计划，划定适当区域，进行充分建设。而此时的西安虽然作为西北最重要的城市进行规划，却无一个大规模电厂以满足当地工农业的发展与人民生活的需要。西安最早的电厂乃 1917 年由陈树藩部属张丹屏在开元寺内设立的，实际上仅是一个拥有 75 匹马力发电机的小发电所，不久即停办。后虽有人尝试在该发电所的基础上重建电厂，但因发电机故障频繁与经费缺乏而只得搁浅。1930 年 2 月，时任陕西省建设厅厅长的李宗汉草拟了一份建设一座 300 千瓦发电厂的计划，呈请省政府筹办，以推动西安各项事业的发展。但该计划"亦以款绌不裕，未能实现"。1932 年，建设厅厅长李仪祉再次提议筹设电厂，亦经省政务会议通过，"着财（政）、建（设）两厅会商借款办理"，① 但最终仍因资金缺乏而未果。1934 年底，陇海铁路通车至西安后，西安"荒凉之地，一变而成繁荣商埠"。②

---

① 《陕西省之经济建设》，中央党部国民经济计划委员会《十年来之中国经济建设》（1927~1937），南京扶轮日报社，1937，第 13 页。
② （天津）《大公报》1934 年 4 月 20 日。

另外，中央政府将西安作为陪都建设，作为公用事业的电力建设自然是其重要内容之一。此时担任陕西省政府建设厅厅长的雷宝华也极力主张在西安筹设电厂，陕西省政府主席邵力子也对西安各项建设事业充满信心，决心筹设规模较大的电厂以带动西北各项建设事业的发展。为指导便利及减少管理费用，陕西省政府决定将西京电厂委托给专门负责全国电力工业建设的国民政府建委会事业处管理，"以期电厂合理化，达到服务公众之目的"。根据西京电厂注册时的调查，"营业区域内有纱厂二，面粉厂二，布厂一，铁工厂数十家，总计各业所需马力在四千匹以上"。① 此时建委会也早有开发西北电力工业的宏伟计划，认为电力工业对日渐繁荣的西北经济的发展会有更大的推动作用，也符合南京国民政府"开发西北"的初衷，因此便和陕西省政府合作筹建了西京电厂，从而开始了陕西国营电力工业的大力开发。

二　建委会创办西京电厂

虽然陕西省政府筹办西京电厂的打算由来已久，但因技术与资金等问题迟迟未解决，具体建设推迟到1934年春季。当时省政府派建设厅厅长雷宝华亲往南京与建委会事业处具体洽谈筹设电厂事宜。经双方激烈争论，达成共同办厂的协议：建厂资金暂定为30万元，由省政府招徕商股投资，建委会将所属首都电厂一套750千瓦的汽轮发电机组作为投资入股，并提供建设西京电厂的其

---

① 《建委会筹建西安电厂事宜》，建委会档案，46/598。

他设备与技术人才。

至1934年底，由于陕西商人对电厂集资不感兴趣，电厂筹资并不顺利。12月8日，雷宝华致函建委会事业处处长秦瑜，说明筹资活动因西北民众对集资建设电厂之事不甚了解，集资不甚热心，故进展颇缓。由于意识到不易招徕商股，陕西省政府便欲将电厂完全改为官办，由省政府提供资金。因此，建设厅要求建委会"于五日内迅派负责人来陕以便将订购手续、机价数目及合同稿件等早日商洽决定"。① 在建设厅的一再要求下，21日，建委会派设计委员朱瑞节带领学习员奚为义赴西安考察建厂的各种条件，以及双方电厂筹备内容的具体细节。24日上午，朱瑞节抵达西安，与雷宝华商谈筹办电厂的具体事宜。雷宝华表示同意将电厂工程交由建委会主办，"惟对旧机作价八万元，认为过高"，提出"在京时，秦瑜处长已允五万元，最好全厂机器全归会下办理"的意见，以致谈判陷入僵局。至此，朱瑞节致电请示建委会应如何办理。建委会认为西京电厂应继续筹建，不能停止，因此同意将旧机减为五万元，但"所有应添、应修、应换及拆装搬运种种费用均须另由电厂总预算内开支"。② 26日上午，朱瑞节将建委会所提意见与雷宝华等人商谈四小时之久，仍无结果。陕西方面认为旧机作价最高不能超过五万元，即使是五万元，亦仍"不能为陕省民众所容纳"，并力争电厂会计必须由陕西完全负责，并保证拨款以不妨碍工程进行，随用随支，或先将建厂所用之款汇往南京，"惟须由彼方主其事"。29日，在双方协商电厂筹备委员会人员组

---

① 《建委会电业科派员赴西安调查筹设电厂的函件》，建委会档案，46/599。

② 同上。

成时又起争执。因陕西方面投资较多，提出须比建委会多一人，成立由建委会三人、建设厅四人组成的电厂筹备委员会，且将来工程、业务方面均由建委会负责。对于此提议，建委会表示不能接受。31日晚，在陕西省主席邵力子主持下，双方再谈。陕西方面为使电厂及早动工，不得不做出让步，同意成立由建委会三人、建设厅两人组成的电厂筹备委员会，但会计一职须由陕西方面委任。翌年1月3日，雷宝华将谈判所议六条办法电告秦瑜：

一、建委会的旧发电机在南京修理完善后作价五万元为股本，与陕西建设厅合资办理西京电厂；

二、建设厅股本定为现款二十万元；

三、建委会应将旧机改为五十周波，其改变周波应添购各项新机件，全厂建筑及一切费用等，统由建设厅现款股本内支付；

四、在西安设立办事处办理一切事务，其主任及工程与业务人员由建委会委任，会计由建委会暨建设厅共同委任之；

五、本厂正式发电一年后，一切入于常轨时，由双方另行正式组织；

六、工程完成开限期最迟不得超过廿四年九月中旬。①

雷宝华还要求建委会迅速任命办事处主任前来西安筹备电厂。至于厂址方位，则根据朱瑞节的勘测，初步定在西安城东北角，地基20亩，秦瑜对此表示同意。至此，建委会与建设厅合办西京电厂的初次谈判方告结束。

---

① 《建委会筹建西安电厂事宜》，建委会档案，46/598。

虽然西京电厂建设项目已经规划好，但具体何时动工仍没确定，故陕西方面十分着急，多次致电或者写信催促建委会及早动工。1935年2月3日，雷宝华电告秦瑜："请速派员前来办理，幸无再延。"19日，雷宝华再次电告秦瑜："西安电厂事，两次电催，未蒙赐复，委托贵会办理，原期迅速委座，限期严迫，若再迁延，责将谁属，恳请派员来陕并一面迅将旧机起运，立候电复。"24日，雷宝华又来电称："迭奉（省府）严令催促完成，务恳坚守前约，准于9月前完成，一面筹划起运旧机，一面派员来陕兴工，以便依限开灯，并乞将派员来陕日期电告。"① 3月2日，雷宝华又致函秦瑜，要求加快电厂建设。短短一月之内，陕西方面就四次催促，足以说明陕西方面对创办电力工业的急切。

此时建委会亦在南京忙于筹划西京电厂事宜。西京电厂发电所房屋从1935年2月起就开始设计绘图。3月16日，发电所设计图纸登报公开招标。翌月3日，在建委会会议室会，建委会同陕西建设厅秘书主任梁宗鼎当众开标审核，南京复兴建筑公司以经验丰富、开价相当而中标。4月10日，双方签订正式合同，但因厂址纠纷而迟至5月2日才开工，由陕西建设厅派技正张丙昌担任监工。

关于西京电厂的资金、技术及人才问题，亦先后得到顺利解决。由于筹资困难，陕西建设厅先将部分资金汇给建委会，以便建委会及时使用。至于技术方面，较为困难的为水源问题不易解决。因西安地处高原，水源"工程设计之材料，甚难取得，虽经与陕建厅数度商讨，结果对水层深度及水位等，所得仍属有限"，②

---

① 《建委会筹建西安电厂事宜》，建委会档案，46/598。

② 同上。

这在一定程度上延缓了建厂速度。电力人才缺乏亦十分明显，西京电厂西安办事处成立时，仅有办事职员 8 人、机匠 18 人，明显不敷分配，西京电厂办事处除从建委会调拨人员外，又招收了当地高中生分配到各股室工作，以应急需。

为加快西京电厂建设进度，1935 年 7 月 8 日，建委会公布了《西京电厂西安办事处组织章程》，推荐建委会技士寿光①为西京电厂西安办事处主任兼总工程师（翌年又任西京电厂厂长），技佐陈昌华、韦松年任电厂工程师，协助厂长办理电厂有关事宜。寿光办事稳妥，加之曾经在洛阳筹建洛阳电厂，对中西部情况较为了解，经验亦较丰富。1935 年 7 月，寿光被任命为西京电厂西安办事处主任兼总工程师。

建委会为应付西京电厂内部用电及市内照明，1935 年 12 月 3 日，西京电厂先期安装的 33.6 千瓦柴油发电机组竣工，17 日开始向电厂内部供电。又应省政府要求，翌年 1 月 23 日，西京电厂开始向西安市区供电。4 月 17 日，从首都电厂拆迁的汽轮发电机组（由 60 周波改为 50 周波后，功率由 750 千瓦降为 675 千瓦）又装竣发电。至此，从 1934 年 12 月西京电厂开始筹备至发电，历经 16 个月，终于完成了陕西省第一座国营电厂的建设，在西北的电力工业发展历史上具有重要的意义。

西京电厂建成发电后，发展颇快。1936 年 4 月 17 日西京电厂正式开始营业时，报装用电户仅 588 户，但因西安市民对此种新设

---

① 寿光，浙江诸暨人，1925 年毕业于浙江公立工业专门学校电机工程科，在上海永安纺织公司第二厂任电机科员、副技师，未及三年即升任永安纺织公司第三厂电机专修科长兼工程师，后又任上海大同制造厂电机顾问，1934 年转任建委会技正，担任中央军校洛阳电厂工程师。

备感觉新奇，加上"自供电以来，市民极感便利，不数日前来请求接火者异常踊跃，用户报装数顿告千户以上"。① 西京电厂的发电能力十分有限，面对应接不暇的装灯请求，电厂便开始对每日装灯的数量进行限制，"计每日暂限报十户"，并对要求装灯户的类型有明确规定，先尽量满足商家店铺及政府机关用电，然后才予市民装灯。此举体现了电力工业既为推动当地工业发展也要顾及民众生活的宗旨。至 7 月 4 日，计已报装用户 1445 户，两个半月之内增加了 857 户，平均每月增加 340 余户，直至西京电厂所有电表用完。为此，电厂一面令市民停止报装电灯，一面请建委会分别向首都、戚墅堰两电厂商借所余电表运至西安以解燃眉之急。此时，因装电户陡增，电厂供电形势亦顿显紧张。西京电厂只好"暂租大兴纱厂节余之电力 400 千瓦以资应付"。② 据厂长寿光向建委会汇报："西安发展甚快，因此电厂营业将来希望亦颇大，目前申请供电者，殊为踊跃，已有供不应求之势，迩来收入激增，每月已达二万数千元之多"。③ 可见西安地区对电力工业的急切需求，也反映了电力工业对西安地区各项事业发展的推动作用。为彻底解决电力供应不足问题，建委会又将首都电厂的 1 台瑞典制造的 1600 千瓦发电机及两台锅炉估价 9 万元入股，于 1937 年 4 月拆运至西安。但因用电户数量日益增多，"惟西京范围广大，此项电力尤不足用"。④ 西京电厂的发展由于资金缺乏而无法扩展规模，发

① 《建委会筹建西安电厂事宜》，建委会档案，46/598。
② 《陕西省之经济建设》，中央党部国民经济计划委员会《十年来之中国经济建设（1927~1937）》，南京扶轮日报社，1937，第 13 页。
③ 《建委会经济委员会会议记录及委员潘铭新派令》，建委会档案，46/110。
④ （西安）《西京日报》1937 年 6 月 16 日。

展一度陷入困境，但此时中国建设银公司的入股而使西京电厂的发展有了新的转机。

三 中国建设银公司的入股与西京电厂的发展

在西京电厂迅速发展之时，用电量激增使电厂必须尽快充实发电设备、提高发电量。中国建设银公司的入股使其发展得到了资金保障，也得到了发展的良好机会。中国建设银公司是由原行政院副院长兼财政部部长的宋子文在 1934 年于上海成立的金融投资公司，主要目的是对全国工矿与交通事业进行投资。中国建设银公司成立后，在投资扬子电气股份有限公司与淮南路矿股份有限公司的同时，[①] 也将投资注意力转向西北，对西京电厂的投资即为一例。

宋子文早在 1931 年 11 月全国经济委员会成立筹备处时，就有开发西北的设想，曾多次赴西北实地考察。1934 年 6 月 2 日中国建设银公司正式成立后，其"开发西北"的愿望仍不减当年，极力想方设法在西北投资。西京电厂筹备处成立后不久，该公司即派员赴西北详细调查具体投资事宜，中国建设银公司副经理尹仲容多次致信建委会事业处处长秦瑜和电业科科长张家祉，询问向西京电厂投资事宜。因为西京电厂由电气专家筹建而成，在很大程度上是将首都电厂和戚墅堰电厂的宝贵经营经验移植至西京电

---

① 关于中国建设银公司于抗战前夕投资扬子电气股份有限公司与淮南路矿股份有限公司的详情，可以参见笔者撰写的《试论抗战前国有企业私有化的原因——以建设委员会商业化运营为中心的考察》，《中国经济史研究》2008 年第 4 期。

厂，因此办理效果甚好。如在收费方面，"本厂援照首都、戚墅堰两电厂办法将全市划分区域，按户编制户号，惟机关另编特别区，规定每月 26 日抄表，1 日收费，以示统一，各旅馆、戏院、澡堂等半月抄表收费一次"。① 直至 1937 年 6 月底，西京电厂的资本已达 711500 元，其中流动资产约 239000 元，固定资产（含发电、配电的设备以及尚未完工的工程）约 450000 元，其他杂项资产达到 22500 元；负债方面，应付未付款项约有 38000 元，折旧约计 11240 元，全厂投资总额计为 400000 元，损益约 200000 元，② 电厂因缺乏资金而发展受挫。在得知西京电厂的发展困境后，宋子文认为这正是向西北投资电力工业的最佳时机，此时建委会和陕西省政府也苦于资金短缺而无法扩展电厂工程。因此，三方一谈即合，决定重组西京电气股份有限公司，规定新公司投资总额为 100 万元，陕西省政府与建委会各负担 33.5 万元，余下 33 万元则由中国建设银公司承担。按照原计划，1937 年 1 月 1 日三方开始共同管理电厂，但因合作条件未能完全谈妥，故推迟半年，至是年 7 月 1 日三方才正式共同签约。7 月 5 日，建委会、陕西省政府与中国建设银公司在南京召开了西京电气股份有限公司成立大会。经过三方讨论，通过了西京电气股份有限公司章程、董事会章程及西京电厂组织章程。因厂长寿光在筹备电厂时就为主持人，已熟悉该厂业务与管理，故仍被三方一致推选为厂长。此外，又推选了公司第一届董事会和监事会，董事长为秦瑜，董事有陈大受、陈中熙、雷宝华、续式甫、杨毓真、卞喜孙、王巽之、尹仲容；监

---

① 《西京电气股份有限公司创立及第一次监事会议纪要》，建委会档案，46/562。
② 同上。

事有张家祉、李志刚、袁纯初等人。[①] 董事会与监事会是由建委会、陕西省政府和建设银公司三方组成，名额各占 1/3，说明三方对电厂有相同的控制权。由此，三者均达到了各自的目的。通过投资入股的方式，中国建设银公司得以投资西北的电力工业。建委会"鉴于西北电气建设之重要，所需资本，势非利用各大银行投资，不足以造成雄厚之发展力量，爰商请中国建设银公司加入合作"，[②] 这在一定程度上弥补了西北电力工业发展遭遇的资金不足的窘境。当然，受益最大者为陕西省，它通过合资的方式，实现了陕西电力工业发展的重大突破，为西安各项事业的发展提供了充足的电力。

中国建设银公司入股西京电厂之后，在一定程度上使电厂在资金与技术上有了一定保障，从此进入了一个迅速的发展阶段，电厂"业务进展，蒸蒸日上，且因银公司之加入投资，新厂计划，得迅速实现，新发电设备于 26 年（指 1937 年——引者注）6 月、8 月分别定购，计向蔼益吉厂定购 2000 千瓦汽轮发电机设备一套，向斯科达厂定购 16 吨锅炉两座，此外关于咸阳通电问题，亦曾拟具详细计划，本定 9、10 月间放线，实行供电"。[③] 在半年之内，电厂用户负荷与电费收入均有明显增加。电厂虽未能实现接通咸阳的计划，但业务仍有新的进展。西京电厂"就目下情势言，前途发展正大可乐观也"。[④] 从表 1 可以看出西京电厂的赢利之多。

---

① 《西京电气股份有限公司创立及第一次监事会议纪要》，建委会档案，46/562。
② 寿光：《西京电厂之概况》，《资源委员会月刊》（2），1939 年 5 月 1 日，第 115 页。
③ 《建委会西京电气股份有限公司营业报告书》，建委会档案，46/564。
④ 全国电气事业指导委员会：《十年来之中国电气事业建设》，《建设》（20）（调查报告），1937 年第 2 期，第 53 页。

1938 年 1 月，南京国民政府建委会被裁并至经济部，业务归
资源委员会经营，建委会在西京电厂的股份也随之转移至资源委
员会。整个抗战期间，西京电厂发展仍然很快。除维持电厂正常
的运转外，还在西北地区筹建了汉中电厂、宝鸡电厂及一些水力
发电工程。抗战胜利后，因建设银公司用西京电厂、中湘煤矿、建
川煤矿的股份调换资源委员会淮南煤矿的股权，从而专心经营淮
南煤矿。自此之后，西京电厂一直由资源委员会管理，直至新中
国成立后，易名西安人民电厂，成为西北地区较大规模的电厂
之一。

表 1　抗战前西京电厂电费收入统计及电厂用户售电统计（1936 年 6 月至 1937 年 9 月）

年　月	灯户电费（元）	力户电费（元）	电费总计（元）	用户数	售电量（度）		
					力户	灯户	总计
1936 年 6 月	9818	39	9857	903	577	43836	44413
1936 年 9 月	14383	1149	16730	1394	2186	69792	71978
1936 年 12 月	30420	1350	34542	2227	5036	137734	142770
1937 年 3 月	31559	1424	36091	2374	4484	121864	123348
1937 年 6 月	26306	1720	29120	2470	8032	109538	117570
1936 年 9 月	27495	2173	30738	2562	11752	117207	128959

资料来源：根据寿光《西京电厂之概况》，《资源委员会月刊》（2），1939 年 5 月 1 日，第
119、120 页内容制作。

四　西京电厂的深刻影响

西京电厂经过 16 个月的艰难建设，在建委会与陕西省政府的
共同努力下，终于在 1936 年 4 月 17 日正式对外营业。西京电厂的
建成产生了极其深远的影响。它不但是建委会"开发西北"的一

个范例，对西北电力的发展起到了重要的推动作用，而且为西安工业的发展以及西安城市的现代化建设提供了良好的动力发展基础。

首先，西京电厂的建成，不但是南京国民政府建委会"开发西北"的一个实际行动，而且是江浙一带发达地区支援西北地区建设的极好范例。在此之前，虽然中央政府一再要求和鼓励国人去西北创业，可是响应者寥寥。建委会为了响应国家"开发西北"的号召，在 16 个月的短暂时间内，即建成了西京电厂。在电厂筹建过程中，建委会"事业处电业科随时以通知书分条指导，（西京电厂）办事处对于工程进行状况随时用报告书向电业科报告，所有办事处需用之材料，电业科以最迅速最经济之方法购置供应之，办事处对于各项工程之设施，亦均能依照，预订日期予以完成。总计自开始筹备以迄于成，为时仅十六月"。① 虽然电力工业为中国弱势工业，可是"该厂一切土木工程之设计，除厂房另请专家协助指导外，其他均系自行规划，负责办理，各项设计均以坚固经济为原则，所用材料，除必不得已，需用外货外，尽量采用国货"。② 不但如此，为管理指导便利及减少管理费用，西京电厂委托事业处管理，"以期电厂合理化，达到服务公众之目的"。③ 由此可见，建委会对西京电厂的投入与国人自主开发电力事业的爱国热情的高涨。

东南江浙一带发达地区为西北工业的发展亦是尽心尽力，这

---

① 寿光：《西京电厂之概况》，《资源委员会月刊》（2），1939 年 5 月 1 日，第 114 页。
② 同上，第 115 页。
③ 《建委会筹建西安电厂事宜》，建委会档案，46/598。

不但体现在电力工业的人才输送方面，而且体现在电厂设备技术的输入方面。西京电厂筹建后，电厂的大部分设备是首都电厂移往西安的。工程师和技术人员几乎全由江浙一带毕业生担任。如西京电厂工程师陈昌华、马秀甫二人，均为浙江大学工学院电机工程专业学士毕业；倪钟焕为上海交通大学电机科毕业生。也有部分人员为非大学毕业生，但也经过建委会的培训，如电业人员训练所毕业的学生葛慎墉、鄂毓钟、陈秉笏等人，只有吴怡廷乃一试用股员，但也在戚墅堰电厂实习三个星期后才允许赴西京电厂工作。[1] 可见，东南地区对西北电力工业发展给予了大力支持。

其次，西京电厂的建成对西北及西安工业发展的推动作用甚大。西京电厂在 1937 年 1～3 月的计划中曾经规定："对于供给电力用户，拟尽先供给小规模之工业用电，视本厂将来新机负荷之情形，逐渐再行推广，输送电流于各大电力用户，并期达到无限制供给用户。"[2] 在电厂发电之后，"乃因西安各种事业及市面进展之速，发电未久，即虞不足，呼吁踵至"，[3] 说明了电厂对地方各项事业的影响之大。此时，西安工业因有电力供应获得了快速发展，不但一些传统工业，如纺织、打包等工业有所增长，而且新式的、使用电力的工业亦纷纷在西安出现，如机器制造、化学、制药等，促进了西安工业的发展，也为西北工业的发展提供了很好的示范作用。"该厂自 26 年 7 月至 12 月，用户计自 2480 余户增至 2780 余户，负荷 710 千瓦增至 1300 千瓦，……综计六月来，该厂电费收入共计国币 20.97 万元，售出电度共 93.32 万度，内电灯用

---

[1] 《建委会西京电气股份有限公司职员资历表》，建委会档案，46/128。
[2] 《建委会筹建西安电厂事宜》，建委会档案，46/598。
[3] 《建委会西京电厂加入建设银公司股本事宜》，建委会档案，46/565。

电占92%，电力用电占8%。"① 由此可见，用电者多为灯户，而力户十分稀少，从侧面说明了当地工业的落后。但我们可从表1看出，在西京电厂建成之后，力户数量一直呈现上升趋势。

最后，西京电厂的建成，不但使西安"都市大放光明，为西北物质文明辟一新纪元"，② 而且使西安人民对电力工业的认识有了与以往不同的看法，意识到电力工业对人们的生活改善所起到的重大推动作用。

从表1可知，西京电厂发展十分迅速，开始发电之时，用户数仅903户；可是在电厂发电三个月后就上升至1394户，迅速增加了491户；六个月后，又猛增至2227户。而在中国建设银公司投资入股之后，西京电厂发展更快，无论是力户还是灯户，数额均有大幅度的增长。西京电厂的营业范围迅速扩大，根据西京电厂设厂注册时，"西安城区共有29814户，人口154514人"，③ 至1937年9月，用电户数已占西安城区总户数的近1/10，说明在西京电厂建成之后，发展迅速。电厂的建成也迅速改变了人们以往对电厂的不良看法，因为"当地商民鉴于以往之电厂失败，对于电厂信用多数始终抱观望态度，或试用性质，但自试用以来，颇感满意，相继装灯、添灯以致负荷骤然高涨"。④ 虽然抗战之前已经装设了1600千瓦的发电机，但是根本不敷使用。据厂长寿光向中央社记者所言："拟再购3000千瓦发电机，计划早经拟定，现已

---

① 《建委会西京电厂加入建设银公司股本事宜》，建委会档案，46/564。

② 全国电气事业指导委员会：《十年来之中国电气事业建设》，《建设》（20）（调查报告），1937年第2期，第53页。

③ 《建委会关于西京电厂注册事宜》，建委会档案，46/556。

④ （西安）《西京日报》1937年6月16日。

积极进行，须明年 6 月始可装竣。"[1] 寿光认为电厂业务发展如此之快，"即是社会电气化之先兆也，亦即我电气事业人最希望之目的也。"[2] 其实这亦为南京国民政府建委会开发西京电厂良苦用心之所在。

五　结语

抗战前夕，陕西西京电厂的开发与建设是南京国民政府开发西北国营电力工业的一个极好范例，它的建成为西北地区电力工业的发展提供了很好的示范作用，从而使西北的国营电力工业从无到有，逐渐发展壮大。由于电力的使用主要体现在以下三个方面：①街道路灯化；②居民日用照明电灯化；③企业动力电力化，所以正是在西京电厂的带动下，西安附近的电力工业才逐渐发展起来。如此，电力工业文明的"火种"迅速传播并逐渐带动西安附近城镇的近代化，实际上推动了西北各项事业的现代化进程。西京电厂的创建与发展对推动西北各项事业现代化的意义则更加凸显。

（整理人：郭益蓓　孙静冬）

---

① 全国电气事业指导委员会：《十年来之中国电气事业建设》，《建设》（20）（调查报告），1937 年第 2 期，第 35 页。

② 《建委会筹建西安电厂事宜》，建委会档案，46/598。

近代中国公司治理的"社会资本"分析

高新伟[*]

    自 1872 年轮船招商局成立至 1949 年国民党败退台湾，公司在近代中国经历了 70 余年的发展，相继产生了官督商办、官商合办、民营及国营等多种公司形式，在公司治理建设方面也取得了一定成就。大多数公司按照相关法律要求，建立了公司治理结构，同时公司治理的相关理念也逐渐为人们所接受。所有这些，在很大程度上促进了公司制度在近代中国的发展。不过，从近代公司治理结构的实践情况来看，情况并不乐观。经济民主、分权制衡原则始终未能成为公司治理的基本原则，公司治理结构也并未按照制度设计发挥作用。在公司治理中起决定作用的，往往还是传统手段。通过对近代中国公司的系统研究，我们认为，出现这种状况并不奇怪，实际上这符合公司自身的特点。公司治理反映的基本原则，实质上是西方社会政治领域民主原则与分权制衡原则的运用，但公司运行有其自身规律，以上原则与企业集权的性质实际上是互相矛盾的。这种制度在西方行之有效，是由西方社会长

---

* 高新伟，历史学博士，河南大学经济学院副教授。

10

期形成的价值理念、经济伦理决定的。这些价值理念、经济伦理能够补公司制度自身之不足，因而被称为"非正式规则"，又因为这些价值理念、经济伦理可以节约交易费用，所以也被称为"社会资本"。公司制度移植到近代中国后，对传统手段的运用实际上是利用中国自身"社会资本"来实现公司治理目标，有其必然性与合理性。

一 关于近代公司治理结构的内在缺陷

众所周知，最初公司治理结构是基于股权、依据经济民主与分权制衡原则建立起来的。公司采用股东中心主义，反映的是所谓的资本民主原则。而股东大会、董事会、监事会及经理的设置，也是分权制衡原则在经济领域的运用。

中国于近代移植公司制度后，也移植了其公司治理结构，其特点是在保证股东中心主义的基础上，按照经济民主与分权制衡原则进行制度设计。但在现实生活中，无论国营、民营还是公私合营公司，都没有真正实现经济民主原则，基于股权的治理一直受到种种挑战；同时，股东大会、董事会、监事会与经理之间，也没能真正实现分权制衡，集权一直是近代中国公司经营的主旋律。

一般认为，经济民主与分权制衡原则在近代公司得不到体现，与近代公司的股权结构及行政干预大有关系。比如王效文在《中国公司法论》中系统论述了大股东通过控股优势实现集权的问题，以及中小股东不得不放弃行使权利的无奈选择。在近代公司实行"资本多数决定"的原则下，大股东显然比中小股东更愿意参与公司治理。由于人微言轻，以及存在"搭便车"的倾向，中小股东往往主动放弃自己的合法权利。而少数大股东则利用自身的股权优势，实现了权利的集中。尽管近代公司法倾向于保障中小股东的参政权利，并对大股东的权利进行了一定程度的限制，但中小股东参与监督的动力始终不足。与之相应，对大股东的限制也没有什么实际作用。比如法律规定每个大股东的表决权最多达到1/5，但"仍属于事无济"。① 一个股东即便只有1/5的发言权，也能轻易地操纵整个公司。

至于行政干预，也被认为是导致经济民主、分权制衡原则失效的重要原因。关于此点，我们也可以从时人对官督商办、官商合办及官办公司的批评中得到更多的印证。

应当说，人们将近代公司未能实现经济民主、分权制衡归因于股权结构或行政干预，有其合理性。这里的问题是，如果不存在股权集中或者行政干预，公司就能按照经济民主或分权制衡原则运行吗？实际情况并非如此简单。通过考察我们发现，无论是在公司发达的国家还是在公司发展较为落后的国家，无论是在股权集中的国家还是在股权分散的国家，中小股东放弃监督几乎是一种普遍现象，公司的民主设计徒有虚名，而集权始终是公司的主题。以公司制度发达、股权较为分散的现代美国公司为例，尽管公司法对中小股东的监督权给予了全方位的保证，但中小股东还是倾向于"用脚投票"，即通过股票市场来保障自身权利。在美国学者伯利和米恩斯眼中，他们的地位与公司债权人或货币贷款人并无两样。②

由于美国公司的股权较为分散，广大中小股东又倾向于放弃

① 王效文：《中国公司法论》，中国方正出版社，2004，第138页。
② 〔美〕伯利、〔美〕米恩斯：《现代股份公司与私有财产》，台湾银行经济研究室，1981，第137、270页。

监督权，因而公司的权利就集中于所谓的"内部人"。[①] 在这种情况下，美国公司不得不实行独立董事制度。独立董事的设置，目的在于对"内部人"进行权利制衡。但独立董事并非股东，并不是基于股权对经营者进行制衡的。

至于大陆法系的日本、德国，则是反映为大股东的控制，经济民主与分权制衡同样难以实现。公司治理在现代西方社会的实践证明，基于股权的经济民主与分权制衡原则在近代中国的失效，尽管与股权较为集中、行政干预过度有关，但股权较为集中、行政干预显然不是决定性原因。公司制度在现代西方国家的实践证明了这一结论。

那么，到底是什么原因导致公司治理不能实现经济民主与分权制衡呢？科斯对企业性质的论证给出了合理的解释。科斯认为，与市场通过契约形式完成交易不同，企业依靠权威在其内部完成交易。企业形成的根本原因，就是减少市场交易成本。组织中权威机制的存在能够节省一定的市场交易成本，这是企业优于市场的原因所在。[②]

企业存在的合理性，就在于它的集权属性。正是这种属性，使得它比市场更能节约交易费用。公司作为一种特殊的企业，要取得成功，同样需要采取集权体制。近代中国公司的发展也在一定程度上证实了这一点。在近代中国，凡是取得成功的企业，大多实行集权体制，如商业储蓄银行"向由总经理集权"，[③] 并取得了极大的成功。而那些采取分权形式的企业，则大多效益欠佳，

---

① 高新伟：《试论近代公司的内部人控制》，《天津社会科学》2006 年第 4 期。

② R. H. Coase, "The Nature of the Firm," *Economic*, New Series, 4 (1937).

③ 上海商业储蓄银行档案，秘 2198："关于组织及人事问题"，约 1927 年。

比如浙兴银行，其管理体制属于分权模式，结果决策层相互矛盾，在竞争日趋激烈的环境下，影响了总经理的创新精神，在重大事务的处理上效率低下，因而发展缓慢。

这样看来，公司具有集权的属性，因而不能实现经济民主与分权制衡有其必然性。从根本上说，公司治理结构的制度设计存在严重的内在矛盾。中国近代公司治理结构并未依照经济民主与分权制衡原则运行，并不完全是股权集中与行政干预的结果。

二　社会资本在近代公司治理中的替代作用

由于企业具有集权的性质，所以无论是中国近代公司还是西方现代公司，其治理结构都难以按照经济民主与分权制衡的原则发挥监督作用。但是，这是否意味着公司治理失败呢？实际情况并非如此，现代西方公司的成功有目共睹，而中国近代公司尽管在治理方面存在诸多弊端，但总体而言，也取得了很大的成功，公司制度成为近代企业的主流形式也从一个侧面证实了这一结论。

这里的问题是，为什么公司治理结构未能按照制度设计发挥作用，公司仍能取得成功？通过对中国近代公司及西方现代公司的考察，我们发现，公司经营是否成功，在很大程度上并不是由公司治理结构的制度设计决定的，而是由治理结构以外的因素决定的，这种因素也就是新经济社会学派所说的"社会资本"。

社会资本属于非正式制度的范畴，是一种非制度化的约束，它表现为人们在长期交往中形成的价值信念、伦理规范、道德观念、风俗习惯和意识形态等以及由此形成的行为习惯。行为习惯有时并不是理性的，但由于它植根于社会传统，因而带有长期性、稳定性的特点，往往可以弥补制度的不足。实际上，任何制度都不可能是完美的，都会存在种种缺陷，因而行为习惯是一种必不可少的替代品。同时，由于人们的行为习惯是约定俗成的，相对于正式制度来说节约了交易费用，因而带有资本的特性，人们称这种特殊的资本为"社会资本"。

对于社会资本的重要作用，经济学家早有认识。例如，亚当·斯密在《道德情操论》中提出市场需要某种道德情感；大卫·休谟认为，合适的道德行为或者"道德情操""同情心"会支持新的经济活动形式。不过，上述经济学家并未提出"社会资本"的概念。第一个正式提出"社会资本"概念的是法国学者布尔迪厄。1980年，布尔迪厄在《社会科学研究》上发表了一篇题为《社会资本随笔》的短文。文中指出，社会资本是"实际的或潜在的资源的集合体，那些资源是同对某种持久性的网络的占有密不可分的，这一网络是大家熟悉的，得到公认的，而且是一种体制化关系的网络"。① 布尔迪厄对社会资本的描述体现在上述这段话中的两个关键词上：一是网络；二是体制化。在布尔迪厄看来，社会资本就是一种社会网络，而这种社会关系网络必须被转化成体制性的关系，只有这样才能真正成为社会资本。

在布尔迪厄提出"社会资本"概念后，众多学者对此概念进行了界定与完善。综合这些学者的概念，我们可以确认，社

---

① 〔法〕布尔迪厄：《文化资本与社会炼金术》，包亚明译，上海人民出版社，1997，第202页。

会资本是处于一个共同体之内的个人、组织通过与内部、外部的对象的长期交往合作互利形成的一系列认同关系，以及在这些关系背后积淀下来的历史传统、价值理念、信仰和行为范式。社会资本把个人从缺乏社会良心和社会责任感的、自利的和自我中心主义的算计者，转变成了具有共同利益的、对社会关系有共同假设和共同利益感的共同体的一员，成为将社会捆绑在一起的黏合剂。①

"社会资本"概念的提出，可以帮助我们很好地理解为什么公司治理结构在制度设计方面存在内在矛盾，但公司治理仍能取得成功。以近代中国公司为例，由于公司治理结构的建设存在诸多问题，所以股东大多是通过选择投资对象来保障自身权益的。一般而言，股东总是倾向于在家族内部投资，利用血缘关系来克服代理问题。如果与经营者没有血缘关系，他们则会选择向"熟人"投资。前者利用的是家族伦理；后者利用的则是泛家族伦理。家族伦理的有效性在于人们之间天然的血缘关系，以及由此形成的宗法社会；而泛家族伦理通过对邻居、乡党，以及亲近的同学、同事、朋友逐步植入家庭内部长幼、兄弟之间的"孝、悌"观念，把他们视为家人，从而信守互助、互惠信任，② 这同样是有效的。这是因为在传统社会里，人们的生活圈子相对有限，成员的信息流动基本上是无障碍的。如果有人违背了大家约定的习俗，就会被圈内人所共知，并会被圈内人共同排斥。在这种情况下，圈内

① 〔美〕罗伯特·D. 普特南：《繁荣的社群——社会资本与公共生活》，李惠斌等主编《社会资本与社会发展》，社会科学文献出版社，第 155～156 页。
② 廖小波：《家族企业制度与现代公司制度之比较》，天津师范大学硕士学位论文，2003。

人必须为自己并为他人负责，否则就会面临严重的风险。长期博弈的结果，同样会形成一种有效的约束关系，近代中国公司的实践也证明了这一结论。比如轮船招商局与开平矿务局的股东，大多是唐廷枢、徐润"因友及友，辗转邀集"吸引而来的。[1] 这些股东敢于投资，并不寄希望于官督商办的"官督"真能保证其利益，而是因为他们与唐廷枢、徐润有着直接或间接的关系，并且相信这种关系足以对唐廷枢、徐润构成有效制约，从而取得丰厚的投资回报。

需要指出的是，基于家族伦理或者泛家族伦理的社会资本，有其局限性。它主要表现在，在此基础上形成的信任关系是一种差序信任——随着人们关系的疏远，信任程度也会降低。他们"对家人的信任是绝对的，对朋友或熟人的信任只能达到建立相互依赖关系，双方都不失面子的程度"。[2] 用张之洞的话说就是"近则明，远则暗"，"私则明，公则暗"。[3] 这种带有差序特点的信任关系，对公司的扩张是极为不利的。也正是由于这一原因，新经济社会学家才将其称为"特殊主义的社会资本"。所谓"特殊主义"，是指根据行为者与对象的特殊关系认定对象及其行为的价值高低；与之相对应的"普遍主义社会资本"，其基本特点表现为对对象及其行为的价值认定独立于行为者与对象在身份上的特殊关系。[4]

---

① （清）经元善：《居易初集》卷2，光绪二十七年。
② 雷丁：《海外华人企业家的管理思想——文化背景与风格》，三联书店，1993，第85~86页。
③ （清）张之洞：《芦汉铁路商办难成另筹办法折（光绪二十二年七月十五日）》，《张文襄公全集》卷44，奏议440。
④ T. Parsons, *The Situation of Social Action* (New York: The Free Press, 1968).

一般而言，在公司发展初期，由于公司规模较小，特殊主义的社会资本可以满足公司治理的需要，家族企业也是一种合理的选择。从世界范围看，各国在其公司发展的历程中，几乎都经历了一个家族公司的发展阶段。[①] 不过，随着公司的不断扩张，特殊主义社会资本的局限性也越来越明显。它要求以普遍主义社会资本取代特殊主义社会资本，从而为现代化大公司的形成开辟道路。

三　普遍主义社会资本在近代难以形成之原因分析

特殊主义社会资本向普遍主义社会资本的转化，并非一个自然而然的过程。许多国家取得了成功，同时也有不少国家难以完成转变。就近代中国而言，明显未能完成这一转变。以近代民营公司为例，家族企业代表了最高水平，其治理的基础也是特殊主义社会资本。至于国营公司或者各种公私合营公司，尽管利用行政权威等手段确实能够有效扩张公司规模，但其治理基础并非普遍主义社会资本，在经营中也存在诸多问题，事实上也不是理想的公司形式。

近代公司未能完成由特殊主义社会资本向普遍主义社会资本的转化，或许与公司制度未能充分发展即告中断有关。不过，考虑到中国台湾、中国香港以及其他以华人为主体的地区，其公司发展并未因外部力量而中止，但其主要形式仍然是家族公司，同

---

① 豆建民：《中国公司制思想研究（1842～1996）》，上海财经大学出版社，1999，第49页。

时其治理的基础仍然是特殊主义社会资本。① 我们可以得出结论，即使中国近代公司得到更为充分的发展，要想实现转变也是极为困难的。

对此现象，许多学者做了有意义的研究。其中，美国学者弗兰西斯·福山的观点颇具启发性。福山在对世界主要国家进行研究后认为，"美国、日本和德国率先发展现代化、理性组织、管理专业的大型公司，并不是一桩巧合的事，这几个国家的文化都具若干特质，可以容许企业组织超越家族的范畴，迅速发展起来，同时创造多种不是以血亲关系为基础的新形态自愿性社团。由于在这些文化之下，没有血缘关系的社会成员之间仍然拥有高度信任感，于是攒积成社会资本的雄厚基础"。②

根据福山的观点，可知实现从特殊主义社会资本向普遍主义社会资本转变的条件是一个社会存在不同于家族组织的"自愿性社团"。西方国家能够实现转变，就是因为其家族主义并不强烈，人们与家族的依附关系也比较松弛。比如，在美国，"家人关系经常流于次要地位，原因是社会上有太多其他的社交管道了，譬如教会、学校、军队、公司的力量经常使家庭成员产生比对自己家庭更大的认同感"。③ 在西欧，同样有着超越血缘关系的集团，比如教派、种族、党派等，其中基督教还有着非家族化的诉求。

这种基于超越血缘关系的"自愿性社团"，同样能够提供公司

① 豆建民：《中国公司制思想研究（1842～1996）》，第49页。
② 〔美〕弗兰西斯·福山：《信任——社会道德与繁荣的创造》，远方出版社，1998，第69页。
③ 同上，第301页。

治理所需的社会资本。其中最为典型的是新教教徒，其新教伦理可以为公司治理提供有效的社会资本。新教伦理主张通过工作来实现苦修。在工作中，人们需要"殚精竭虑、持之不懈、有条不紊地劳动"，因而劳动可以被视为"禁欲主义的最高手段"，并且还可以通过创造的物质财富的多少来衡量一个人"苦修"的程度。只有那些创造了大量财富的教徒，才有可能成为"上帝的选民"。由于新教教徒创造财富的目的是"增加上帝的荣耀"，因而不能把"追求财富作为自身目的的行为"，① 必须注重追求财富手段的正当性，这对新教教徒构成了有效制约。而这些新教教徒之间在进行交易时，显然会因为拥有相同的宗教背景而互相信任。这种信任一旦形成，就变成一种大家都遵守的惯例，构成对所有成员的约束，甚至不再需要其他监督方式。

这里的问题是，为什么存在超越血缘关系的"自愿性社团"社会能形成普遍主义社会资本？这是因为在这样的社会中，不同的"自愿性社团"客观上存在互相博弈的可能。在博弈中往往达成妥协，从而形成被所有人接受的经济伦理。这种伦理必定是剥离了特定集团限制，同时也剥离了身份限制的基于个人本位的经济伦理，最终发展为"一套对所有的人都适用的行为准则"。② 这时候，普遍主义社会资本也就形成了。

普遍主义社会资本催生了西方的信托文化，信托的孕育和作为一种广泛的财产关系制度为整个社会所接受、所尊重，又为公司的委托－代理关系提供了社会基础。从根本上说，西方公司治

---

① 〔德〕马克斯·韦伯：《新教伦理与资本主义精神》，于晓等译，陕西师范大学出版社，2006，第90～92页。

② 金耀基：《中国社会与文化》，牛津大学出版社（中国）有限公司，1993。

理对董事会的倚重，就是建立在西方信托文化的基础上。① 尽管公司因其集权性质而难以实现经济民主与分权制衡，但是由于嵌入了普遍主义社会资本并且有完善的法律保障，公司治理结构仍然得以发挥作用。

与西方社会不同，中国家族主义极为顽强。不可否认，中国也存在超出血缘关系的"自愿性社团"。但这些"自愿性社团"所遵循的经济伦理与家族伦理并无本质区别。以国营公司为例，在用人方面的任人唯亲是典型的家族主义经济伦理的反映。由于中国传统的家族伦理占据支配地位，因而缺乏替代力量，普遍主义社会资本很难形成。

值得指出的是，家族主义在中国的发达并非偶然，它是中央集权体制的合理结果。中央集权排斥多元化权力结构，不利于民间自发组织的生长。在缺乏有效组织的情况下，民间不得不依赖血缘关系。而家族主义之所以得到认可，也是因为其适应了中央集权的需要。最高统治者为了实现集权，"化国为家"，并在此基础上形成一系列价值观念与行为方式。同时，家族伦理讲究尊卑秩序，有利于最高统治者的统治，因而最高统治者又将家族伦理扩展为整个社会的基本伦理，"化家为国"。这样一来，家族组织成为传统社会最顽强的社会组织，而相关伦理则成为占主导地位的伦理。在这样的社会里，家族伦理不但成为调节家族内部关系的基本伦理，也成为调整各种关系的基本准则，甚至国家观念或群体意识也不过是家庭观念的延伸。这样看来，家族主义的发达，

---

① 张文魁：《公司治理、公司政治机制及股东、董事、经理之间的权力配置》，《改革》2004 年第 2 期。

特殊主义社会资本的形成，从本质上说也是传统中国集权体制的结果。

综上所述，由于企业自身具有集权性质，因而按照政治领域民主与分权制衡原则构建的公司治理结构先天不足。但是，公司治理结构的缺陷可以由社会资本来弥补。这也是近代中国未能充分发挥公司治理结构的作用，却能取得一定成功的根本原因。不过，基于家族伦理的特殊主义社会资本有其不足之处，客观上要求以普遍主义社会资本进行替代。但是，由于中国家族主义极为顽强并且缺乏其他民间组织，社会资本的转换并非易事。因而要解决公司治理问题，首先要求提供超越血缘关系的民间组织。当然，要发展民间组织，又必然牵涉政治民主与自由问题，这说明公司治理的完善并不单纯表现为公司内部治理结构的完善，而是一项内外结合的系统工程。完成这项任务需要长期而艰苦的工作，近代中国显然不具备这种条件，公司制度未能取得进一步突破，有其历史必然性。

（整理人：孙静冬　郭益蓓）

参考文献

R. H. Coase, "The Nature of the Firm," *Economic*, New Series, 4 (1937).

T. Parsons, *The Situation of Social Action* (New York: The Free Press, 1968).

〔美〕罗伯特·D. 普特南：《繁荣的社群——社会资本与公共生活》，李惠斌等主编《社会资本与社会发展》，社会科学文献出版社，2000。

〔美〕伯利、〔美〕米恩斯:《现代股份公司与私有财产》,台湾银行经济研究室,1981。

〔美〕弗兰西斯·福山:《信任——社会道德与繁荣的创造》,远方出版社,1998。

〔法〕布尔迪厄:《文化资本与社会炼金术》,包亚明译,上海人民出版社,1997。

〔德〕马克斯·韦伯:《新教伦理与资本主义精神》,于晓等译,陕西师范大学出版社,2006。

(清)经元善:《居易初集》卷2,光绪二十七年。

(清)张之洞:《芦汉铁路商办难成另筹办法折(光绪二十二年七月十五日)》,《张文襄公全集》卷44,奏议440。

廖小波:《家族企业制度与现代公司制度之比较》,天津师范大学硕士学位论文,2003。

雷丁:《海外华人企业家的管理思想——文化背景与风格》,三联书店,1993。

豆建民:《中国公司制思想研究(1842~1996)》,上海财经大学出版社,1999。

徐矛:《中国十银行家》,上海人民出版社,1997。

王效文:《中国公司法论》,中国方正出版社,2004。

金耀基:《中国社会与文化》,牛津大学出版社(中国)有限公司,1993。

张文魁:《公司治理、公司政治机制及股东、董事、经理之间的权力配置》,《改革》2004年第2期。

中国近代金融业研究综述[*]

——对中国近代钱庄业和银行业的研究

代春霞[**]

金融史是中国近代经济史研究的一个重要领域，迄今为止，国内外学术界已有不少以近代金融业为研究对象的专著和论文出版或发表。其中对中国近代金融业的总体性研究包括李飞等主编的《中国金融通史》、杜恂诚主编的《上海金融的制度、功能与变迁（1897～1997）》、洪葭管著的《中国金融史十六讲》、叶世昌和潘连贵著的《中国古近代金融史》、中国近代金融史编写组编写的《中国近代金融史》等。一些经济史总论如许涤新、吴承明主编的《中国资本主义发展史》第 2卷、第 3 卷，汪敬虞主编的《中国近代经济史（1895～1927）》下册和刘克祥、吴太昌主编的《中国近代经济史（1927～1937）》中，也有相当部分内容从不同角度介绍中国近代金融业。

中国近代的金融机构主要有票号、钱庄和银行等。作为传统金融机构的票号，由于与清政府关系密切而一度获得了长足的发

本文为中央专项课题《大危机影响下的近代中国产业结构与政策》（NKZXB10037）的阶段性研究成果。

代春霞，河南大学经济学院博士。

展，但此后由于各种原因在经历了短暂的繁荣后便很快衰落下去。另一传统金融结构——钱庄则较早地与新兴的资本主义经济成分发生联系，部分地完成自我改造，从而获得了数十年的持续发展。银行则完全是按照西方国家的现代企业组织形式建立起来的新式金融机构，尽管产生的时间最晚，但后来者居上，迅速发展起来，成为中国金融领域里的一支重要力量。因此，中国近代金融业的具体研究，也大多着眼于传统金融势力的代表——钱庄和现代金融势力的代表——银行这两种不同类型的金融机构上。

一　对中国近代钱庄业的研究

在钱庄业的研究方面，由于上海钱庄的史料最为丰富，大部分研究成果主要集中于对上海钱庄的研究，《上海钱庄史料》[①] 是目前关于近代上海钱庄业最完整的史料集，为学术界后来的研究提供了很多有价值的参考。其他除汉口、南京、天津外，对别的地区钱庄的研究成果则很少见到。黄鉴晖的《中国钱庄史》[②] 和陈明光的《钱庄史》[③] 对中国钱庄业的产生、衍变以及发展过程进行了详细描述。台湾学者郑亦芳的《上海钱庄（1843~1937）——中国传统金融业的蜕变》[④] 对近代上海钱庄的兴衰和影响因素做了详

---

① 中国人民银行上海市分行编《上海钱庄史料》，上海人民出版社，1960。

② 黄鉴晖：《中国钱庄史》，山西经济出版社，2005。

③ 陈明光：《钱庄史》，上海文艺出版社，1997。

④ 郑亦芳：《上海钱庄（1843~1937）——中国传统金融业的蜕变》，台湾《中央研究院三民主义研究所丛刊》1981 年第 7 期。

尽分析。石涛和张军的《上海钱庄汇划制度探析》① 认为钱庄通过汇划制度可以把银行资金导入工商实体经济部门，加速了金融资本向产业资本的转化，也提高了钱庄自身抵御风险的能力。王业键的《上海钱庄的兴衰》② 指出，外国在华银行并没有阻碍钱庄的成长，钱庄的衰落是本国新式银行业的兴起所引起的。朱荫贵的《抗战前钱庄业的衰落与南京国民政府》③ 指出，1927 年以后南京国民政府大量发行国债券、向银行借款及透支的金融改造政策，是导致钱庄业快速衰落的决定性因素，在国债券的承销和承担国民政府借款方面，钱庄业由于其性质、特点和资力的限制，无法与银行业的作用相比，因而成为国民政府改造、纳入银行业进行管理的对象。

姚会元的《国民党统治时期汉口钱庄的衰败》④ 和《近代汉口钱庄研究》⑤ 两篇文章认为是官僚垄断资本的压迫限制、工商业的连年衰退、通货膨胀的吞蚀等因素使汉口钱庄最终走上了衰败没落的道路。张福运的《1927～1937 年南京钱庄业的兴衰》⑥ 则认为南京钱庄业发展由于受政治、经济形势的影响最直接和强烈，加上其自身无法克服的滞后因素，发展迅速，衰落也快。韩国学者林地焕在《论 20 世纪前期天津钱庄业的繁荣》⑦ 中指出，民国初期天津钱庄数目和规模较之前有

---

① 石涛、张军：《上海钱庄汇划制度探析》，《人文杂志》2004 年第 2 期。

② 王业键：《上海钱庄的兴衰》，程麟苏译，载张仲礼主编《中国近代经济史论著选译》，上海社会科学院出版社，1987。

③ 朱荫贵：《抗战前钱庄业的衰落与南京国民政府》，《中国经济史研究》2003 年第 1 期。

④ 姚会元：《国民党统治时期汉口钱庄的衰败》，《中南民族学院学报》1986 年第 4 期。

⑤ 姚会元：《近代汉口钱庄研究》，《历史研究》1990 年第 2 期。

⑥ 张福运：《1927～1937 年南京钱庄业的兴衰》，《民国档案》2000 年第 1 期。

⑦ 〔韩〕林地焕：《论 20 世纪前期天津钱庄业的繁荣》，《史学月刊》2000 年第 1 期。

了不小的发展，对工商业的发展起了积极的作用，在中国经济现代化过程扮演了重要的角色；在《30 年代的金融环境变化与中国钱庄业的更生》[①] 中进一步指出，在 20 世纪 30 年代初世界经济金融环境发生变化时，钱庄业遭受沉重打击，曾一度衰落，但上海和天津的钱庄业者通过利用钱庄运营所需要的外部条件和加强内部经营管理制度改革，仍在工商界的重要金融机构中扮演着重要角色，并走上了从传统金融业向现代金融业转变的新发展方向。

二　对中国近代银行业的研究

由于银行在金融业中占有重要地位，所以中国近代银行史备受学者们的关注。张郁兰的《中国银行业发展史》[②] 是新中国成立后的第一部银行史专著，该书将 1896～1937 年中国银行业 40 多年的发展历史划分为三个时期：兴起时期（1896～1911 年）、发展时期（1912～1927 年）、继续发展和集中时期（1928～1937 年），并概述了每个时期中国银行业的发展过程。值得一提的是，新中国成立以后出版了大量的经济史资料集，如《近代经济史资料》《中国近代工业史资料》《中国近代货币史资料》《旧中国通货膨胀史料》等，这些资料收录了和银行业有关的一些史料，其他的经济史著作也对银行业有所论及，如吴承明的《帝国主义在旧中国的投资》、魏建猷的《中国近代货币史》等。

---

① 〔韩〕林地焕：《30 年代的金融环境变化与中国钱庄业的更生》，《贵州社会科学》1999 年第 1 期。

② 张郁兰：《中国银行业发展史》，上海人民出版社，1957。

改革开放后，中国内地的商业银行再次被获准开设，银行史研究越来越受到学者们的重视，关于银行史的著作和研究成果也开始大量涌现。除了在近代金融界占有重要地位的银行史料如《中国银行行史资料汇编》《交通银行史料》《金城银行史料》等相继被整理出版之外，还有一些著作和文章对近代银行业的发展史进行了专门论述。例如，黄鉴晖的《中国银行业史》①，对中国近代银行业的发展脉络做了详细而清晰的勾勒；姚会元的《中国货币银行（1840～1952)》②，分析了1840～1952年中国货币银行的概况，透视了中国旧式金融机构的变化与近代银行业的发展；钟思远和刘基荣的《民国私营银行史（1911～1949)》③，对民国私营银行业的产生、发展和衰落的历史做了全过程描述；朱荫贵的《两次世界大战间的中国银行业》④，指出两次世界大战期间，尤其是1927～1937年，是中国银行业快速发展的重要时期，银行制度的演变、银行业法规的建设、银行家队伍的成长以及近代银行业经营运作理念和方式的变化等是这期间银行业快速发展的内在条件。

尽管近代中国的银行和钱庄皆为国人经营的金融机构，但两者在组织形式、业务运作方式、和政府的关系等各个方面存在着巨大的差异，在各地的金融市场上，这两类存在着明显差异的金融机构不可避免地要发生往来，这样便形成了我们所说的"银钱关系"。因此，在研究钱庄业和银行业各自的发展变化时，考察两者之间的关系也是我们研究的重点。

---

① 黄鉴晖：《中国银行业史》，山西经济出版社，1994。
② 姚会元：《中国货币银行（1840～1952)》，武汉测绘科技大学出版社，1993。
③ 钟思远、刘基荣：《民国私营银行史（1911～1949)》，四川大学出版社，1999。
④ 朱荫贵：《两次世界大战间的中国银行业》，《中国社会科学》2002年第6期。

三 对中国近代钱庄业与银行业的关系研究

对钱庄业和银行业关系的研究上，上述研究成果或多或少地提到了两者之间的关系，并进行了一些论述，如朱荫贵在《抗战前钱庄业的衰落与南京国民政府》中就指出了国家资本银行的发展对钱庄形成了一定的压制作用；林地焕在《论 20 世纪前期天津钱庄业的繁荣》中以天津钱庄业为个案，探讨了银钱两业之间的关系，认为在 20 世纪初的中国，银行业和钱庄业各有赖以生存的土壤和发展的空间，两者共存于矛盾的统一体中。除此之外，杜恂诚在《民族资本主义与旧中国政府（1840～1937）》[1] 提出了银行与钱庄的关系问题，并进行了初步探讨。何益忠的《变革社会中的传统与现代——1897～1937 年的上海钱庄与华资银行》[2] 探讨了近代上海钱庄业对银行业在人才和资金等方面的有力支持，银行业快速发展后，双方关系虽然开始日趋紧张，但彼此间仍有不少合作；20 世纪 30 年代上海钱庄业的衰落不是同银行业竞争的结果，而在于南京国民政府的金融政策以及整个社会经济环境的变迁。高海燕在《外国在华洋行、银行与中国钱庄的近代化》[3] 中认为中国钱庄通过与外国洋行、银行

---

[1] 杜恂诚：《民族资本主义与旧中国政府（1840～1937）》，上海社会科学院出版社，1991。
[2] 何益忠：《变革社会中的传统与现代——1897～1937 年的上海钱庄与华资银行》，《复旦学报（社会科学版）》1998 年第 3 期。
[3] 高海燕：《外国在华洋行、银行与中国钱庄的近代化》，《浙江大学学报（人文社会科学版）》2003 年第 1 期。

的拆放关系，不仅在经营业务和手段上日趋近代化，而且与外国资本形成了依赖共生的关系，由此加速了自身的近代化进程。张艳国和刘俊峰的《略论晚清钱庄与洋行关系的互动性》[1] 认为随着西方资本主义的入侵，晚清洋行作为一种经济侵略的工具，与中国传统经济的金融机构——钱庄发生了碰撞，两者一方面为了各自的经济利益不断冲突；另一方面相互合作，钱庄为洋行在中国的活动提供了极大的方便，同时钱庄也借助洋行的势力扩大了自己的金融活动范围和提高了自己的实力。李一翔的《近代中国银行与钱庄关系研究》[2] 则认为近代中国银行与钱庄之间经历了一个由关系密切到逐渐不密切的演变过程，虽然钱庄没能转变成真正意义上的银行，却为中国新式银行的成长提供了有利条件，钱庄自身也发生了性质上的变化，部分实现了资本主义的自我改造。吴景平主编的《上海金融业与国民政府关系研究（1927~1937）》[3] 还考察了 20 世纪 30 年代上半期制定"银行法"、废两改元及白银风潮等一系列事件中上海银钱两业关系的演变过程。

以上所介绍的关于中国近代钱庄业和银行业的研究成果，综合起来分析，现有的学术探讨和资料整理工作有以下几个特点和不足：一是研究不够全面、系统，很多方面有待于深入研究，如缺乏对很多银行的专题性研究。二是在上述对近代金融业的研究成果中，虽然在研究两者关系时对两者进行了一些比较，但大多数

---

[1] 张艳国、刘俊峰：《略论晚清钱庄与洋行关系的互动性》，《学术研究》2003 年第 11 期。

[2] 李一翔：《近代中国银行与钱庄关系研究》，学林出版社，2005。

[3] 吴景平主编《上海金融业与国民政府关系研究（1927~1937）》，上海财经大学出版社，2002。

将两者分开进行研究，而将两者同样当做金融企业探讨其在近代的变化差异的研究较少。三是在考察两者在近代差异的研究中，虽然对两者关系的研究涉及了两者的差异，但大多数是从两者的组织形式、业务运作方式、政府的作用等方面进行的，很少有从钱庄业和银行业在经济社会中的地位和作用的差异角度来考察两者的发展轨迹，更没有全面、系统的定量研究。特别是在1927年南京国民政府成立后到1937年抗日战争全面爆发前的这段时期，中国的新式银行业出现了快速发展，而与此同时，传统的钱庄业开始出现衰落，而且在1931年后这种衰落趋势进一步明显，在分析两者出现这种截然不同的命运的原因时，很少有人从钱庄业和银行业在经济社会中的地位和作用的差异来进行比较研究。四是在中国近代金融史的研究中，立足国内环境进行研究的居多，将两者放在国际背景下进行分析的很少，如在考察20世纪30年代世界经济危机这一重大历史事件对钱庄业和银行业的影响时，很多研究成果提到了当中国经济社会环境发生重大变化时，经济萧条对两者的冲击及两者在应对时的不同反应，但并没有具体分析经济危机是如何影响两者的发展轨迹以及命运的。鉴于此，在以后关于银行业和钱庄业的研究过程中，从两者在近代经济中表现出来的差异，以及两者在经济社会中的地位和作用来进行分析研究，是未来分析问题的一个思路。另外，进行一些专题研究，如从20世纪30年代的世界经济危机出发，考察当中国经济社会环境发生重大变化时钱庄业和银行业的不同反应，借此考察两者的不同以及经济萧条对金融业的传导机制的影响等，也是一个研究方向。

（整理人：孙静冬　郭益蓓）

日本的技术引进和创新：经验和启示

关　权[*]

一　前言

自 20 世纪 80 年代以来，随着我国改革开放的加速和工业化发展，向西方发达国家学习以及从其他国家吸取发展经验已经成为我国各界人士的共识。而这当中，从基本国情和发展经验看，日本是我们学习的一个先天的"样板"。因此，我们大量地研究了日本的经验和教训，而且事实上也的确从日本获得了很多帮助，不仅从日本引进了很多先进的技术，而且得到了大笔的资金"援助"（ODA），更重要的是，从日本学到了如何赶超西方的经验和教训，甚至学术和民间的交往对象也以日本居多。虽然到了 20 世纪 90 年代，由于我国实力的增强和日本的相对衰落，以及中日关系不确定性的干扰，日本似乎对我国不是那么重要了，但到目前为止，

---

　　* 关权，中国人民大学经济学院教授。

就国别来说，日本依然是一个最重要的"伙伴"。这里说的"伙伴"并不一定是最好的（关系不稳定）和最高的（贸易数量不是最大），而是最重要的（综合地看）和最适合的（从发展经验看），当然也是最复杂的（从地理的、经济的、政治的、社会的和文化的角度看）。据笔者观察，我国翻译出版的日本相关（有时是经济领域）著作远远超出其他国家，而且某些日本的发展经验对我国也的确产生了很大影响，如"丰田生产方式""日本式经营管理""政府的产业政策""团队精神"等。不过，我们在学习当中还存在一些问题，有些经验和教训并没有被我们深刻地理解和认识，在某些情况下是学了一些"皮毛"，关于这一点，这里想指出以下几点：第一，对于某些问题，当初的介绍和理解比较肤浅，没有领会到真正的含义，因此只追求某些表面现象和形式，而没有深入研究。例如，"日本式经营管理"是建立在"团队精神"基础之上的，不是有了某些形式（如小组活动）就可以发挥作用。第二，任何一种新的（也可能是先进的）东西，都需要结合国情做出必要的修正，而不是"照搬"和"生搬硬套"，日本自身的某些经验也是从欧美发达国家学习而来的，只是他们加入了"日本元素"。第三，由于我国和日本的关系以及我国的崛起和日本经济发展的停滞，我们对日本经验的认识有所偏差和误解。例如，由于日本政府的影响力相对较强，就认为日本经济发展是政府主导的；由于日本是个岛国，缺少自然资源，就认为日本是严重依赖国际贸易的国家；由于日本大量引进和消化西方发达国家的技术，就认为日本只会模仿别人；等等。

事实上，除了日本之外，也有很多国家和地区在经济发展过程中积累了大量经验，如巴西、墨西哥、俄罗斯以及亚洲"四小龙"等，这些也都值得我们虚心学习。不过，从以下几点出发，我们认为日本的经验（也包括教训）更值得学习：首先，日本是我们的近邻，历史、自然、地理、文化等方面更具有相似性。例如，中日两国历史上都是人多地少、以传统农业为主的国家，这就决定了产业和技术发展的特征。其次，日本是至今追赶西方最为成功的国家，不仅在经济上长期保持世界第二的地位，而且在科学技术上也处于世界顶尖地位。最后，中日关系虽然复杂多变，但依然是举足轻重的，不仅经济和贸易关系如此，而且科学和技术交流也如此。

二　日本的技术引进和创新：概论

第二次世界大战（以下简称"二战"）对日本经济的影响是毁灭性的。1946 年日本制造业的生产指数只有战前最高时期（1934 ~ 1936 年）的 26%，食品的供给也只有战前最高时期的 51%。虽然战前和战中建设的设备和机器的 2/3 保留了下来，但是原料和燃料以及中间投入品十分缺乏，难以持续生产。由生产力的下降和货币供给量的增加导致的通货膨胀严重到了不可控制的程度，1947 年消费者物价指数上升了 195.2%。

日本经济从这种战后的困境中走出来，并且从 20 世纪 50 年代中期开始直到 20 世纪 70 年代实现了高速增长，这当然在很大程度上得益于某些政策和外部环境的变化。例如，给予一些产业资金支持，以及其他优惠政策，尤其是煤炭和钢铁产业，给予了所谓"倾斜生产方式"的政策支持；对于通货膨胀，采取了管理价格政策，虽然这带来了"黑市"交易的泛滥，不过在生产逐步恢复之后，物价水平也相应得到回落，如 1948 年消费者物价指数回落至 50.2%。

（一）技术引进

战败以后，日本与外国的交流又重新开始，日本重新感到很多产业领域与西方各国拉开了技术差距，于是又一次开始了追赶。不过，为了补偿在战争时期中断的技术引进，日本增加了研究开发的资源分配，技术能力在一定程度上得到了维持，甚至在有些领域有所提高。这些技术能力主要是能够对从美国和欧洲引进的先进技术进行消化吸收，必要时还能够进行一些改进和补充。再有，在军事工业以及与之相关联的一些重工业工厂工作过的很多工人，在战争期间得到了经验积累，战争结束后他们回到了民用工业从事生产。战后，日本的防卫费受到新宪法的限制，在这些领域的人力和其他资源转向了民用领域。例如，过去从事飞机制造的技术人员被汽车制造企业雇用，海军的技术人员在后来电气工业和电子行业的发展中发挥了重要作用。

日本的技术引进通过多种途径进行，主要有以下几种类型。

第一，进口机械设备。进口的机械设备在很多产业对改善产品的质量和性能发挥了重要作用。具体地说，汽车工业进口了机械设备、机器人，钢铁工业进口了转炉和轧钢设备，电力工业进口了发电机。同时，国内的机械制造业者对进口设备和机械进行复制，从中学到了新的技术，并逐渐地用国产机械设备替代了进口设备。

第二，企业积极地与欧美企业签订技术协定。除了丰田之外，几乎所有的汽车厂家通过某种形式与欧美企业签订技术协定。四大电气厂家中的三家，即东芝、三菱电机、富士电机，分别与 GE、西屋、西门子签订了广泛的合作协定。钢铁产业从澳大利亚引进了 LD 转炉生产技术；纤维产业也积极地在新的合成纤维生产方面与欧美企业展开广泛的技术合作。通过这些技术协定和合作，日本企业获得了专利权和一些技术窍门。通过签订技术协定，外国的技术专家经常到日本进行技术指导和技术培训。

第三，聘请外国咨询者。为了促进生产工程的现代化，日本企业聘请了很多咨询者，几乎都是美国人。例如，日产汽车为了推进在神奈川县建设新的工厂，雇佣了美国的专家，其工厂在1961 年建成。

第四，引进某些还处在试验阶段的技术。一个广为人知的事实是，三井石油化学从德国科学家那里买进了中低压聚乙烯制造技术。三井石油化学支付了 120 万美元买进了试验数据的 2 本笔记本，以此为依据建设了成套设备。

第五，企业寻找将来有希望的技术领域，然后派遣自己的技术人员出国深造。一些产业团体及日本生产率本部等机构有时接受美国政府或产业团体的资助，对国外的技术动向进行调查，然后组织一些考察团和研修团出国学习。

第六，为了引进发达国家的先进技术，采取吸引外资的政策。日本在 20 世纪 60～70 年代实际上是限制外资进入的，当然也有一些例外的情况。有些外资在战前就已经在日本建立工厂，这些企业得到了认可，而且发展良好。另外，如 IBM、埃克森、NCR 等外国企业相继进入日本，并带来了很多新技术和新经营方法。不过，这些案例属于例外，直到现在，虽然在政策上日本早已放开了对外资进入的限制，但是外国投资依然处于很低的水平。

上述技术引进手段在日本发挥了十分积极的作用，原因主要有以下几点：第一，存在一个与高增长率相结合的竞争性的市场条件，引进的技术可以为革新性企业带来很高的收益率。第二，企业具有一定的技术能力。第三，政府的政策发挥了影响。第四，存在一个较好的国际环境。

二战结束后，国际政治虽然处于冷战环境下，但总体上是稳定的。也就是说，在美国体制下的和平，或者或在美苏两国支配之下的和平，伴随着世界经济的增长，国际贸易得到扩大，反过来又促进了经济增长。国际货币基金组织（IMF）和关税及贸易总协定（GATT）提供了发展国际贸易的良好框架，巴黎条约和世界知识产权机构（WIPO）也促进了技术的国际贸易的快速增长。在这种良好的国际环境中，日本从美国、法国、德国等国引进了大量新技术。

（二）研究开发

20 世纪 50 年代中期，在迅速增大的需求之下，日本开始了大规模的设备投资。如一些钢铁厂从战争中继承下来的设备早已老旧，无法应付增长的需求，亟须更新。需求结构的变化呼唤着新产业的发展，而新产业的发展需要新的投资。这样，十分活跃的投资产生了对先进技术的需求，在纤维和钢铁等原有产业扩大企业规模的同时，一些新产业的企业也参与进来，这些企业引进了最先进的生产设备，如石油化学和电子产品等。汽车产业虽然原来已有，但大部分只限于卡车、公交车或出租车生产。二战后，汽车产业面向广大消费者开始生产家庭轿车，这些新产业也需要新的设备和技术。

耐用消费品以及其他商品的需求高涨诱发了对机械设备以及先进技术的投资需求，这些投资能够降低成本和生产新产品，因此带来更大的需求。在这种状况下，日本企业的利润不断增加，利润的增加又使得进一步引进技术成为可能。

那么，日本引进的技术和设备是否为日本企业带来了很高的利润呢？例如，日本第二大汽车厂家——日产汽车，1952年与英国企业签订技术引进协定，当初约定一边接受技术支援，一边从英国企业进口零件进行组装生产。为此，日产建设了新工厂开始生产。当时日产生产的英国贴牌车的销售价格是100万日元，卖得很好，当时的利润是20万日元/辆。

另一个例子是1951年东洋绢丝关于尼龙制造技术的专利权协定，专利权费是300万美元（合10.8亿日元）头金加上每年产值500万英镑的3%，仅头金一项就已经超过东洋绢丝7.5亿日元的资本金。不过利润更大，尽管最初两年出现了很大的赤字，但其后仅1953年前半年就获得5亿日元的利润，此后更是不断增长。由于这时对尼龙的需求增长迅速，所以东洋绢丝尼龙部门的销售额利润率在10%以上。

在占领军的影响下，日本在战后进行了一系列的民主化改革，战前的财阀大企业被分割，后来又制定了《反垄断法》。虽然有些企业后来又重新结合起来，但是在《反垄断法》下企业面对的基本上是竞争性的市场。更为重要的是，快速增长的市场诱发了更多的企业参与，因此竞争更加激烈。电气机械和家电制品领域的索尼和汽车制造领域的本田的例子被广为人知，实际上其他很多企业也有类似的新企业参与的情况。钢铁、铝、石油化学等产业的企业数量增长很快，甚至超过了市场规模远远大于日本的美国的企业数量。

在贸易和投资自由化以后，工业产品的进口和对内直接投资增长变得缓慢，不过日本企业认识到了贸易和投资将来会自由化，因此这时就开始注意到了为了与规模巨大、技术先进的欧美企业竞争，必须重视技术实力的提高。也就是说，为了将外国竞争对手的潜在威胁从国内市场驱逐出去，企业必须提高效率。实际上，与外国企业的竞争不仅是潜在的，而且是现实的。因为在国际市场上，日本企业已经开始与外国企业进行竞争了，这背后有政府的奖励措施的支持。

日本企业面对的是国内的竞争和国际上技术实力雄厚的企业的潜在竞争，这样就使得日本企业必须努力引进、消化、吸收技术，使其能够在激烈的竞争市场上具有更强的能力。因此，所谓的"吸收能力"就显得十分重要。在这当中，对教育和研究开发的投资，对日本独特创新活动的推进、有效利用的引进技术发挥了良好的作用。

（三）政府的政策：概述

在民间的积极性和研究能力的基础之上，政府的政策对引进、消化、吸收技术同样做出了重要贡献。直接与引进技术相关的有以1949年的《外汇法》和1950年的《外资法》为基础的政府管制措施。原则上，除了少数企业得到日本银行的许可就可以引进技术以外，都要通过外资审议会的审查，尤其是要得到相关政府部门（特别是通商产业省，现经济产业省）的审查。

后来，技术引进的限制逐渐放宽，成为个别审查对象的技术引进数量迅速减少了。自由化分为 1961 年、1968 年、1972 年三个阶段进行，尤其是 1968 年的自由化十分重要。根据当时的规定，不足 5 万美元的技术引进项目可以自动被认可，不过作为例外，包括技术交流合同在内的协议、外国的母公司与在日本国内的子公司之间的合同，以及七个领域（飞机、武器、弹药、原子能、宇宙开发、电子计算机、石油化学）的技术引进协议是需要认定的。最终，1980 年，《外资法》改为《外贸法》，除了 12 个指定的技术领域之外，一般的技术都可以自由引进了，而且这 12 个指定领域的技术只要金额不超过 1 亿日元，也可以自由引进。

在技术引进需要政府认可的时代，尤其是 1968 年自由化以前，政府在选择技术和选择企业方面都具有影响力，对从外国引进技术的日本企业给予支持。具体地说，在东洋绢丝引进尼龙技术时，日本政府认为这项技术十分重要，于是很快予以批准。因为当时服装原料不仅是生活必需品，而且还有出口的可能性。之所以东洋绢丝被选中，是由于在此之前已经有很多年关于尼龙生产的研究和试验经验。

在选择引进的技术时，有一些适当的标准，这些标准并不很明确，而且随着时代的变化会发生很大变化。20 世纪 50 年代，日本更多地强调引进的技术对重要产业和公共事业的贡献，以及对国际收支平衡的效果。究竟哪些产业是重要产业并不十分明确，但是装备型产业、具有出口可能性的产业、化肥产业和纤维产业等与基本生活密切相关的产业应该包含在内。由于引进技术必须支付相应的外汇，所以引进的技术必须有利于减少出口和增大进口，有利于国家经济的复兴和重建。于是在申请引进技术，必须说明这些技术能够达到什么目的，而且还要对这些技术有很好的理解和使用能力，并且能够利用这些技术进行商品生产和销售。

这些条件在 20 世纪 60 年代以后，由于国际收支得到某种程度的改善，慢慢地有所放松。也就是说，引进技术的企业不必再解释如何能够缓解国际收支紧张问题了，甚至就连高尔夫球服这种不算重要的生产技术也被引进来了。1961 年制定的新的技术引进标准如下：①引进技术不能有损于自主技术的发展；②引进技术不能对现有产业秩序造成混乱；③引进技术不能给中小企业造成困难；④引进技术的企业必须能够在技术上和资金上满足一定要求。这些标准依然是不清楚的，可以做各种解释。在 20 世纪 60 年代后期以前，对政府决策者来说，国际收支的平衡是最重要的制约因素，当时日本经济的一种倾向是，在经济状况好时增加进口进而压迫国际收支。由于不能考虑降低日元汇率，由日本银行提升准备金来收紧经济，进而达到减少进口的目标，所以日本采取了各种措施。虽然这些措施对引进技术形成了一定的制约，但按当时的情况看也是不得已的。

接下来的问题是，哪些技术是最适合引进的，哪些企业具有引进技术的实力，政府又是如何看待的呢？在战后初期，政府也曾经由于官僚主义以及能力不够而做出了错误的判断。众所周知的一个例子是，索尼公司曾经申请引进半导体技术，通商产业省的负责人认为刚刚成立的小企业没有能力使用和消化这种先进技术，因此没有很快批准，推延了一段时间。与此相关的一个问题是，政府的介入是否能够全面地改变技术引进的形态？索尼的例子告诉我们，虽然政府的认可不及时，企业负责人为此花费了大量时间与政府部门进行交涉，但是即使中小企业也能够得到批准。不过，有些企业并没有像索尼那样执著，从而失去了引进技术的机会。关于重要产业的标准也同样如此，20世纪50年代资本物品、食品、服装等必需品的需求十分旺盛，而像高尔夫球服这样的奢侈品的需求本来并不多。因此，与资本品和必需品相关的技术的需求很强。另一个标准，即不妨碍自主技术的发展以及不能导致现有产业秩序出现混乱，往往与政府的最优先课题，即振兴重要产业相反。首先，最早的标准反映了日本不能依赖外国技术、应该促进国内技术发展的见解，而实际上，引进外国技术对振兴国内技术所起到的作用是决定性的。

保护现有产业秩序的标准也是不确定的。它指的是，引进技术的企业一下子支配了市场，或者引进的技术对产品或生产工程改变很大，使得一些小型企业可能失去生产机会的状况应该避免。事实上，政府希望所有主要企业进口先进技术，如钢铁产业的LD转炉技术的引进就是如此。政府还对竞争企业进行某种协调，例如，虽然认可了一个企业进口合成纤维技术，同时又批准了与之有竞争关系的企业引进其他一种合成纤维技术。也就是说，政府认识到引进技术，可能使得原来的市场格局被打破，从而带来不必要的竞争上的麻烦。

不过，对个别企业来说，政府的介入具有重大影响。如东洋绢丝的尼龙技术引进，实际上，东洋绢丝早就开始了关于尼龙生产的研究，即使没有政府的介入，也很可能早就实现了技术引进。然而，在政府批准东洋绢丝引进技术之后的几年时间里，没有批准其他企业引进相关技术，这样就保证了东洋绢丝能够在短期内收回成本，确保市场占有，获得极大的垄断利润。相反，在钢铁产业的LD转炉技术引进过程中，政府转变了方针，允许所有主要企业都可以引进技术，这就使得最先引进技术的企业不能得到更多的好处，失去了占领技术制高点的机会。对高速增长的经济来说，政府的引进政策常常是起决定作用的因素，因为一种技术是否能够比别的企业利用 3 ~ 4 年，决定了这个企业是否能够在新的技术台阶站住脚，以及能否获得更大的发展机会。

其他各类政府的政策也在技术引进过程中发生了影响。第一，为了奖励技术引进，政府出台了优惠税收政策，其中包含两种类型。一种是，对于伴随技术引进而向外国企业支付的金额，予以减税；另一种是，对于在国内不能生产的机械设备和高性能的机械装备，免除关税。这些税制上的优惠措施早在 20 世纪 50 年代初期就开始实施，在 1961 年达到高峰，在 20 世纪 60 年代中期废除，这意味着从这时开始，技术政策的关注重点从引进转向了自主研究和开发。第二，国际上的技术协定需要提交公正交易委员会。根据《反垄断法》的规定，日本企业不可以在国际上签订具有不正当交易内容的国际协定和契约，如果发生这种情况，公正交易委员会有权进行调查，并要求其更改协议，甚至废除协议。这项政策实际上被看成日本政府保护本国企业在国际协约中免受损失。第三，与国际贸易和对内直接投资相关的政策也对技术引进发挥了某种影响。贸易的自由化和对内投资的自由化分别于 20 世纪 60 年代的初期和后期开始实施，但是即使在自由化之后，外国企业向日本制造业的渗透也停留在很低的水平。拥有先进技术的外国企业较少地通过贸易向日本出口自己的商品或者对日本进行直接投资，而更多地选择了将技术卖给日本企业。日本企业只买进技术，然后使用这些技术进行生产，再将产品销售到市场上。这种政策在经济福利上可能是具有负面效果的，但是由于日本企业的激烈竞争降低了生产费用，所以能够在很大程度上弥补这些损失。

不通过直接投资而顺利地进行技术引进的一个重要因素是，日本企业具有相当高的吸收和消化技术的能力。

三 民间企业的技术引进和创新：案例分析

（一）钢铁产业

早在 100 年前，在政府产业政策支持下，日本的钢铁产业就通过技术引进形成，为后来的快速发展打下了坚实的基础。二战以后，为了恢复生产，政府采用了所谓的"倾斜生产方式"，奖励钢铁和煤炭生产，具体地说，就是优先向钢铁产业提供煤炭，生产出的钢铁优先保证用于煤炭生产，生产扩大了以后逐渐扩大到其他产业。

在企业经营方面，通过整合和分离，企业之间加强了有效竞争，促进了产业发展。最典型的例子是，1950 年从川崎重工业分离出来的川崎制铁，这家企业的建成对促进日本钢铁业的竞争起到了很大作用。它的特点之一是，紧靠消费地区——东京及其周边地区，而且靠近出海码头，这样既可以减少运输成本，又可以把握消费动态，另外，在工厂配置上也最大限度地考虑了生产效率。

在技术上有两个重要的进步：一个是 20 世纪 50 年代从奥地利引进 LD 转炉技术并进行了改进；另一个是 20 世纪 50 年代至 20 世纪 60 年代引进连续铸造方法和带钢轧机。LD 转炉是奥地利企业首先于 1952 年使用的，与托马斯转炉等不同，LD 转炉不是从下面，而是从上面吹出氧气。但是这种转炉也存在两个问题：一个是要使氧气燃烧，必然使炉内温度上升，这样容易烧坏炉内的耐火砖，需要频繁更换耐火砖，降低了工作效率；另一个是从炉内排出的污染很重。由于这些问题的存在，美国的部分企业引进了这种技术，但是没有普及；而日本企业将这种技术进行了改进，从而进行了普及。为了解决第一个问题，日本钢铁企业与砖瓦企业共同研究出了耐高温的耐火砖；为了解决第二个问题，日本钢铁企业与机械企业共同研制出了氧气排放瓦斯的回收装置，这种装置不仅能够将排出的废气重新利用，而且可以节约能源。后来这种技术普及到世界各国。

连续铸造法是将溶解的钢水连续不断地铸成钢坯、钢块等各种钢材的方法。通过这种方法，可以将高炉、LD 转炉以及铸造装置联系起来，生产出最终产品。因此，它提高了效率和产量，节约了能源和劳动投入。不过，该技术在 20 世纪 50 年代最先在瑞士开发出来时，还存在诸多的没有解决的难题，产品价格很高而质量不高，直至 20 世纪 60 年代中期，依然没有在世界上得到普及，即使美国企业也没有积极引进。但是，川崎制铁先人一步，于 1967 年引进了这种技术，关于这一点，有日本学者有以下几个观点。第一，与美国等国的经营者相比，日本的经营者大多是技术人员出身，对技术本身具有相当高的理解能力。第二，日本企业的经营者更相信一线工人的能力，而且日本的技术人员与一线工人的关系密切，能够认真听取现场工人的意见。这样，截至 1980 年，日本采用连续铸造的钢铁企业占 60%，而美国只有 20%。

从钢铁业的技术引进、消化、吸收过程当中可以看出以下几点经验教训。第一，引进技术必须考虑到最适合的技术本身、环境条件以及经济和社会条件。第二，应该注重过去技术的积累和连续性，只有这样才能了解某项技术知识及其前景，从而选择适当的技术进行引进。第三，引进技术的过程也是学习和进步的过程，同时也是创新的过程。第四，技术引进过程中，需要经营者、管理人员、技术人员以及现场工人的全面配合。第五，引进技术时，有关经营者必须对企业具有的技术能力和技术条件有正确的把握，这样才能正确选择引进技术的类型、时机以及形式等。

（二）汽车产业

日本的汽车产业形成于二战以前，发展于二战以后。早在日俄战争之后，日本就已经感到汽车的重要性，加上第一次世界大战已经使用汽车这种现代交通运输工具，于是日本政府于1918年制定了所谓的《军用汽车补助法》。这事实上是一部鼓励汽车工业发展的法律，在这部法律鼓励下，一些汽车生产企业出现并得到发展。但是由于技术上的种种问题，日本当时生产的汽车并不很成功，市场份额不大，市场依然受到美国汽车厂商 GM 和福特的支配。

在美国车占压倒优势的情况下，虽然有日产和丰田等几家企业与之竞争，但还是处于下风。于是，1936 年日本政府有制定了《汽车制造事业法》，对国产汽车生产给予奖励政策，尤其奖励具有一定生产规模的企业。同时，政府还提高了汽车的进口关税，从 50% 提高到 70%，发动机关税从 35% 提高到 60%。由于这种具有强烈针对性的政策的实施和日美关系逐步恶化，美国企业终于在 1939 年撤离了日本。在 GM 和福特撤离日本之后，日产和丰田等汽车厂家的生产规模不断扩大，基本上填补了 GM 和福特留下的市场，不过当时主要是为军队生产卡车，家庭轿车的大量生产是在战后。

战后初期，汽车产业面临重大危机，不仅设备老化，而且原材料紧缺、电力供给不足、人员过剩，以及工会力量加强等，都给企业带来压力。在这个时期，汽车产业发生了一个变化，就是经营体制的变革，即零件生产部门以及销售部门从母公司独立出来，在这方面丰田最为突出。事实上，早在二战期间，丰田就组织了一些小企业为其生产零部件，这些企业逐渐形成良好配合关系，成为一个松散的联合体，取名为"协丰会"。到了二战以后，这种企业关系形成定式，而且发展良好。

20 世纪 50 年代初期，日本政府为了保护汽车产业，出台了一些措施，主要有：①对进口外国汽车进行外汇限制；②实行保护关税；③对大型进口汽车实行物品税制；④实际上禁止外资进入日本；⑤日本开发银行等政府金融机构对国内企业给予低息融资；⑥对特定的机械设备给予特别的折旧；⑦对能够分析外国企业性能的汽车技术给予补助金支持。在这些政策之下，外国企业无法通过对日本的出口以及对日本投资占领日本市场，只得通过与日本企业合资进入日本市场。于是，英国的奥斯汀（现在的罗伯）、鲁茨（希尔曼汽车厂家，后被兼并），法国的雷诺，美国的威利斯·奥巴兰（生产吉普车，后被兼并）等分别与日本的日产、五十铃、日野、三菱重工（后来为三菱汽车）达成协议，为这些日本厂家有偿提供技术，而日本政府的通商产业省为此提供外汇支持。从 1952~1953 年开始实施这些协议，起初除了轮胎以外，包括发动机在内的所有零部件都使用进口件进行组装生产，后来逐渐国产化，五年之后几乎全部实现了国产化。外国企业不仅提供了零部件、设计图纸以及一些机械设备，而且派出了技术人员，日本企业从中获得了很多技术知识。

值得一提的是，丰田和日产等企业在技术获取方面是不同的。日产早在战前就直接使用美国技术人员和设备进行生产，而丰田基本上是独立从模仿中学习，并独立开发的。在研究开发方面，两者也有不同。丰田早在战前就有一个研究部门，战争期间称为丰田理化学研究所，是一个独立单位；而日产拥有自己的研究所是在 1958 年。有人指出，这两种学习技术的方式各有利弊：首先，间接型（丰田）可以灵活地学习很多外国企业的技术，而直接型（日产）只能与一家企业的技术联系起来。但是，自己摸索不一定能够成功，使直接型更有利于减少成本和风险。其次，间接型可以提高技术人员的能力，而直接型能够一下子掌握到最先进的技术。最后，直接型往往以原有外国企业的市场定位为基础，而间接型的则可以具有独自的市场定位。

四 日本政府的技术政策

为了增强竞争力，人们越来越多地认识到技术的作用，因此制定了必要的振兴本国科学技术的政策。日本在明治时期，为了实现所谓的现代化以及强化军事力量，采取了很多相应的技术政策。在新兴工业化国家和地区，为了发展经济，也实施了很多技术政策。欧美各国过去以科学技术的振兴、国防、公共卫生等领域为政策的核心，没有为了振兴产业而采用的直接政策，但是到了 20 世纪 80 年代，也积极开始实行振兴产业技术的政策。

对研究开发活动或技术创新有影响的政策多种多样，不过大体上可以分为两种类型：一种是以直接促进研究与开发活动（R&D）、技术进步为目的的政策；另一种是间接地对研究与开发活动和技术进步具有重要影响的政策。前者包括对研究与开发活动的种种资助措施，后者包含宏观的财政和金融政策、禁止垄断法及各种限制性措施等。对技术进步来说，创造一个良好的环境十分重要，而为了营造这些环境，后者中举出的各种政策发挥了十分重要的作用。

（一）日本的技术政策

1. 二战后到 20 世纪 60 年代：从引进技术到重视自主开发

二战后，为了尽快提升大大落后于欧美发达国家的技术水平，日本建立了以从外国引进技术为重点的体制。政府分配给企业在当时来说十分珍贵的外汇，优先引进被认为适合的技术。被认可的引进技术必须具有能够促进现代化、促进出口产业发展的作用。

通过振兴出口换取外汇，要求日本提高产品质量。为此，1949年，日本制定了用 JIS 表示的《工业标准化法》，日本规格协会、日本科学技术联盟也开展了质量管理讲习活动。1950 年，日本科学技术联盟从美国聘请德明戈博士，召开了质量管理讲习会，翌年设立德明戈奖金。

1950 年朝鲜战争的爆发，在某种意义上刺激了日本的需求，因此，日本的产业界积极进行设备投资和技术引进。作为支持技术引进和企业技术开发的制度，工矿业技术试验所研究费补助金制度于 1950 年设立。另外，日本开发银行于 1951 年开始了对设备机械投资的低息融资。

这个时期，日本建立了工业技术厅（后来的工业技术院，1948 年）、科学技术厅（1956 年）、农林水产技术会议（1956 年）等政府机构。同时，为了收集科学技术文献并提供给国内各个大学和研究机构，1957 年建立了日本科学技术情报中心。

二战后，经过 10 年时间，日本迎来了技术革新的时代，产业界出现了引进新技术和设备投资的活跃景象。同时，要求自主研发的呼声也日益高涨，民间企业纷纷建立了所谓的中央研究机构。

1960 年，日本制订的"国民收入倍增计划"，大大刺激了国内对技术和人才的需求，尤其是对理工学科人才的需求。因此，日本出台了"理工科学生增员计划"，1961～1963 年增加了 2 万人，到 1965 年又增加了 1 万人。另外，与工业相关的"大专"毕业的技能人员也计划在 1960～1965 年增加 8.5 万人。

这个时期，日本相继成为 GATT 第 11 条（不以国际收支为理由限制进口，1963 年）和 IMF 第 8 条（不以国际收支的恶化为理由限制经常性交易，1964 年）国家，并大幅度开放资本交易（1967 年），为日本经济融入世界经济提供了良好的条件。

在这一时代背景下，加强日本产业的国际竞争力就成了最紧要的任务，于是日本颁布了促进民间企业之间共同研究的《工矿业技术研究组合法》（1961 年），并建立了由政府主导技术开放项目的大型工业技术研发制度（1966 年）、为促进企业研究开发活动的增加试验研究费税减免制度（1967 年）等。

2. 20 世纪 70 年代：纠正高速增长的偏差

20 世纪 70 年代，为了应付公害、"尼克松冲击"、石油危机等问题，日本于 1971 年成立了环境厅，1974 年设立了国立公害研究所（现为国立环境研究所），强化了防止公害和保护环境的研究。此外，日本加强了对公害的限制，推进了限制亚硫酸瓦斯、氮化物排放的对策，大幅度加强了对防止公害的设备投资。同时，加强了限制汽车尾气排放政策，并推进了节能技术的研究。1973 年和 1978 年发生了两次石油危机，这成为研究和推进节能政策的好机会。产业界也大力研发节能技术，对汽车尾气的排放限制更加严格了。作为主导，日本政府建立了新能源技术开发（阳光计划）、能源技术开发（月光计划）等各项制度，1980 年成立了新能源综合开发机构（现在为新能源、产业技术综合开发机构，NE-DO），作为这些计划的实施主体。

20 世纪 60 年代末期，日本成为 OECD 中仅次于美国的资本主义世界第二经济大国。在研究经费总额方面，到 70 年代中期，日本已经超过法国、英国，而且这些研究经费主要由民间企业承担。在技术贸易方面，1972 年日本技术出口额已经超过了技术进口额。1971 年美国的新经济政策出台使得日元大幅度升值，并且转向了外汇自由兑换体制。这种变化使日本企业的国际竞争力面临巨大的考验，但由于日本企业的不懈努力，其竞争力并没有受到影响。另外，1971 年日本决定实施电子计算机自由化，1972 年对电子计算机开发、1976 年对超 LSI 技术开发提供补助金。

3. 20 世纪 80 ~ 90 年代：重视基础研究

以企业的技术实力和技术水平不断提高为背景，日本在政策上越来越重视向基础性研究方面倾斜。1981 年，日本制定了下一个时代产业基础技术研究开发制度，对未来成为产业基础的技术进行研究开发，对产业组合进行委托研究。同时开始了创造科学技术推进事业（ERATO），以优秀的研究者为项目核心，纠集产、官、学各界研究人员进行基础性研究。

日本进一步强化基础性研究的原因是日美经济摩擦和日美科学技术摩擦。由于美国对日本贸易赤字扩大，日美之间高技术产品（机床、电器与通信设备、半导体、超大计算机、人造卫星等）的贸易摩擦不断发生，美国指责日本对产业界提供了不公正的资助和支援，对外国产品进行了有差别的交易。这些摩擦限制了日本的技术政策向特定产业倾斜。20世纪80年代后期，更加显著的是日美科学技术摩擦，美国指责日本除了与安全保障相联系的科学技术体系之外，日本企业可以自由地与大学结合，而美国企业不能进入日本企业进行研究开发。这个问题反映了美国产业国际竞争力下降，但同时也说明了日本基础性研究领域对国际的贡献较小，日本企业只是占了美国等发达国家基础性研究成果的便宜。

这个时期，日本在国际上提倡了国际共同基础性研究项目——"人类新领域研究计划"（HFSP），在基础性研究方面如何做出国际性贡献成为主要课题。同时，为了促进研究机构的国际化，日本大幅度地扩充了从国外招聘研究者到日本的大学和研究机构工作的体制。

4. 最近的技术政策

本来，日本民间企业的研究开发投资十分活跃，但是在20世纪90年代初出现减少，日本经济也陷入低迷，人们期待着政府进行更多的研究开发投资。在这种背景下，政府科学技术政策的一个重要内容，就是1995年制定《科学技术基本法》。根据这部法律的五年计划，1996年政府制订了"科学技术基本计划"，计划五年内提供总额为17万亿日元的科学技术研究经费，开展包括新型产业在内的具有独创性、创新性的技术研究开发。为此，日本加强了对公共部门的投资，尤其是与美国相比落后的生物领域；加强了对竞争性资金的投入，对中小企业研究开发进行了资助；加强了公共研究机构的科研成果向民间转化。从 2002 年开始，日本实施第二期"科学技术基本计划"，提供总额为 24 万亿日元的科学技术研究经费。

1995 年以后，NEDO、科学技术振兴事业团等各种政府系统的机构开始实行公开招标的方式进行研究支持。这种公开招标的研究更多地强调能够创建新型产业的研究。

在中小企业研究开发的促进政策方面，2000 年，日本建立了中小企业技术革新制度（SBIR），该制定指定各个政府部门研究开发补助金和委托费的一部分要用于支持中小企业研究开发。新型创业投资和创业者培养方面更注重产业界和学界的联系。在大学期间培养有创新能力的人才，这些人才如果有可能就直接建立企业，其中引人注目的是技术转移组织（TLO）。为了促进人才从大学向企业转移，《大学技术转移法》于 1988 年制定，其目的是使大学研究人员的发明能够应用到企业。

（二）技术政策的主要手段

1. 对企业研究开发的补助

首先是对企业研究开发活动的支持援助。这当中有补助金、委托费、税收上的优惠措施，也有政府系统研究机构的出资、融资以及债务保障等。补助金制度是在企业进行研究开发活动时，如果符合国家规定的条件，政府会给予资金支持的一种制度。该制度下，得到补助金而取得的研究成果归企业所有。

其次是委托，即本来应该由政府等机构从事的工作，通过签约委托给企业，而研究成果通常归委托者（如政府）所有，近来为了将研究成果进行推广和普及，在一定条件下研究成果也可以归企业所有。

上述两者的共同之处是，国家在规定了制度的目的和条件的同时，政府还可以选择补助金的对象和被委托者。在这种情况下，国家不能保证总是选择最适合的对象，这就是所谓的"政府的失败"。

税制上的优惠措施指的是，从事研究开发的企业事先在符合法律法规规定的一定条件下，可以免除一部分应该缴纳的税金，据此提高企业从事研究开发的积极性。一个著名的例子是增加实验研究经费的减税制度。超出企业过去 5 年当中试验研究经费最多的 3 年的平均额的部分，15% 的税收可以免除（原来为 20%）。此外，对于某些特殊的试验研究设备，以及与国外进行技术交易的收入，也可享受一些优惠政策。

此外，还有基础技术研究促进中心等以研究开发为目的的民间企业的出资以及融资制度，以及中小企业在进行研究开发时从民间金融机构贷款的债务保证制度等。

2. 国立公立研究机关的设置和研究开发的促进

在日本，国家负担的研究费大约有一半被大学使用，剩下的一半由国立研究机关以及国家设立的特殊法人机构、地方政府建立的公立研究机构使用。

关于国立研究机构，从研究人员的归属看，农林水产省占大约一半，通商产业省等几乎所有部门都设有研究机构。这些国立研究机构的任务基本上是从事本部门管辖领域内需要的一些研究，以及难以委托给民间机构的研究。

另外，国立研究机构的作用还有维护和管理大型试验研究设备，以及维持标准等。由于民间技术力量提高，一般来说，这些研究机构的研究开发工作正在更多地倾向于与产业技术不很密切的更加基础性的和原创性的领域。而且，从 2001 年 4 月开始，几乎所有的国立研究机构从原来的政府机构中脱离出来，变成独立法人，应该看到，这将会使这些机构的运行更加灵活。

地方行政部门设立的公立研究机构主要从事环境规制、保健卫生等研究，现在又包括了与地方产业（农林水产业、地方特色产业，以及中小企业）发展相关的研究。此外，作为特殊法人的研究机构一般从事原子能、宇宙、海洋和新能源技术开发等民间企业难以从事的大型研究开发工作。核燃料循环开发机构、宇宙开发事业团、新能源产业技术综合开发机构等，都是这类主要机构。

大学以教育和研究为目的，本来不应该属于技术政策考虑的范畴，不过大学同时又是知识的源泉，可以向企业输出某些知识和技术，也可以解决一些企业解决不了的技术难题，再加上可以向企业输出技术人才，因此也就可以纳入技术政策的实施范畴。

3. 促进民间企业之间的共同研究

为了促进民间企业的共同研究，在企业通过共同体制进行研发时，日本政府给予这些共同研究组织以法人资格，同时给予各种优惠措施。研究组合是企业之间共同研究开发的制度性框架，可以从政府那里获得巨额技术研究补助金或委托费，因此受到特殊重视。

研究组合的一个著名案例是半导体制造技术研究组合。不过，有一些批评声音，认为研究组合只不过提前了半导体制造技术的进步，并没有促进其核心技术的开发成功。但是，也有人认为，即使如此，研究组合的方式也是一种积极的研究开发方式。的确，日本半导体产业竞争力的提高，引起了很多国家的关注，这主要是由于企业相互之间组成的研究组合发挥了很大作用。实际上，美国在1984年依据《共同研究法》，认为过去的《反托拉斯法》原则上并没有禁止共同研究开发，只要不给竞争带来很坏的影响，就不违反《反托拉斯法》。因此，即使在研究开发过程中存在合作行为，也不一定因为违反《反托拉斯法》而遭受巨额赔偿。这样打消了很多企业的疑虑，从而促进了企业之间的共同研究开发活动。

在资本和贸易自由化以后，要保持日本企业的竞争力，只依靠引进技术是不够的，而且外国企业也不愿意只卖给日本企业技术。于是，日本政府开始研究如何奖励日本企业进行研究和开发。

此外，政府还推出了各种有利于奖励研究开发的补助金，这些补助金大部分通过研究组合的形式支付给相关企业，背后存在着对规模经济的期待。例如，日本政府认识到20世纪70年代日本六大计算机厂家的研究开发经费加起来也不及IBM研究经费的1/5，于是开始奖励厂家的联合开发活动，通过这种途径提供研究开发补助金。

最早的研究组合是1961年成立的工矿业技术研究组和法制下创立的共同研究与研究合作框架。通过表1可以看出，技术研究组合数量的分布反映了民间部门的各种需求和政策目标，如大规模研究组合多数在计算机和半导体产业，这象征着20世纪70年代产业界和政策部门对这些产业的关注程度。在两次石油危机之后，研究组合更多地推进了石油、化学及炼铝等能源和材料产业，以及节能生产技术的研究，公害、交通管理、医疗机械等方面的研究也在研究组合制度下进行。

表 1　按产业和成立年份划分的技术研究组合数量

产 业	时 间						合计
	1961～1965 年	1966～1970 年	1971～1975 年	1976～1980 年	1981～1985 年	1986～1989 年	
化学、石油	2	—	2	4	13	2	23
纤维	2	—	—	—	2	1	5
钢铁	2	—	2	—	—	—	4
有色金属、新材料	2	—	1	—	4	1	8
计算机、信息	1	—	10	3	1	1	16
普通机械、精密机械	1	—	—	3	9	2	15
运输机械	—	1	3	1	—	—	6
造纸	—	—	—	—	1	—	1
其他	2	—	2	3	2	7	16
合　计	12	1	20	14	32	15	94

　　日本的研究组合制度以英国的研究组合制度为范本，英国版本和日本版本之间存在两个值得注意的不同之处。一个是，英国的研究组合是以产业为单位建立的；而日本是以解决特定的技术课题为目的建立的。英国的研究组合是由某些自己不能进行研究开发的小规模企业构成的，政府给予一定的资金支持；日本的研究组合则是在 20 世纪 70 年代以后面对国际竞争而由大企业构成的。大多数情况下，研究组合成员属于相同产业，个别情况也有其他产业的企业加入。另一个是，日本的研究组合在问题解决之后就解散了。很多情况是，当明确认识到在适当的时期内难以解决所设立的课题时，研究组合就解散了。不论研究是否成功，研究组合存在的时间通常只限于几年，重要的是有这种定时的特征，各个企业不必投入更多的资源。研究组合的世纪研究通常采取以下两种方式中的一种：一

种是建立研究所，另一种是将研究课题分成若干个子课题，由各个企业承担。相关企业在自己的研究所内进行研究开发，成员定期碰头，交换成果和意见。建立研究所的例子不多，在1990年以前建立的114个研究组合当中，组建研究所的只有12个。

研究组合的资源，即研究人员和研究经费，按如下方式分配。关于研究人员，在没有建立研究所的方式下，各个企业的研究人员独立在自己的企业里工作，在建立研究所的方式下，研究人员由各个企业派遣。研究经费由各参与企业承担，虽然没有统一的规定，在某些情况下由企业均等分担，在其他情况下可能按企业规模计算分担比例。至于政府财政上的支援，由课题对国家来说是否重要而定。如果被政府认定可以支付补助金以及委托费，那么研究组合的研究经费就十分充足。例如，1963年建立了9个研究组合，都得到了政府相当于21%的经费支持。1983年44个实际上在进行研究活动的研究组合的经费总额高达644亿日元，这相当于当年日本全部研究经费的1.5%，其中政府出资51%，政府对研究组合的支持资金占政府总研究开发补助金的46.9%。为了争取研究经费，企业争先恐后地积极参与研究组合活动。近些年来，研究组合更倾向于那些研究时间更长、风险更大的课题，如基础性研究。不过，这种倾向对企业来说并不十分看重，因为在短期内难以见到商品化的结果。因此，出现了新的局面：如果是长期课题，就建立研究所；如果是商业化的课题，就由各个企业自己研究。

4. 其他手段

第一，表彰制度。在日本，有全国发明表彰、科学技术功劳者表彰等政府或公共机关进行的表彰。虽然表彰制度通常并没有多少经济上的奖励，但是对企业和研究人员来说是一种精神上的鼓励，同时也是对个人和企业的一种信任投票。

第二，政府分配稀缺资源政策。在过去，日本曾经限制外汇交易和外国资本的流入，这本来是为了提高日本的技术水平。有一种看法认为，这个政策为后来引进技术和新产业领域的技术创新创造了条件；另一种看法认为在战后初期，它主要是以控制支付专利费为目的，并没有对后来技术引进的形态发挥更大的作用。

第三，促进企业引入新的技术。企业对采用了新技术的设备和机器进行投资，可通过日本开发银行（现在是日本政策投资银行）的国产技术振兴融资制度获取低息贷款。日本开发银行和民间银行共同进行贷款，为企业引进技术创造了方便条件。另外，日本对采用了新技术的设备的进口审查给予了时间上和税率上的方便，促进了技术普及。

第四，促进企业所需的科学技术信息的流通也是研究开发促进政策的重要一环。日本通过政府相关机构在国内外收集科学技术文献，抄录和编制成册，在国内广泛传播，这为企业快速了解国内外相关技术研究动向提供了重要的信息。

此外，制定和维护相关标准和规格，也与研究开发和成果普及密切相关。如果能够快速统一标准和规格，企业就能够按照新的标准研究新的产品。这种政策对企业减少新产品和新技术的不确定性、加强不同企业之间的互换性和连续性、为使用者提供方便、促进企业之间的竞争等发挥了重要作用。

（三）知识产权保护问题

知识产权保护对促进技术创新有两个重要的作用。第一，知识产权保护可以提高研究开发的动因。如果没有对知识产权的保护，就会产生对其他企业研究开发技术的"搭便车"现象，侵害研究开发者的利益，使其降低从事研究开发的动因。第二，知识产权保护会促进研究开发成果的公开。如果没有公开专利权的知识产权，企业会将开发出的技术保密，不对外人公开。

那么研究开发的成果如何保护和使用呢？通常有以下两种基本的选择：要么将研究开发的成果转换成专利，要么将其作为企业秘密。选择的重要之处在于，技术的内容通过商业化行为在多大程度上会传播给竞争企业。如果商业化行为能够将技术内容公开，就不应该将其作为企业秘密保护，而应该在商品化之前将其变成专利。关于新产品结构的发明（如药品、半导体线路设计、发动机构造等），有很多能够通过对进行解析而获得商品技术的内容。如果商业化不会造成全部技术的公开，虽然可以考虑用企业秘密的方式保护，但大多数情况下存在很多竞争企业，因此也应该通过专利形式进行保护。如果研究成果不申请专利，一旦其他企业申请了，自己就会变得被动，因为自己的技术不能得到垄断性保护。相反，在整个研究的全貌揭开之前，研究成果最好作为企业秘密进行保护。

知识产权保护也存在一些成本。第一，由于技术知识的获得被设置了障碍，要想获得就需要支付费用，所以某种程度上限制了人们利用技术知识。第二，为了回避知识产权保护而进行的模仿和重复研究的成本很大。第三，为了防卫专利而支付的维持费用。本来获得专利是为了降低企业之间互相侵权所支付的不必要费用，但事与愿违，在现实中陷入了"囚徒困境"。

为了防止上述情况的出现，有必要对一些方法进行改进。第一，制定严格的审查制度，对于缺乏技术价值的发明，不给予专利权。第二，在专利审查中，制定严格适用产业上的有用性标准。如果没有明确在产业上的有用性，一旦赋予某项技术以专利权，就会阻碍该项技术的具体化研究。第三，与此相联系，对于属于科学范畴的基础性研究开发成果，不应该给予专利权。大学或者公共研究机构的研究成果应该严格区分哪些应该申请专利，哪些不应该申请。第四，应该防止垄断企业滥用知识产权，避免出现技术许可的"卡特尔"。

五　日本的经验和启示

（一）结论

根据以上观察和分析，我们大致可以得出以下几点结论。

第一，日本的技术引进、消化、吸收以及创新是以民间主导、政府支持为基本格局进行的。这一点十分重要，因为过去并不被人们所重视，甚至有所误解和误判——看上去日本政府的力量很强，作用很大，但实际上并非如此。事实上，日本是典型的资本主义市场经济国家，经济实体大多是民营的，政府的作用在于提供服务和施以间接的影响，个别时候有一些直接干预。当然，我们并不是说政府就没有作为了，这里主要强调过去我们的观点有失偏颇，过于强调政府的作用了。

第二，企业之间的竞争对促进技术的引进、消化、吸收以及创新发挥了十分重要的作用。在外汇紧张的情况下，日本大多数重要技术的引进需要政府的干预和支持，如果没有竞争，技术很可能引不到具有更强实力的企业中，这对后来技术的消化和吸收以及创新当然十分不利。如果具有竞争性，几家企业都申请引进同一技术，政府可以根据企业以往的业绩以及发展潜力进行审查，这对后来的技术发展十分有利。当然，正如案例中提到的那样，为了防止技术垄断，政府也要采取很多辅助措施。

第三，不论是企业还是政府，都十分重视引进技术的消化、吸收和创新。这当中有几个环节十分重要，一个是引进之前的技术基础，如果引进时不具备消化、吸收的能力，甚至理解能力，企业很难在短期内对引进的技术进行消化、吸收，更谈不上什么创新了。另一个是引进的技术是否符合国情，某些技术虽然先进，但是如果与自身技术能力差距过大，即使引进了，在短期内也很难进行改进和推向市场。如果某项技术已经过时，引进后很快就没有市场或者没有改进的前景了，也不是很值得引进。不过，如果引进国面积足够大，而且地区之间、城乡之间差距很大，即使有些落后了的技术也有一定的市场，也可以引进。再有，坚持和贯彻引进的目的是创新的原则，这一点十分重要，但事实上很难做到，因为不论是资金还是政策，很可能没有后续的支持和跟进。

第四，政府的政策十分重要，尤其在一些重要产业的技术引进、消化、吸收和创新方面。众所周知，后发国家在经济发展过程中，政府的作用必不可少，甚至往往起到关键性作用。日本在二战以后的一个相当长的时期里，政府在指导经济发展和科学技术进步方面都做出了积极的贡献。不过，这里想指出过去人们没有注意到的两个问题：第一，日本政府的技术政策不是一成不变的，而是随着经济的发展不断变化的。最典型的例子是，早期由于外汇紧缺，引进技术的审批极其严格，随着外汇储备的增加，这种审批就逐渐放宽。另一个例子是，在早期，日本更注重引进增强产业活力的技术，后来则更注重技术的连续性和创新性。第二，政府的政策也不都是正确的，也有一些失败的例子。例如，1960年前后，日本政府着力发展汽车产业，选择了几家汽车企业给予支持，但这当中并没有本田，因为本田当时以生产摩托车为主，如今，本田已发展成日本的第二大汽车制造厂商。

（二）建议

与上面结论相呼应，我们提出了一些建议，作为我国今后技术引进和创新的借鉴。

首先，引进技术不能盲目，应该考虑到技术的前瞻性和连续性，以及是否为我国所适用。过去二十几年当中，有很多引进的技术并没有发挥良好的作用，其中一个原因就是引进时没有充分论证和调查研究。著名的例子就是 20 世纪 80～90 年代我国重复引进了很多生产线，结果造成"恶性竞争"。

其次，应该充分引入竞争机制，确保引进的技术能够发挥最大的示范作用。过去，我们更多地强调某些重点行业和重点企业的作用，事实上造成了一些行业垄断，因而这些企业不能积极进行技术的消化、吸收和创新。应该打破垄断，营造良好的竞争氛围，提高企业的创新积极性和能力。

再次，加强政府在技术引进之后的监督和指导。过去，由于种种原因，一些企业引进外国技术时很积极，但是引进之后不能让其发挥正常作用，甚至闲置一边，谈不上技术的消化、吸收和创新。这当中的原因很多，有的是资金缺乏，有的是管理不善，有的是研发能力不强，还有的是企业本身创新动力不足，当然也包括政府主管部门监督不力。

最后，提高企业自身的创新能力和积极性，这需要很多方面的努力。例如，营造公平的竞争环境，能够做到"优胜劣汰"；在企业内部建立良好的创新机制和分配原则，充分调动人们的积极性，管理人员、技术人员和工人之间应该建立充分信任和协调的关系。为了强调这一点的重要性，我们详细地做一些解释和说明。图1表示了日本和欧美/中国企业的人员关系。从中可以看出，欧美/中国企业的特征是分离性的，即企业的经营者、管理层和技术人员、工人是明确分开的，他们的任务、责任以及收入、地位等都有较大差距。而日本企业三者之间的差距较小，他们有更多的机会参与企业的日常决策。从技术创新角度看，欧美/中国企业更倾向于由专业人员从事创新，而工人往往不太参与。日本企业则不同，虽然在大企业，更多的技术创新也是由专业人员负责，但是他们与工人的关系紧密，通过现场实践的创新会更多一些，或者从现场实践中会有更多的反馈信息帮助专业的创新人员从事创新。

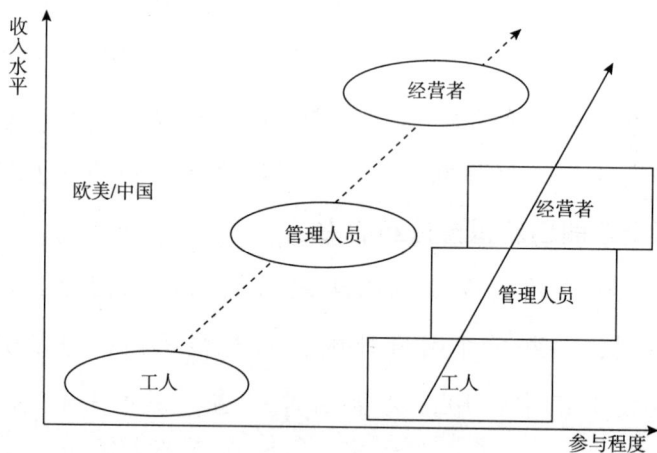

图1　日本和欧美/中国企业的人员关系

注：椭圆形为欧美/中国式，长方形为日本式。

（整理人：孙静冬　郭益蓓）

第二次世界大战以后日本的技术选择

——以钢铁工业为例

〔日〕 村上直树*

一 问题的提出

长期的经济增长取决于科学技术的进步，而对发展中国家来说，是否能保持长期的经济增长主要取决于能不能成功地从发达国家引进先进技术。选择适用技术是发展中国家工业成功发展的关键。"适用技术"是指低工资的发展中国家适合采用的劳动密集型的技术，而高工资的发达国家适合采用资本密集型和知识密集型的技术。第二次世界大战（以下简称"二战"）以后，日本由低收入或中等收入经济体转变为高收入经济体，在不同的发展阶段采用了怎样的技术？本研究以钢铁工业为例讨论这个问题。①

---

* 〔日〕村上直树（Murakami Maoki），日本大学校长，日本经济学著名学者。

① 本文分析主要基于〔日〕大塚启二郎、刘德强、〔日〕村上直树《中国的工业改革》，上海三联书店、上海人民出版社，2000，第五章。

二 战后日本经济的变迁

1945 年 9 月 2 日，日本对中国等反法西斯同盟国投降了。这次战败使得日本经济遭受重创。但是，1950 年朝鲜战争爆发出现的所谓"特需"，使日本经济迅速恢复。日本经济从 1955 年开始进入新的发展时期，从日本政府 1956 年发表的《经济白皮书》（回顾 1955 年的经济情况）中可以看出"现在已不是战后了"。正如其所料，从那以后，日本经济进入了近 20 年的高速增长时期。

日本在经济高速增长时期基本上是限制外资对国内直接投资的。另外，在当时的通商产业省（现经济产业省）的管理下，日本积极引进海外先进技术，增强国内产业的竞争力（见图 1 和图 2）。

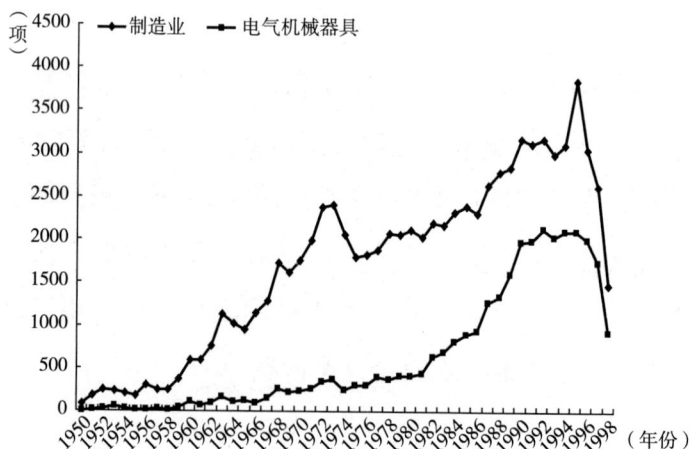

图 1 日本引进技术项目数的变动（1950～1998 年）

资料来源：日本科学技术厅《外国技术导入年次报告》。

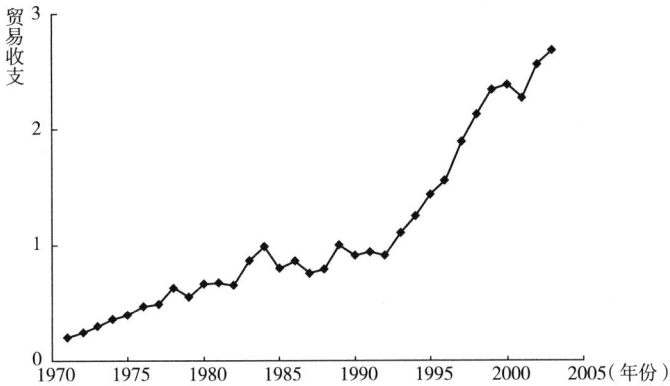

图 2 日本的技术贸易收支

注：贸易收支 = 代价收入额 ÷ 代价支出额。

资料来源：日本总务省统计局《科学技术研究调查报告》。

三 一个技术选择的模型

发达国家开发的现代化技术一般是资本和技术密集型的，而发展中国家却以拥有大量的非熟练劳动力为特征。国外哪种类型的技术适用于低收入的发展中国家呢？是发达国家当代最先进的技术，还是它们早期开发出来的劳动密集型技术呢？从扩大就业的角度看，应选择劳动密集型的技术。问题在于劳动密集型技术是否同经济效率相一致。与此有关的一个问题是，在经济发展的早期阶段，是否应该优先发展劳动密集型的工业而不是资本密集型的工业？为了制定在技术上赶超发达国家的有效发展战略，这些都是应该解决的重要问题。

图 3 刻画的是在两种不同技术条件下（分别记为 I_0、I_1），根据单位等产出曲线如何选择技术。哪一种技术更有利或更节约成

本，依赖于生产要素的价格。如果工资租金比是 $(w/r)_0$，那么采用劳动密集型技术 I_0 比采用资本密集型技术 I_1 更节省成本。这就是说，当工资水平相对低的时候，采用劳动密集型技术比采用资本密集型技术更为有利。由单位等产出曲线 I_0 代表的技术水平，并没有被定义为最佳技术，这是因为更有利的技术也可能存在或可能得到。如果工资租金比由 $(w/r)_0$ 变为 $(w/r)_1$，由于同资本租赁价格相比工资水平上升，即使选择同一种技术，最佳点也会由 E_0 变为 E_0'。然而，当 $(w/r)_1$ 给定的时候，应该采用效率更高的技术 I_1，并选择成本最低点 E_1。这样，资本密集型技术在相对工资高的时候就会更为适用。

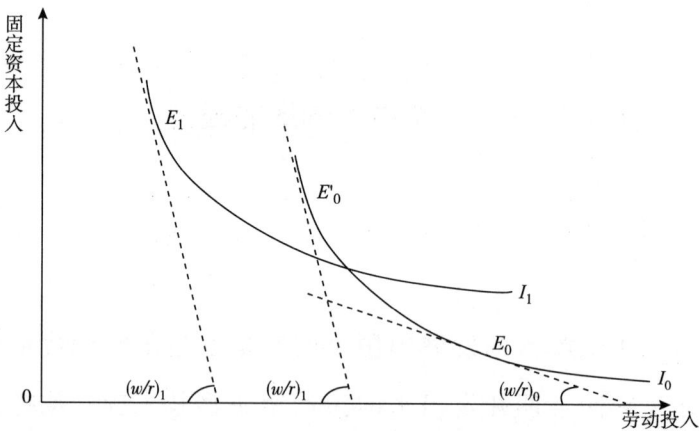

图3　一个技术选择的模型

资料来源：〔日〕大冢启二郎、刘德强、〔日〕村上直树《中国的工业改革》，2000。

由于发达国家采用的先进技术属于资本密集型技术，所以对发展中国家来说，采用直接引进的技术并不合适。然而，广为流行的观点是，低成本的劳动密集型技术通常是难以得到的，这是因为可获得的劳动密集型技术通常是早期开发出来的技术，因此不能体现当代的科技水平。尽管我们不否认有这种可能性，但是一般来说以下的做法是可行的：在核心工序中利用现代化设备，而在诸如前工序或最终工序等周围环节采用劳动密集型技术。

四　日本钢铁工业的经验

（一）增长模式

日本的钢铁工业在二战期间遭到严重破坏，1946 年开始恢复生产，政府采取了倾斜生产方式、价格调整补贴、进口原材料补贴，以及提供低息贷款等手段，对钢铁工业实行优惠政策。1953年，日本钢铁生产达到了战前最高水平。

生产能力的大幅度提升发生在 50 年代中期。图 4 通过展示实际总产值、实际固定资本和职工人数的变化（以 1980 年为基期），描绘了 1956～1993 年日本钢铁工业的发展模式。从中可以看出，钢铁产品的生产从 20 世纪 50 年代中期到 60 年代末期有了迅速的增长，但是从 1973 年第一次石油危机开始进入停滞状态，钢铁工业也不再是日本经济增长的带头行业。

二战后日本的钢铁工业从高增长向低增长的转变可以用技术变化的几个主要时代来解释。二战后发生的几次重大技术变化，都是依靠技术引进实现的。最重要的技术是 20 世纪 50 年代中期引进的"氧气顶吹转炉"。"氧气顶吹转炉"相对于传统平炉的优点是冶炼速度快。这项新技术能大大节约劳动力。20 世纪 60 年代末引进的"连续铸造技术"是另一项重要的进口技术，尽管其重要性可能不及"氧气顶吹转炉"。在传统的生产技术下，炼钢炉熔化的钢水在制成钢板、钢管等成品以前，首先要被铸成钢锭。在20世纪60年代，这一工序是钢铁工业保留劳动密集型技术的主要形式。"连续铸造技术"正是为了使这一过程自动化而发明出来的。

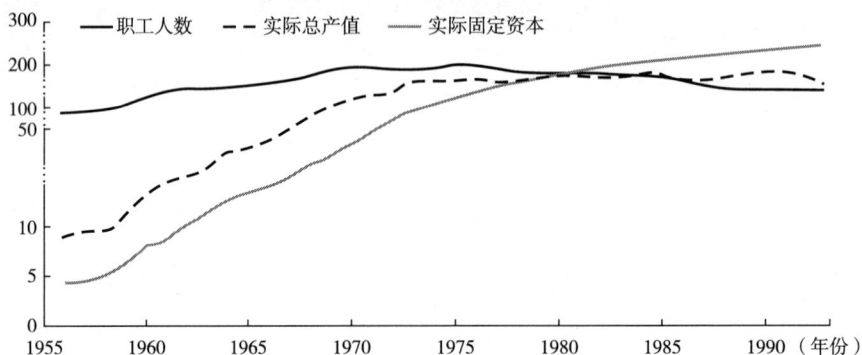

图4 日本钢铁工业的实际产出、实际固定资本职工人数的变化

注：1956～1993年，1980年=100。

虽然没有数据来证实，但是不可否认20世纪70年代以来的另一项主要技术变化是控制过程的计算机化，它取代了熟练工人，并使更严格的质量管理成为可能。图3显示的20世纪80年代实际固定资本的稳定增长，可以在很大程度上由对计算机设备投资的增长来解释。

"氧气顶吹转炉"和"连续铸造技术"在1960年以前就已经在国外存在，为什么直到20世纪60年代和70年代才在日本国内大规模采用呢？ 我们在这里可以提出这样一个假说，即这两项技术的引进都是由工资相对于资本租赁价格上升而诱发出来的。同时，还必须注意的一点是，"连续铸造技术"节省能源，这无疑促进了石油危机以后该项技术的普及。

图 5 显示了工资租金比率和实际资本装备率的变化。它是用人均年工资收入同投资品批发价格指数的比值计算的，这一比值可以近似地代表工资租金比率。很显然，工资租金比率在20 世纪 70 年代前期迅速增长，而后来增长缓慢。工资迅速增长的时期对应于"氧气顶吹转炉"的普及时期，同时工资租金比率的持续上升时期同计算机控制和"连续铸造技术"的普及时期相对应。相对要素价格的变化同采用新技术之间的这种紧密联系恰好证明日本选择了与要素价格变化相一致的适用技术。

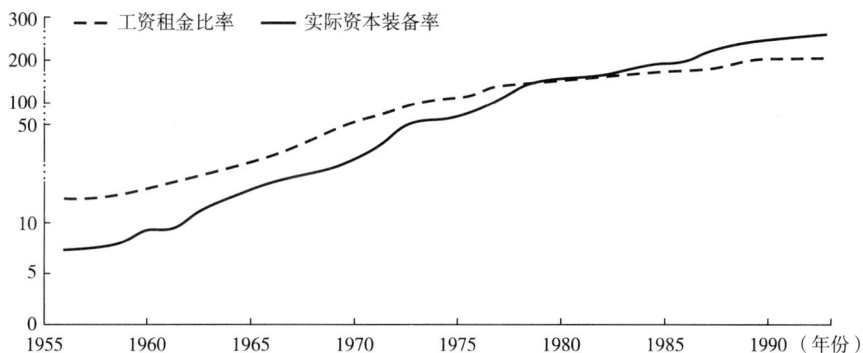

图 5　日本钢铁工业工资租金比率

（二）统计检验

为了验证适用技术是根据要素相对价格的变化来选择的这一假说，我们估计资本装备率函数。从分析结果中我们仍然可以看出，在二战后日本的钢铁工业中，工资租金比率和引进技术一样

271

对资本装备率发生了决定性的影响。我们可以得出如下结论：在日本的经济增长过程中，钢铁工业采用了一系列反映资本和劳动相对稀少程度的适用技术。[①]

（三）基于单位等产出曲线的解释

我们通过单位产出所需要的劳动和资本投入的变化，也就是单位等产出曲线上生产的变化，来直接确认日本钢铁工业的技术选择。

结果如图6所示，从日本的发展过程中，我们观察到了以下两个特点：第一，生产点到20世纪60年代末一直是向左移动的。这意味着劳动节约型技术虽然在这段时间被采用了，但是，并没有增加资本的使用。这可能是"氧气顶吹转炉"的引进所带来的变化。第二，生产点从1970年前后开始垂直向上移动。因此，这一期间的技术引进是资本使用型的，节省劳动的效果非常有限。这样看来，生产点的变化是在给定的单位等产出曲线上，而不是在代表不同技术水平的单位等产出曲线上。然而，还应该注意到的是，在同一时期，计算机控制系统和"连续铸造技术"也被采用了。从这里我们可以得到这样一个结论，即进入20世纪70年代以后，尽管投下了巨额资金，采用了许多新的技术，但是，这对节省劳动力并没有产生很大影响。[②]

---

① 这里我们省略了对具体统计分析方法的介绍。如果对详细内容感兴趣的话，请参见〔日〕大冢启二郎、刘德强、〔日〕村上直树《中国的工业改革》，第五章。

② 图6还表示中国钢铁工业的情况。如果对中日比较感兴趣的话，请看〔日〕大冢启二郎、刘德强、〔日〕村上直树《中国的工业改革》，第五章。

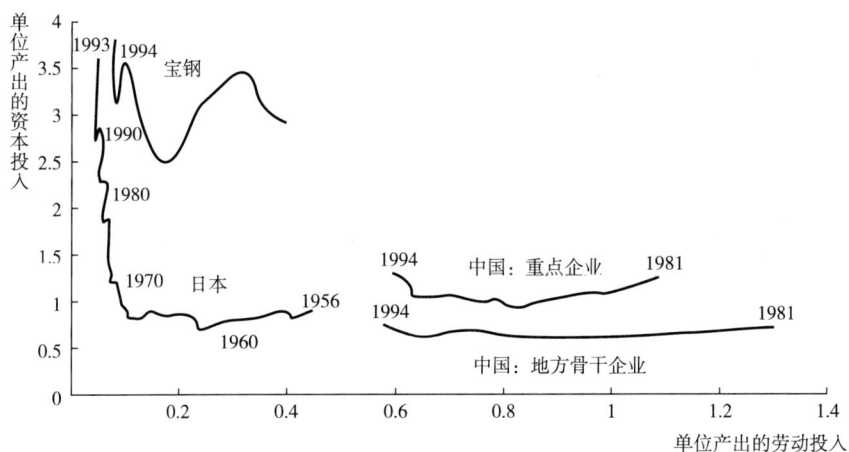

图6 日本钢铁工业技术选择单位产出的劳动投入

五 结论

引进技术的选择和相应资本装备率的选择路径是和二战后日本快速变化的要素相对稀少程度相一致的。这证实了如下假说："适用技术"的选择对日本钢铁工业的发展起了重要作用。

（整理人：孙静冬 郭益蓓）

西欧金融市场整合（1400~1700 年）：
外汇套利的证据[*]

李翎帆[**]

市场整合主要解释 1400~1700 年工业革命发生前，在没有大量资本、快速的科技发展之下，经济是如何快速发展的。主要从以下三点展开。

一　目前西欧关于市场整合研究的概况

在早期的欧洲市场，不存在丰富的金融商品，如期货、股票、政府债券等，因为当时基督教反对人们向外借钱而收取利息。而有借有贷必和利率有关，现从外汇市场看银行利率发展的过程。

关于西欧金融市场整合的研究，一般从 1990 年开始，主要研究 18 世纪伦敦和阿姆斯特丹的股票市场。当时，有三个英国公司同时在英国伦敦和荷兰阿姆斯特丹发行股票，分别是英国银行、

　＊　本文原为英文，原标题为 "Financial Market Integration in Western Europe, 1400 - 1700: Evidence fromExchange Arbitrage"。

＊＊　李翎帆，英国伦敦政治经济学院博士。

东印度公司、南海公司。若伦敦和阿姆斯特丹的金融市场是整合的，则会发现伦敦股票价格和阿姆斯特丹股票价格的变动是同方向的，即伦敦股票价格上涨，阿姆斯特丹的股票价格也会上涨，反之亦然。由于这三个公司设在伦敦，所以信息传递是从伦敦到阿姆斯特丹，阿姆斯特丹股票价格会随着伦敦股票价格变化。大部分人得到的结论是18世纪欧洲的股票市场是高度整合的，整合程度从18世纪到19世纪没有大的改变，偶尔会因为战乱（如18世纪末的法国大革命）有所变动，但都十分短暂，之后金融市场很快恢复到高度整合的状态。

然而，我们对16世纪、17世纪金融创新的两个阶段，即意大利商人主控欧洲贸易金融时期的金融市场整合程度并不清楚。21世纪初，新的一批学者认为由于当时使用金银币，若用金银的实际含量和当时名义标准交换利率相比，市场是整合的，且存在套利行为，那么这两个的价格应基本一致；研究如果市场上套利机会出现了，在商人进行套利行为后，市场需要多长时间可以把套利机会消弭，即价格再恢复到交易成本之下；另外，关注信息传递的时间，信息是做套利的一个关键因素，用信息传递速度与估计出来的市场整合速度相比，可发现15世纪中叶不论是德国和比利时的市场整合速度，还是德国西南部和西班牙的市场整合速度，都十分缓慢，基本是一年。而20世纪初，伦敦和纽约隔着大西洋，它们的市场整合速度需要六天。市场整合速度在一年左右，而信息传递时间在6～10天，远远小于一年。这时可以得出推论：第一，在金融改革之前，欧洲的金融市场是不整合的；第二，推论使用的数据、方法论可能存在问题。第二个推论是正确的，他们取得的资料是年资料，而金融价格会随着金融信息的传出而随时发生变化，显然用年资料来测算金融整合是不合适的。另外，他们的推论模型也存在一定问题，无法评论计算出的市场调整速度是高还是低。鉴于市场整合以信息的传递与流通为评判标准，笔者主要使用信息的流通速度为比较的基准点。若是存在比较有效的市场套利行为，新的信息一定会传来，价格一定会迅速变化。信息传递的速度基本反映了当时的交通费用及政治经济状况等。另外，现就可取得的周资料、月资料进行分析。

金融市场就是信贷市场，贸易是当中的一环，在当时不能公开借贷的情况下，商人如何从事借贷活动中收取利息而不被教会或是国家发现？当时意大利和法国是西欧贸易集市区，那贸易过程中如何付款？若是运输，则会增加运输成本和运输风险，并且由于两地流通的货币不统一，还需要买方交付一定的铸币费，将意大利钱币铸成法国钱币。因此，意大利商人便创新出一种新的金融工具——汇票。法国商人 B 将商品卖给意大利商人 A，A 通过在法国的代理商人 C 支付 1000 威尼斯金币给 B，B 立字据，即汇票，说自己确实从 C 处收到 1000 威尼斯金币。假设当时 100 威尼斯金币等于 15 法郎，然后 C 将汇票寄给意大利的 A，运送汇票比运送金银币大大减少了运输成本和运输风险；若检验汇票无误，则可根据即期汇票或远期汇票到期日（一般法国到意大利需 2 ~ 3 个月）进行兑换。第二个过程是反方向的对冲，意大利上任 D 将商品卖给法国商人 E，E 在意大利的代理商为 F，F 付款给 D，D 立第二张汇票给 F，F 将汇票寄给 E，此时 E 和 C 可进行交换，经过一定的交易运输时间，此时 100 威尼斯金币等于 20 法郎，E 只需付 75 威尼斯金币给 C 即可。C 投资 100 威尼斯金币 7 个月（估算来回交易运输时间），收回 75 金币，则可算出利率为 4.3%。

汇票可为人们提供一个快速、短时的投资机会。资金多余者可利用外汇市场将资金提供给需要资金的商人，以收取利差。不过在此过程中，提供资金的人并不能直接确定利差为多少，必须等到第二张汇票到手后才能得知，由于这期间存在很多不确定性，所以在教会眼中，这并不被认为是一种放利的行为，从而用外汇市场上的套利行为基本上可以衡量中古欧洲的资金在国际贸易上是不是被有效率地分配。

对于所有信息资料，1385～1410 年交易往来信息记载得非常详细，可据此取得当时的周资料。

二　计量模型

套利理论最简单的是"一价定律"：如果市场是整合的，在不考虑交易成本的情况下，在两个市场上，不论是在伦敦还是在纽约，相同商品的价格是一样的；若考虑交易成本，则价格差会在交易成本的范围内变化。

市场整合的研究是基于"一价定律"，也就是说，由于套利，无论在哪个地方交易，相同的商品价格会趋于一致。对市场整合的检验有四种常用的方法：①检验价格的变异系数；②利用相关系数检验不同市场之间的价格；③衡量价格序列的波动大小；④运用协整检验对市场效率进行检验。

由于外汇市场的性质和获得数据的限制性，本文采用的是协整检验的方法。主要采用两个模型，即门限误差修正模型（TEC）和门限自回归模型（TAR）。当违反"一价定律"时，价格要回到均衡状态的调整速度和交易成本可以在此模型中得到估计。如果两个市场之间的价格差异大于交易成本，那么套利行为就会存在，价格也才会逐渐回到均衡状态；如果价格差异小于交易成本，人们则不会去套利。其公式如下所示。

$$\Delta p_t^1 = \begin{cases} \alpha_1(p_{t-1}^1 - p_{t-2}^2 - \gamma^{12}) + \varepsilon_t^1 & \text{如果} & p_{t-1}^1 - p_{t-2}^2 > \gamma^{12} \\ \varepsilon_t^1 & \text{如果} & -\gamma^{12} \leq p_{t-1}^1 - p_{t-2}^2 \geq \gamma^{12} \\ \alpha_1(p_{t-1}^1 - p_{t-2}^2 + \gamma^{12}) + \varepsilon_t^1 & \text{如果} & p_{t-1}^1 - p_{t-2}^2 < -\gamma^{12} \end{cases}$$

$$\Delta p_t^2 = \begin{cases} \alpha_2(p_{t-1}^1 - p_{t-2}^2 - \gamma^{21}) + \varepsilon_t^2 & \text{如果} & p_{t-1}^1 - p_{t-2}^2 > \gamma^{21} \\ \varepsilon_t^2 & \text{如果} & -\gamma^{21} \leq p_{t-1}^1 - p_{t-2}^2 \geq \gamma^{21} \\ \alpha_2(p_{t-1}^1 - p_{t-2}^2 + \gamma^{21}) + \varepsilon_t^2 & \text{如果} & p_{t-1}^1 - p_{t-2}^2 < -\gamma^{21} \end{cases}$$

式中，$(\varepsilon_t^1, \varepsilon_t^2) \sim \text{NID}(0, \Omega)$；$p_t^1$、$p_t^2$ 分别为时间 t，两个市场的价格；(α_1, α_2)、$(\gamma^{12}, \gamma^{21})$ 分别为估计的调整速度和两个市场的交易成本；价格波动 = 调整系数 × 偏离均衡的绝对值；用调整速度来衡量市场整合。

文中 *TEC* 讨论的是三角套利的情况。

中世纪晚期和近代早期欧洲推行的是商品货币经济。钱的价值是建立在金属含量的硬币上。因此，两种货币之间的汇率在很大程度上取决于每种货币的金属含量（铸币平价）。任何货币变动，如贬值，都将影响汇率。调整后的汇率改变了铸币平价，随后的调整速度是市场效率的一种测量。交易成本和改变铸币平价可以用门限自回归模型（*TAR*）表示，如下式所示。

$$\Delta X_t = \begin{cases} \alpha(X_{t-1} - \tau) - \beta \Delta E_t^{par} + \beta \hat{\varepsilon}_t & \text{当 } X_{t-1} > \tau \text{ 时} \\ -\Delta E_t^{par} + \hat{\varepsilon} & \text{当 } -\tau \leq X_{T-1} \geq \tau \text{ 时} \\ -\alpha(X_{t-1} - \tau) - \beta \Delta E_t^{par} + \beta \hat{\varepsilon}_t & \text{当 } X_{t-1} < -\tau \text{ 时} \end{cases}$$

三 结论

第一，中世纪晚期，对欧洲金融市场整合的研究表明，迅速的套利操作成了赚钱的机会。

第二，在16世纪，伦敦安特卫普外汇市场取得了一定程度的整合，信息成本越低，市场调整速度越快。

第三，金融创新没有提高市场整合水平，但很大程度上减少了交易成本的套利。

（整理人：王欢）

后 记

作为河南大学经济史学科带头人，我一直在思考一个问题：如何把河南大学经济史学科发展得更好？答案的探寻当然离不开各位专家学者的支持。《河南大学经济史论坛》就是记录河南大学经济史学科发展历程的集子。

本辑《河南大学经济史论坛》的文章基本上以各位专家讲座时的录音整理为主，也有部分专家不吝赐稿，以便我们整理。在交给出版社之前，我们对书稿中相关专题又分别与各位专家沟通版权问题，采用内容方面充分尊重各位专家的意见。在这里，对各位专家给予我们的支持和帮助表示衷心的感谢！

还需要特别感谢的是河南大学经济学院的彭凯翔教授，他为本辑《河南大学经济史论坛》做出了很大贡献。他为论坛邀请专家学者，每次讲座总是认真准备，和来访专家充分交流。河南大学经济史学科有此等专家支撑，何愁得不到发展？

本辑《河南大学经济史论坛》辑录资料得到了经济学院研究生同学的大力协助，郭益蓓、孙静冬、高爽、李鸿远、陈蕾宇、程清洁、张丽、王欢、陶丽等付出了大量时间听取和整理专家录音资料。特别是郭益蓓同学，做事认真负责，也很有思想。在此对他

280

们的辛劳和付出表示感谢。

　　本书的出版还得到了社会科学文献出版社陈帅等编辑的大力支持，在此一并表示感谢。

　　本书的出版遇到的困难超出预料，原以为对资料进行一下整理就可以了，但事实并非如此，好在有各位朋友的支持，使我们最终克服了遇到的困难。由于论坛录音效果等原因，在整理讲座资料过程中，难免会有这样那样的问题，请各位读者不吝批评指正。

　　寥寥数语无法表达心中对各位专家及朋友的感激之情。不忍搁笔，剩下的只有担当，我们将继续为经济史学科发展而"折腾"。

孙建国
2013 年 12 月 1 日

图书在版编目（CIP）数据

河南大学经济史论坛：科技创新、经济增长与金融整合．
第 1 辑／孙建国主编．—北京：科学社会文献出版社，2014.7
（河南大学经济学学术文库）
ISBN 978 - 7 - 5097 - 5444 - 3

Ⅰ．①河…　Ⅱ．①孙…　Ⅲ．①经济史 - 研究　Ⅳ．①F1 - 53

中国版本图书馆 CIP 数据核字（2013）第 303377 号

·河南大学经济学学术文库·

河南大学经济史论坛（第 1 辑）
——科技创新、经济增长与金融整合

主　　编／孙建国

副 主 编／彭凯翔

出 版 人／谢寿光
出 版 者／社会科学文献出版社
地　　址／北京市西城区北三环中路甲 29 号院 3 号楼华龙大厦
邮政编码／100029

责任部门／皮书出版分社（010）59367127　　　责任编辑／陈　　帅
电子信箱／pishubu@ ssap. cn　　　　　　　　责任校对／程雷高
项目统筹／陈　　帅　　　　　　　　　　　　责任印制／岳　　阳
经　　销／社会科学文献出版社市场营销中心（010）59367081　59367089
读者服务／读者服务中心（010）59367028

印　　装／北京季蜂印刷有限公司
开　　本／787mm×1092mm　1/16　　　　　印　　张／18.25
版　　次／2014 年 7 月第 1 版　　　　　　　字　　数／211 千字
印　　次／2014 年 7 月第 1 次印刷
书　　号／ISBN 978 - 7 - 5097 - 5444 - 3
定　　价／59.00 元